Günter Stock

Das Tao der Technik

AF533628

Es gibt heute unbedingt viele gute Gründe, das weibliche Geschlecht wieder besser sichtbar zu machen. Dies ist seit mehr als 40 Jahren auch Anliegen unseres Verlages. Ob dies durch Gendern erreicht wird, darf man jedoch hinterfragen, immerhin geht es um unsere *Mutter*sprache. Sicher ist, dass der grammatische Genus nichts über das Geschlecht (Sexus) aussagt. Deswegen halten wir uns als Verlag beim Gendern bewusst zurück. Ausführliche Begründung dazu unter www.neue-erde.de/derdiedas

Günter Stock

DAS TAO DER TECHNIK

Sinnvolle Wissenschaft und Technik
als spiritueller Schöpfungsprozess

Bücher haben feste Preise.
1. Auflage 2023

Günter Stock
Das Tao der Technik

© Günter Stock/Neue Erde GmbH 2023
Alle Rechte vorbehalten.

Umschlag:
Illustration: Rvector/shutterstock.com
Gestaltung: Dragon Design, GB

Lektorat: Ina Kleinod

Satz und Gestaltung:
Dragon Design, GB
Gesetzt aus der Palatino

Gesamtherstellung: Appel & Klinger, Schneckenlohe
Printed in Germany

ISBN 978-3-89060-846-4

Neue Erde GmbH
Cecilienstr. 29 · 66111 Saarbrücken
Deutschland · Planet Erde
www.neue-erde.de

Inhalt

1 Grenzen des Denkens **9**
Bewusstsein ist ein unbekanntes Land 10
Orientierungsverlust und Spaltung in der Gesellschaft 10
Was will dieses Buch? 12
Filterblasen im Wirtschaftswachstum 13
Verengtes Denken spaltet 15
Was ist der Sinn von alledem? 16
Ganzheitliches Bewusstsein 18
Sinnvolle Lösungen 19
Rückblick auf 30 Jahre Klima- und Ressourcenkrise 20
Warum tun wir nichts? 21
Grenzen des Wachstums 23
Fehlende Weisheit als Kernproblem 26
Sinnvolle Entwicklung als Weg aus der Krise 29
Bewusstmachung als Weg 31

2 Im Strom des gesellschaftlichen Bewusstseins **33**
Geschichtliche Innovationen durch Quantensprünge 34
Römische Ingenieurskunst verdrängt keltische Mythen 35
Killerapplikation erobert Europa und Nordafrika 36
Mühsame kulturelle Rückbesinnung in Karls Reich 38
Renaissance der sieben freien Künste 39
Ora et Labora 42
Mentale Welteroberung 43
Gesellschaftlicher Umbruch durch harte Technologien 46
Einseitiges Denken bewirkt Orientierungslosigkeit 48
Einseitige Lebenswissenschaften 49
Pioniere der genetischen Landkarte 51
Heilsversprechen und Versagen des Genetischen Materialismus 52
Die Grüne Revolution und ihre Folgen 54
Kreisläufe des Lebens 56

Zielloser Finanzkapitalismus 58
Welthandel ist nicht gleich Finanzkapitalismus 60
Neoliberalismus als Ideologie der Finanzmärkte 63
Der größte Raubzug aller Zeiten 64
Finanzkapitalismus fördert Ungleichheit 67
Investmentbanking als Umverteilungswerkzeug 68
Neoliberale Märkte als Wirtschaftsmodell 70
Scheinwahrheiten neoliberaler Märkte 71
Die Wirtschaft neu denken 72
Energiewirtschaft im Fadenkreuz des neoliberalen Marktes 74
Neoliberales Wunschdenken 75
Ergebnis sind höchste Strompreise 76
Verwundbare Komplexität der Energiewende 80
Gesetzesflut statt Projektmanagement 82
Bewertungskriterien für die Energiewende 84
Energiewende als mentale Einbahnstraße 91

3 Säulen der modernen Welt 97
Magie der Zahlen 98
Zahlen steuern die moderne Welt 98
Strukturwandel folgt wachsender Erkenntnisfähigkeit 99
Algorithmen sind lebendige Mathematik 100
Singularity, die Angst vor der Computerdiktatur 102
Künstliche Intelligenz 103
Brücke zur schöpferischen Ganzheit 104
Pythagoras – Vater der klassischen Naturwissenschaft 105
Pythagoras legte die Fundamente der Naturwissenschaft 107
Harmonie als göttliches Maß der Schöpfung 108
Ägyptische Quellen pythagoräischer Erkenntnisse 110
Die Smaragdtafel der Alchemie 111
Das Quadrivium ist Grundlage der klassischen Naturwissenschaft 113
Die Welt ist Schwingung 115
Bewusstseinssprung in der modernen Physik 118
Das Raum-Zeit-Kontinuum Einsteins 118

Bewusstseinsdurchbruch in der Quantenphysik 119
Materie besteht nicht aus Materie 121
Materie als fixe Vorstellung 123

4 Schöpferische Wege der Ganzwerdung **125**
Entwicklungsspirale des Bewusstseins 126
Die Epoche des Homo sapiens 126
Mentale Reflexion über die Welt 128
Bewusstsein im Stufenprozess 130
Verengter mentaler Korridor 131
Gesellschaftlicher Materialismus 133
Bewusstsein und Nahtoderfahrung 134
Die nächste Stufe 138
Gesamtheit der Möglichkeiten 142
Individuelle Erweckung 143
Pioniere des Integralen 145
Zeitfreies Bewusstsein 146
Wahrnehmung geht vor Denken 148
Erkenne dich selbst! 151
Quantenrealität und Quantenbewusstsein 152
Hemisphären des Gehirns 154
Verengtes Bewusstsein durch Einseitigkeit 155
Bewusstsein formt Kultur 159
Metaphysische und physische Kräfte 162
Bewusstsein transformiert die Gesellschaft 166
C.G. Jungs Wiederentdeckung der Seele 168
Symbolik der Träume 169
Archetypen und Wandlungssymbole der Psyche 172
Individuation und Selbstfindung 173
Verbindung von Technik und Philosophie 175
Berufung kommt von innen 177
Bewusstseinswandel fördert Verantwortungsübernahme 178
Zeuge des Jahrhunderts 179

5 Umsetzungsschritte im integralen Bewusstsein **181**
Wahrnehmungen im Alltag 182
Mitgefühl und Liebe 182
Komplementäre Wahrnehmungen 184
Teamspirit 185
Nachhaltige Verhaltensänderung 186
Spirituelle Motivation und berufliche Orientierung 188
Leitlinie der sinnvollen Schöpfung 190
Sinn als Motivation 192
Gemeinwohlorientierung der Wirtschaft 192
Kreativität und ganzheitliche Schöpfung 194
Der kreative Stufenprozess 195
Durchbrüche zur Ganzheit 199
Vier Schritte zur Intuition 203
Sinnvolle Entwicklungen 204
Sinnorientierung in der Anfangsphase 204
Ganzheitliches Design mit Systemdenken 206
Ästhetik der vollendeten Form 208
Cluster als Methodik 209
Maßstäbe für sinnvolle Projektarbeit 210
Existenzielle Erfahrung der Einheit 212
Lebendige mystische Wurzeln 213
Der Weg in der Stille 216

6 Nachhaltige Zukunftskonzeption **219**
Neues Verständnis der Lebensprozesse 220
Integration von Intelligenz und Weisheit 223
Die lautlose Revolution 226

7 Autobiografisches Nachwort **231**

Literatur 242
Endnoten 244
Über den Autoren 249

1
Grenzen des Denkens

»Als sie ihre Orientierung verloren, verdoppelten sie ihre Anstrengungen.«

George Bernard Shaw

Bewusstsein ist ein unbekanntes Land

Orientierungsverlust und Spaltung in der Gesellschaft

Wohin geht die Reise unserer Gesellschaft? Gibt es ein Ziel oder einen Sinn? Und wer bestimmt dabei den Kurs? Kann eine menschliche Gemeinschaft, die ihr Vermögen, ihre Ressourcen sowie ihre Arbeits- und Lebenszeit auf sinnlosen Wegen verbraucht, dauerhaft existieren? Der Treiber unserer heutigen globalen Welt ist sicherlich mehr die Wirtschaft und weniger die Kultur oder die Suche nach menschlichem Glück. Dieser globale neokapitalistische Zug der Wirtschaft folgt keinem übergeordneten Streckenplan und keiner inneren Orientierung, sondern wählt die Strecke kurzfristig, je nach Marktpreisen und unabhängig von langfristigen Zielen. Das führt immer öfter in Ressourcenengpässe, die den Zug hinter der nächsten Kurve, scheinbar völlig überraschend für die Zugführer, zum Stehen bringen. Ganze Volkswirtschaften kommen planlos ins Straucheln, ausgebremst von kurzfristigen globalisierten Marktimpulsen. Schon 1972 hatte der *Club of Rome* mit Hilfe des *Massachusetts Institute of Technology* (MIT) ein Weltmodell zur Simulation unserer gesellschaftlichen Zukunft entwickelt. Dieses Modell sagte bei unveränderten exponentiellen Wachstumszielen, entsprechendem Ressourcenverbrauch und weiterem Bevölkerungswachstum einen Zusammenbruch unserer Gesellschaften um das Jahr 2040 voraus. Das MIT sah nur dann Chancen für einen Ausweg, wenn Intelligenz und Weisheit – zusammen – in der Wirtschaft eingesetzt würden.

Die Warnung des MIT und des *Club of Rome* sind damals verpufft. Der Markt bestimmt heute unsere ständig wechselnde Fahrtrichtung. Sein Leitstern ist der Marktindex. Währenddessen beschäftigen sich die Mitreisenden und Konsumenten eher mit Spielen und Political Correctness als mit dem Ziel der Reise. Political Correctness ersetzt heute oft Sinn und eigenständige Reflexion. Ihre rigorosen Forderungen werden in den sozialen Netzwerken mit Shitstorms ausgetragen. Es entstehen tiefe Spalten in den Gesellschaften durch die Fokussierung auf einen unterschiedlichen, eng begrenzten Ausschnitt der Wirklichkeit in jeder Gruppe. Ein übergeordnetes Ziel oder ein sinnvoller Plan fehlen dabei jedoch. Gleichzeitig ist bei allen sozialen Medien Produktwerbung der kommerzielle Schlüssel. Werbung als akzeptierte Manipulation ist die wirtschaftliche Basis der großen Internetkonzerne wie Google und Facebook und deren umfassender Präsenz im Internet. Werbung, die eigentlich keiner sehen will, ist die Währung des Internet – nur Clicks zählen. Dass diese Werbeclick-Währung durch die Facebooks, Googles, YouTubes und Apples dieser Welt die Richtung bestimmt, wird uns wortgewaltig als Fortschritt verkauft. Obwohl wir uns auf einer gesellschaftlichen Rutschpartie befinden, wird der ständige Click zur Hauptrichtung. Überdies: Isoliertes Wunschdenken von politischen Meinungsführern ersetzt fachlich tragfähige ganzheitliche Analysen und gewachsenes Verständnis. Zunehmende Radikalität verschiedenster Gruppen soll die Lücke zwischen den Möglichkeiten und den gut gemeinten Wünschen schließen.

Es gehen das Gemeinsame, das Gemeinwohl und der Gemeinsinn verloren.

Die Gräben in unserer Gesellschaft vertiefen sich. Ein eindrückliches Beispiel dafür ist die Diskussion um die deutsche Energiewende. Es ist klar, dass die ursprünglichen Versprechen nach billigem und zugleich nachhaltigem Strom gescheitert sind. Deutschland hat die höchsten Strompreise der Welt. Gleichzeitig wird bei einem Weiter-So ein Absturz in einen Blackout ohne Wiederkehr möglich, wenn alle regelbaren Kraftwerke in Deutschland stillgelegt würden. Das würde die Energiewende weltweit disqualifizieren. Eine gescheiterte Energiewende würde neben Spott auch weltweit die Umsetzung des Zubaus der erneuerbaren Energien schwächen und zu einer Renaissance der Atomkraft beitragen. Es wird auch oftmals ignoriert, dass Deutschland nur etwa 2 Prozent aller CO_2-Emisssionen trägt und somit die Welt und das 1,5°C-Ziel allein nicht retten kann. Demgegenüber hat die Modebranche weltweit einen Anteil von 8–10 Prozent am Ausstoß der Klimagase, was viele der modisch gekleideten Klimaprotestierer wohl kaum interessiert.

Jeder und jede kann bei sich selbst anfangen, etwas zu verändern.

Was will dieses Buch?

Unsere Technologie ist immer eine Folge unseres – schöpferischen – Bewusstseins. Viele neue Erkenntnisse über das menschliche Bewusstsein fügen sich zu einem neuen faszinierenden Bild in diesem Buch zusammen. Es soll auf dieser Basis hier einerseits um eine konkrete Auseinandersetzung mit den Fehlentwicklungen des einseitig materialistischen fragmentierten Denkens gehen und andererseits darum, den Weg zur ganzheitlichen Schöpfung als Ausweg aus den von uns selbst geschaffenen Krisen aufzuzeigen. »Es ist nämlich die Ganzheit, die real ist, dies sollte zum Ausdruck kommen, und die Fragmentierung ist nur die Antwort dieses Ganzen auf das Handeln des Menschen, das sich von einer trügerischen von zerteilendem Denken geformten Wahrnehmung leiten lässt. [...] Was also dem Menschen nottut, ist Aufmerksamkeit gegenüber seinem gewohnheitsmäßig fragmentieren Denken, sich dessen bewusst zu sein und es dadurch zu beenden. Dann kann der Mensch vielleicht ganzheitlich an die Realität herantreten und folglich wird auch die Antwort ganzheitlich sein«,[1] schreibt der berühmte Quantenphysiker David Bohm. »Um diese Illusion zu beenden, bedarf es der Einsicht, und zwar nicht nur in die Welt im Ganzen sondern auch darin, wie das Werkzeug des Denkens arbeitet.«[2]

Es geht um uns, um das, was wir sind und wie ganzheitliche Schöpfung möglich wird. Es geht um Erkenntnisse bezüglich unseres schöpferischen Bewusstseins – was mehr ist als bloßes Denken. Und es geht um ein sinnvolles und kreatives Handeln. Insofern kommen auch aus verschiedensten Wissensgebieten Menschen mit ihren erstaunlichen Erkenntnissen zu Wort, in der Hoffnung, damit das Modell einer neuen ganzheitlichen Weltsicht als Basis für eine ganzheitliche Schöpfung vorzustellen. Diese Notwendigkeit eines neuen Bewusstseins stellten schon 1972 der *Club of Rome* und der US-amerikanische Wirtschaftswissenschaftler Dennis L. Meadows in der epochalen Analyse »Grenzen des Wachstums« fest, die sich 1992 weiterhin bestätigte.[3]

Filterblasen im Wirtschaftswachstum

Unsere westlichen Gesellschaften driften auseinander und die wirtschaftliche Spaltung wächst bedrohlich an. Virtuelle Gruppen debattieren ihre Sektor-Wahrheiten über Corona, über Flüchtlinge, über die Klimakrise und die Energiewende. Trotz allseits postulierter Offenheit und Weltbürgerattitüde führen ängstliche Abgrenzungen zur Einengung des Gesichtskreises. Die wortgewaltige Fokussierung auf Diversität ist ein deutlicher Ausdruck der Zersplitterung in der Gesellschaft. Das begünstigt Randgruppen mit ihren oft extremen Forderungen. Der Linksliberalismus fördert als dominierende Erzählung heute diese Spaltungstendenzen. Sahra Wagenknecht schreibt dazu: »Zwischen Neoliberalismus und Linksliberalismus gibt es einige Unterschiede, aber auch große Überschneidungen. Beide reflektieren die Sicht sozialer Schichten, die von der Veränderung der letzten Jahrzehnte im Großen und Ganzen profitiert haben und beide sind mit Wirtschaftsliberalismus und Globalisierung nicht nur prinzipiell vereinbar, sondern legitimieren genau diese politische Agenda.«[4] Nach Meinung führender Politiker ist Politik Sprache und Sprache ist Politik. Wirklichkeit wird für sie durch Sprache geschaffen. Wagenknecht schreibt dazu: »Denn wenn es außer der sprachlich konstruierten gar keine Realität gibt, verliert auch die Unterscheidung zwischen wahr und falsch ihren Sinn. Die Poststrukturalisten arbeiteten daher mit großer Emphase daran, alle Begriffe und Thesen zu dekonstruieren, die den Anspruch von Objektivität erheben. Aus dieser Denkrichtung entstand später auch die Gender Theorie, der sogar das Geschlecht als ‚gewalthafte Zuweisung der heteronormativen Gesellschaft' dekonstruiert und die Behauptung, es gebe biologische Unterschiede zwischen Frau und Mann, zu einem Akt diskursiver Machtausübung erklärt. Wo es keine Wahrheit mehr gibt, hat am Ende jeder seine. Man könnte diese Denkrichtung auch als frühe Begründung des postfaktischen Zeitalters bezeichnen.«[5]

Erstaunliche Zuspitzungen eines verengenden Denkens werden zu Leitlinien in der Politik. Auseinandersetzungen werden mit eigenen Wortschöpfungen und Gendersternchen zu formalistischen Schaukämpfen, Shitstorms und Abgrenzungsorgien. Forderungen werden kombiniert mit vereinfachten Ansichten über die Zusammenhänge. Verschwörungsmythen innerhalb der auseinanderdriftenden Blasen und eine Überflutung mit zweifelhaften Fake-News gehören zu diesem Umfeld. Es dominieren Zukunftsängste und negative Selbsteinschätzungen bezüglich der langfristigen Beständigkeit dieser fragmentierten Gesellschaften.

Hinter der bunten und wechselnden Kulisse der emotionalen und vor allem lauten Internetgesellschaft wird von Wirtschaftsverbänden und Lobbygruppen für alles und jedes um Einfluss gerungen. Es werden eigene Interessen geschickt hinter der gezielten Einforderung der jeweiligen Political Correctness verborgen. Viele Medien reagieren reflexartig und voraussagbar auf entsprechende Stich- beziehungsweise Reizworte und polarisieren die Diskussion im Sinne gesteigerter Aufmerksamkeit für ihr Medium.

Clicks zählen!

Damit lenken sie zusätzlich die öffentliche Aufmerksamkeit von einer eigenständigen Analyse ab, die im Übrigen auch immer unpopulärer wird.

Selber denken ist out!

So wird eben auch die Finanzpolitik – ohne jede kritische Wahrnehmung – von ehemaligen Investmentbankern in Richtung wachsender Verschuldung und neoliberaler Zielsetzungen gelenkt. Trotz Wirtschaftseinbruch durch die Coronapandemie boomte der von Spekulationen und Nullzins-Politik der Zentralbanken angefachte Aktienhandel. Die Inflation wurde durch Geldmengenvermehrung geschürt. In der Folge wächst die Ungleichheit in den Gesellschaften weiter höchst bedrohlich an.

Verengtes Denken spaltet

Unser zutiefst kreatives Bewusstsein ist die Basis für unser Erleben und unser Denken. Trotzdem ist das kreative Bewusstsein in der modernen Gesellschaft ein unbekanntes Terrain. Wir sperren uns gedanklich ein in eine engmaschige Vorstellungswelt und spüren zunehmend das Fehlen von Gestaltungskraft, Ganzheitlichkeit und Lebenssinn in unseren technischen Schöpfungen. Weisheit dagegen wird heute eher missverstanden und nicht mehr als notwendige Facette unseres Überlebens gesehen.

Kreativität ist die wichtigste Ressource der modernen Technologiegesellschaft. Es wird allerdings gerne darüber fabuliert, meist ohne Kreativität wirklich zu verstehen. In verengten Denkschemata und Rollenbildern wird schon Kreativität vermutet, wenn ein kleiner Sprung im fixen Rahmen zugelassen wird. Ein Bewusstseinswandel zum Umsteuern der Gesellschaft in Richtung Nachhaltigkeit wird seit 30 Jahren eingefordert, ohne zu sagen, was damit gemeint ist. Es wird heute in der Regel nur das materiell Sichtbare als einzige Basis akzeptiert. Gerade in einer solchen perspektivischen Verengung wird der Ausweg aus dem Chaos in einem fixierenden Blick auf einen Punkt am Horizont oder in der Landschaft gesehen. Leider fixiert jede Gruppe einen anderen Punkt.

Die Verengung der Blickwinkel, gepaart mit wachsender Frustration und Intoleranz, trifft besonders die Intellektuellen, deren Welt vornehmlich aus abstrakten Gedanken und Konzepten besteht. Ausgebildet im abstrakten Denken und überschwemmt von Faktenwissen wird diese Verengung des eigenen Denkraumes als natürlich empfunden. Gleichzeitig wird von diesem engen Horizont ein Anspruch auf komplette Übersicht formuliert. Konflikte und Spaltungen auf der einen Seite sowie Verlust der Übersicht auf der anderen sind die Folge. Ein besonders eindrückliches Beispiel ist die mit missionarischem Eifer geführte Diskussion um die deutsche Energiewende, auf die wir noch eingehen. Deutschland hat heute die höchsten Strompreise der Welt und die einstige Führungsrolle in der Energietechnik abgegeben. Weitere gravierende Fehler in der jetzigen finalen Umbauphase könnten zu einem Absturz in einen Blackout führen.

Unser Denken – ein mentales Universum – ist immer nur eine der vielen Facetten unseres Seins. Und es hat durch die enorme Fragmentierung in unserer Zeit seinen Höhepunkt an Leistungsfähigkeit bezüglich ganzheitlicher Lösungen überschritten. Gerade jetzt, wo wir in großen weltweiten Krisen nach Orientierung suchen, erleben wir deutlicher als früher trotz sich überschlagender Informationslawinen eine seltsame Dürre des in unendlich viele Nebenschauplätze aufgespalteten gesellschaftlichen Denkens. Gesellschaftliche Widersprüche werden mit formalen Worthülsen ausgetragen. Solche Widersprüche, wie beispielsweise der vom ständigen Wirtschaftswachstum trotz überall spürbarer Ressourcenengpässe, versinken auch im Sumpf der kollektiven Schlagworte. Die ursprüngliche ganzheitliche Kraft des Bewusstseins verebbt zusehends und unsere Zuversicht wird geringer, mit unserem fragmentierten materialistischen Denken die in Sicht kommenden globalen Herausforderungen meistern zu können. Weltuntergangsvisionen kriechen aus dem materialistischen Sumpf und haben Hochkonjunktur.

Was ist der Sinn von alledem?

Die Sinnfrage gewinnt in der globalen Krise erneut Bedeutung, zum Beispiel bei der Purpose Bewegung und in der Gemeinwohl-Bewegung, die Sinn und Gemeinsinn zum Maßstab ihrer Produktion machen. Es ist eine Sehnsucht nach Orientierung spürbar, die viel deutlicher als früher nach Sinn verlangt. Gleichzeitig gilt heute die Frage nach Sinn im Mainstreamdenken als überholt.

Was ist der Sinn?

Auch davon handelt dieses Buch. Es versucht, all diese Beobachtungen einzuordnen, ohne in den mehrheitlich ausgesprochenen Pessimismus einzustimmen. Es geht darum, zu einer ganzheitlichen und kreativen Sicht zu kommen, die uns in die Lage versetzt, die globalen Probleme effektiv anzugehen. Überbevölkerung, Ungleichverteilung, Klimakrise und Ressourcenverschwendung sind Folgen unserer verengten mentalen Einstellungen. Zur Bewältigung unserer selbstgeschaffenen Krisen müssen wir uns selbst und unsere kreativen Fähigkeiten noch einmal ganz neu und noch viel besser kennenlernen.

Das 20. Jahrhundert bildete den Höhepunkt einer naturwissenschaftlichen Welterkenntnis, die speziell in der Physik neue Horizonte des menschlichen Bewusstseins eröffnet hat. Gleichzeitig sind dadurch gerade auch die Grenzen des bisherigen Verständnisses der Welt überdeutlich geworden, das sehr auf ein materialistisches und mechanisches Weltbild der klassischen Physik aufbaut. Besonders auf dem Gebiet der Quantenphysik sind diese bestehenden materialistischen Denkschemata umgestürzt worden. Im Ringen um das Verständnis der Grundlagen des Kosmos und der Atome wurde die Basis unseres Bewusstseins selbst zum Gegenstand der Erkenntnis für die Physiker. Sie mussten sich einer intensiven Selbstreflexion unterziehen. In der Folge wurde von den Quantenphysikern dieses materialistische Denken durch ein ganzheitliches Erkennen von Zusammenhängen und ein Denken in Modellen ersetzt. Zur Erklärung dieses Entwicklungssprunges des Bewusstseins kommen im Folgenden zunächst die Physiker zu Wort, die konsequent nach echter Erkenntnis dessen suchen, was die Welt im Innersten zusammenhält. So schreibt David Bohm: »Ungeteilte Ganzheit in fließender Bewegung [...] vielleicht lässt sich dies veranschaulichen, wenn man den Strom des Bewusstseins betrachtet. Dieser Fluss des Bewusstseins ist nicht genau fassbar und doch geht er offensichtlich den fassbaren Formen der Gedanken und Ideen voraus, die man fließend entstehen und vergehen sehen kann wie Kräuselungen, Wellen und Strudel in einem fließenden Strom.« »Man könnte wirklich so weit gehen zu behaupten, dass der gegenwärtige Gesellschaftszustand sowie das gegenwärtig übliche wissenschaftliche Unterrichtsverfahren [...] eine Art Vorurteil zugunsten eines fragmentierten Selbst-Weltbildes nähren und vermitteln [...] Daher ist es kein Zufall, wenn unsere fragmentierte Denkweise ein derart breites Spektrum von Krisen hervorbringt: soziale, politische, ökonomische, ökologische, psychologische und so weiter und dies sowohl im Einzelnen wie in der Gesellschaft im Ganzen.«[6]

Hans Peter Dürr, bekannter Quantenphysiker und Schüler von Werner Heisenberg, schreibt: »Hatte man ursprünglich vermutet, dass das Transzendente im Laufe der Entwicklung der Naturwissenschaften immer weiter zurückgedrängt werden würde, weil letztendlich alles einer rationalen Erklärung zugänglich sein sollte, so stellte sich nun das Gegenteil heraus, dass die uns so handgreiflich zugängliche materielle Welt sich immer mehr als Schein entpuppt und sich in eine Wirklichkeit verflüchtigt, in der nicht mehr Dinge und Materie, sondern Form und Gestalt dominieren.«[7]

Gerade heute wird oft von materialistischen Denkern der Stand der Naturwissenschaft für die materialistische Weltsicht beansprucht, als scheinbar pragmatische und vernünftige Basis und nicht zuletzt auch als Religionsersatz. Allerdings ist nach Pascual Jordan diese »[…] uns in scheinbar bombastischer Übermacht gegenüberstehende allgemeine, der Öffentlichkeit heute noch von fast allen als unabänderliche Wahrheit angesehene Weltvorstellung […] nicht mehr, wie ihre Anhänger gerne in Anspruch nehmen, im Einklang mit naturwissenschaftlicher Erkenntnis. Sie ist vielmehr im Widerspruch zu heutiger wissenschaftlicher Erkenntnis.«[8] Bewusstsein ist allerdings schon seit Jahrhunderten das Feld von Mystikern verschiedener Traditionen und deren Erkenntnisse stimmen verblüffender Weise in vielem mit denen der Quantenphysiker überein.

Ganzheitliches Bewusstsein

Anthropologisch ist das dominierende Bewusstsein unserer Gesellschaften in einem historischen Entwicklungsprozess, was der Schweizer Kulturphilosoph Jean Gebser anhand der Kulturen der Jahrtausende in seinem vierbändigen Werk »Ursprung und Gegenwart« im Detail nachvollzogen hat. Seine Erkenntnisse sind heute weltweit anerkannte Grundlagen der Diskussion über gesellschaftlich dominierendes Bewusstsein. In unserer heutigen Zeit dominiert nach Gebser das mental-rationale Denken. Wir glauben mehrheitlich an den Satz von Descartes: »Ich denke, also bin ich.«

Gebser sieht den Umbruch in der neuen Quantenphysik in Verbindung mit dem von ihm festgestellten Bewusstseinswandel. Er schreibt: »Der Nachweis einer sinnvollen, sinnerfüllten Bezogenheit neuer vorerst verwirrender Konzepte (Anm.: der Quantenphysik) auf eine sich im menschlichen Bewusstsein vollziehende Mutation, deren Thema wir umschrieben haben, rückt alle diese Forschungsergebnisse in ein neues Licht.«[9] Gebser eröffnet eine weite Perspektive zum Sinn der Bewusstseinsentwicklung gerade heute in den modernen Gesellschaften. Vielen jungen Menschen ist ein sinnvolles Leben heute ein echtes Anliegen. Insofern kündigt sich ein Wandel an, den es im Folgenden zu würdigen gilt, weil er die Chance zum Überleben der Gesellschaft bietet. Dabei wird Bewusstsein selbst zum Thema, wie der niederländische Kardiologe und Wissenschaftler Pim van Lommel in der modernen Medizin nachwies. Er hat im Umfeld von wissenschaftlichen Analysen einer großen Anzahl von medizinisch dokumentierten Nahtoderfahrungen eine völlig neue und spektakuläre Vorstellung zur Basis unseres Bewusstseins entwickelt. Van Lommel erbrachte den Nachweis, dass Bewusstsein unabhängig von einem funktionierenden Gehirn möglich ist und von daher nicht an das Gehirn gebunden sein kann.

Sinnvolle Lösungen

Die Sinnfrage ist auch mit einer persönlichen Suche nach Erkenntnis verknüpft. Insofern ist mein persönlicher und individueller Weg der Bewusstwerdung – mit über 30 Jahren beruflicher Praxis als Ingenieur für optimale Energienutzung, als Teamleiter, als Berater vieler internationaler Kunden, aber auch als Suchender und Meditierender sowie als Vortragsredner – ein Beispiel für die ganzheitliche Entwicklungsrichtung dieses Buches. Zufälle, persönliche Begegnungen und subjektive Erfahrungen sind weisend gewesen auf meinem Weg, und gerade ein solches Erleben ist viel wesentlicher und wichtiger, als viele glauben. Gelesenes und theoretisch Gelerntes, sozusagen als Leben aus zweiter Hand, kann für die Erkenntnis der Welt und die Selbsterkenntnis nur Hilfestellung sein. Wir bewegen uns hier auf einem weiten Feld mit der Frage, wie modernes Wissen, Technologie und jahrtausendealte Weisheit kombiniert und integriert werden können. Dazu hat mich meine berufliche Projekt- und spirituelle Seminartätigkeit über viele Jahre mit vielen kreativen Menschen und Teams zusammengeführt. Über Zufälle traf ich besondere Lehrer, unter anderem der heute noch lebendigen abendländischen Weisheitstradition und des tibetischen Buddhismus. Viele Jahre Meditation und Vortragstätigkeit haben mich mit sehr interessanten Menschen verbunden, die ebenso auf der spirituellen Suche waren und sind wie ich.

Was ist die Kernaussage dieses Buches?

Wir werden mit unserem heute dominierenden mentalen und fragmentierten Bewusstsein als Gesellschaft unsere Probleme nicht lösen können. Aber es gibt auch eine gute Nachricht: Es ist ein Bewusstseinswandel im Gange. Ich möchte den Versuch unternehmen, diesem Bewusstseinswandel eine Stimme aus der Praxis der modernen Wissenschaft, Technologie und Spiritualität zu geben.

Rückblick auf 30 Jahre Klima- und Ressourcenkrise

Ein Rückblick über die 30 Jahre seit der Analyse von Meadows und des Club of Rome soll helfen, einerseits die zunehmende Verengung im dominierenden mentalen Bewusstsein der Gesellschaft zu erkennen. Es ist dabei auch wichtig, an die Richtigkeit und Nachhaltigkeit damaliger Prognosen und Einsichten zu erinnern. Andererseits wird die wachsende Sensibilität für Sinnfragen unserer Entwicklungen bei einem kleineren Teil der Menschheit heute viel deutlicher als damals. Es sind deutliche Änderungen des gesellschaftlichen Bewusstseins über die letzten 30 Jahre erkennbar. Es türmten sich aber auch schon damals gut sichtbar die heutigen globalen Herausforderungen wie Gewitterwolken am Horizont auf. Zunächst wurden diese von vielen nicht ernstgenommen, der Himmel schien noch weit und die Zukunft fern. Gleichzeitig waren schon Vorboten erkennbar, dass es so nicht weitergehen können würde.

In den Jahren 1993–1998 war ich an manchen Wochenenden mit dem Thema »Sinnvolle Entwicklungen« als Vortragender unterwegs, beispielsweise bei Kulturveranstaltungen in Schloss Elmau in Oberbayern, was später durch zwei G7-Treffen noch bekannter wurde, sowie an der Hochschule der Bundesbank und im Albert Schweitzer Haus. Es gab damals eine erste Welle von besorgten Rückfragen zur Zukunft des »Weiter – Größer – Schneller« unserer gesellschaftlichen Entwicklung. Vielleicht hatte auch der kommende Jahrtausendwechsel noch einmal Befürchtungen geschürt. Die Problematik einer Sackgasse wurde für wenige Menschen schon spürbar.

Warum tun wir nichts?

Im Frühjahr 1993 hielt ich meinen ersten Vortrag im Rahmen des Kulturprogrammes auf Schloss Elmau in der Nähe von München. Wir trafen uns abends in dem wunderbaren großen Tanzsaal, im Halbdunkel saßen etwa 100 Menschen, um meine Ausführungen zum Thema »Sinnvolle Entwicklungen« anzuhören. Ich begann damals mit der etwas provozierenden Fragenreihe: »Warum tun wir scheinbar nichts gegen die Katastrophe? Was fehlt uns heute? Wie wird die morgige Welt aussehen?«

Meine damalige Zukunftsvision bezog sich speziell auf den bereits genannten Ökonom Dennis L. Meadows, der die 1972 erschienene und 1992 überprüfte Zukunftsstudie des *Club of Rome* »Grenzen des Wachstums« zusammen mit 17 anderen Wissenschaftlern am MIT verfasst hatte. Mich überzeugte die sehr beeindruckende Untersuchung der Zukunftsszenarien mittels Computermodellen. Meadows` Team hatte sehr detaillierte Simulationsmodelle aufgestellt und verschiedenste globale Szenarien anhand von Daten und Annahmen über Jahrzehnte in die Zukunft simuliert. Natürlich können Modelle nur so gut sein wie die modellierten Zusammenhänge und die Basisdaten. Meadows überprüfte 1992 die seinerzeitigen Prognosen von 1972 und veröffentlichte die aktuellen Ergebnisse. Er bestätigte darin die weltweite Abkehr von einer ökologisch langfristig verträglichen (nachhaltigen) Wirtschafts- und Gesellschaftsform. Mittels Strategieversuchen an Computersimulationsmodellen kam er zu dem Schluss, dass Wirtschafts- und Bevölkerungswachstum auf unserem begrenzten Planeten in den nächsten 40–60 Jahren wahrscheinlich zu einem weltweiten ökonomischen und ökologischen Zusammenbruch der Weltwirtschaft und danach der Gesellschaften führen würde. (Die Ergebniskurve dieses Zusammenbruchs durch exponentielle Übernutzung der begrenzten Ressourcen bei zu großer Bevölkerung sind bei verschiedensten Szenarien des MIT-Modells grundsätzlich immer ähnlich, nur zeitlich etwas verschoben.) Nach einem heute im Rückblick feststellbaren steilen Wirtschaftswachstum und Wachstumshöhepunkt gehen in den Simulationen innerhalb weniger Jahrzehnte Industrieoutput, verfügbare Nahrungsmittel und in Folge die Weltbevölkerung stark zurück. Mehr nutzbare Ressourcen, effizientere Technologien oder weniger Verödung der Böden können lediglich den Zeitpunkt des Absturzes etwas verschieben. Nur wenn die gesellschaftlichen Ziele fundamental geändert werden, kann der Zusammenbruch verhindert werden. Katastrophen dieser Art sind zwar zum Glück bisher nicht eingetreten, aber eine echte Umkehr in Richtung Nachhaltigkeit ist trotz vieler Bekenntnisse ebenfalls ausgeblieben. Es gilt heute immer noch das Dogma des ständigen Wachstums, obwohl gleichzeitig auf verschiedensten Gebieten die vom Modell vorausgesagten Ressourcenengpässe alltägliche Ursachen für Preissprünge und Lieferprobleme darstellen.

Das sollte uns gerade heute eigentlich alarmieren!

Die Chancen für eine Abwendung von Katastrophen durch Quantensprünge in unserem Verhalten sind gegeben, und einfach so weiterzumachen, scheidet realistischerweise aus. Das war schon damals erkennbar und wird heute immer deutlicher.

Meadows beschrieb schon 1992 mögliche Szenarien für ein Überleben unserer Zivilisation: »Wir sehen dort den Verlauf von Simulationen, für die Intelligenz durch Weisheit ergänzt wurde. Dabei werden zwei verschiedene Versionen des Begriffs genug definiert. Die eine bezieht sich auf den materiellen Verbrauch, die andere auf wünschbare Familiengrößen. Zusammen mit den technologischen Veränderungen [...] werden sie in den beschriebenen Simulationen wirksam. Es ergeben sich nun neue Simulationen, so dass die Weltbevölkerung bei etwa 8 Milliarden stabilisiert wird. Alle diese Menschen könnten (dauerhaft) unter Bedingungen leben, die etwa dem mittleren Lebensstandard im gegenwärtigen Europa entsprechen.«[10]

Grenzen des Wachstums

Das vom MIT-Team um Meadows 1972 entwickelte, veröffentlichte und dokumentierte ökonomische Simulationsmodell mit Szenarien der weltweiten Zusammenhänge verschiedenster Parameter ist auch heute noch die beste wirtschaftswissenschaftliche Methode zur Prognose solcher Zusammenhänge. Ein US-amerikanisches Forscherteam hat 2009 eine ähnliche Studie durchgeführt, die vom *American Scientist* veröffentlicht wurde. Das Team kam zu dem Schluss, dass die Ergebnisse des MIT-Modells auch 36 Jahre später, im Jahr 2008, fast genau den damals festgestellten Verlauf voraussagten: »Es gibt zumindest aktuell kein anderes von Wirtschaftswissenschaftlern erstelltes Modell, das über einen so langen Zeitraum hinweg so genau ist.« Im Jahr 2021 bestätigte auch die niederländische Nachhaltigkeitsforscherin Gaya Herrington die etwas düsteren Vorhersagen der MIT-Studie. In einem Gespräch mit dem *Guardian* sagte Herrington, die bei der multinationalen Wirtschaftsprüfungsgesellschaft KPMG als Director Sustainability Services arbeitet: »Aus der Forschungsperspektive hielt ich eine Überprüfung eines jahrzehntealten Modells anhand empirischer Beobachtungen für eine interessante Übung. Die aktuellen Daten stimmen mit den Vorhersagen aus dem Jahr 1972 überein, die für den schlimmsten Fall einen

Stillstand des Wirtschaftswachstums am Ende dieses Jahrzehnts und einen Zusammenbruch etwa zehn Jahre später voraussagten.« Herrington weiter: »Das wichtigste Ergebnis meiner Studie ist, dass wir immer noch die Wahl haben, uns auf ein Szenario einzustellen, das nicht mit einem Zusammenbruch endet. Mit Innovationen in der Wirtschaft und neuen Entwicklungen durch Regierungen und die Zivilgesellschaft bietet die weitere Aktualisierung des Modells eine andere Perspektive auf die Herausforderungen und Möglichkeiten, die wir haben, um eine nachhaltigere Welt zu schaffen.« Ihre ausführliche Studie kann als PDF[11] heruntergeladen werden.

Unser Verhalten und unsere Ziele sind ausschlaggebend für das realistische Modellergebnis. Das erkannte Meadows; für ihn war »Weisheit« ein wichtiger Bestandteil für Szenarien des Überlebens unserer Gesellschaft. Die sehr komplexen Wechselwirkungen der Wirtschaftssysteme und die teilweise dramatischen Änderungen im Verhalten infolge technologischer Innovationen können die Entwicklungsrichtung ändern. Ein Bewusstseinswandel hin zu einer freiwilligen Begrenzung der Ansprüche und der Geburtenrate hätte beispielsweise auschlaggebende Auswirkungen. Trotzdem sind die prinzipiellen Aussagen und Trends dieser MIT-Teamleistung auf Basis mathematischer Modelle auch heute belastbar, wie die Bestätigungen durch diese Forscherteams zeigen. Es ist inzwischen Allgemeingut, dass jedes Jahr Zehntausende Arten unwiederbringlich verschwinden, insbesondere im Zusammenhang mit der Abholzung der Regenwälder. Der Hunger in der Welt wächst inzwischen wieder, nachdem er über viele Jahre zurückgegangen war. Die Deutsche Welthungerhilfe (WHH) veröffentlicht jährlich ihren »Welthunger-Index« dazu. Die Verknüpfung von Klimawandel, Bodenerosion, Konflikte um Ressourcen und Hunger sind für die WHH-Experten nachvollziehbar.

1995 wurde auch schon von der UN in einer »Erklärung von Rom« zum Abschluss der Konferenz zum Klimawandel (IPCC) der sichtbare menschliche Einfluss auf die Klimaveränderungen festgestellt. Eine Erwärmung um 1–3,5°C und eine Erhöhung des Meeresspiegels um bis zu 95 Zentimeter seien zu erwarten. Diese Werte sind inzwischen bereits Allgemeingut der Abendnachrichten, wenn über ständig wärmere Winter und Klimaveränderungen im Rahmen von Stürmen, Dürren und Überflutungen berichtet wird. Auch die Migrationsproblematik von Süden nach Norden war da schon absehbar.

Die Münchner Rückversicherungs-Gesellschaft wies 1995 einen Anstieg der Schadensbilanz infolge Naturkatastrophen von 250 Milliarden DM (das Dreifache gegenüber 1994) aus, von der damals zu vermuten war, es wäre nur ein Teil der Rechnung, die auf uns zukommen würde. Das hat sich spätestens mit der Flutkatastrophe in Westdeutschland im Jahr 2021 weiter bestätigt. Die Münchner Rückversicherungs-Gesellschaft (heute: Munich Re) veröffentlichte im Februar 2022 eine neue weltweite Bilanz der Naturkatastrophen. Für Deutschland steht bereits fest, dass 2021 das Jahr mit der teuersten Naturkatastrophe aller Zeiten war. Die Juli-Flut in Nordrhein-Westfalen und Rheinland-Pfalz hat Gesamtschäden von weit über 30 Milliarden Euro verursacht, nur ein vergleichsweise kleiner Teil davon versichert. In den USA hat allein der Hurrikan »Ida« ebenfalls zweistellige Milliardenschäden angerichtet, hinzu kam unter anderem eine Serie verheerender Tornados. Versicherungen beobachten ebenso wie Wissenschaftler, dass mit der Erderwärmung extreme Wetterereignisse häufiger auftreten. Auch wenn die Schadenhöhe von Jahr zu Jahr variiert, zeigt der Trend im langjährigen Vergleich nach oben. Es ist inzwischen die von mehr als 95 Prozent der Fachleute geteilte wissenschaftliche Lehrmeinung, dass der von Menschen verursachte Klimawandel der entscheidende Motor der allgemein feststellbaren Klimaveränderungen ist. Damit wiederum verstärken sich Bodenerosion, Hunger und lokale wirtschaftliche Zusammenbrüche. Wir zerstören offensichtlich seit vielen Jahrzehnten unsere Lebensgrundlagen. Und das ist schon seit mindestens 30 Jahren absehbar. Und natürlich sind immer noch viele Menschen nicht bereit, sich im Sinne der Nachhaltigkeit zu verändern. Warum? Die Antwort ist: Fehlende Weisheit und selektive Wahrnehmung sowie daraus folgendes verengtes Bewusstsein führt zu anderen Prioritäten und Handlungen.

Fehlende Weisheit als Kernproblem

Schon vor der Jahrtausendwende wurde also nach Möglichkeiten für eine nachhaltige und sinnvolle Art des wirtschaftlichen Umgangs mit der Natur gesucht. Wir sind Produzenten und Nachfrager, die die natürlichen Ressourcen in einer hektischen Einbahnstraße in kurzlebige Produkte, Abgase und Müll verwandeln.

Im Februar 1996 fand in Zürich eine Tagung im Rahmen der *Global Alliance for Sustainability* statt, an der die ETH Zürich, das MIT und die Universität Tokio mitarbeiteten. Es ging nicht mehr nur um nachhaltige Technologie, es ging auch damals schon um nachhaltiges menschliches Verhalten! Wir wissen das längst, und doch scheint der notwendige Wandel umso schwieriger, je mehr unsere Ideale, Gefühle und Wahrnehmungen in die notwendigen Veränderungen miteinbezogen werden müssen. Letztlich ist die Frage, warum wir so oder so reagieren oder sogar vorausschauend agieren, eine Frage unseres Bewusstseins. Eine rein gesellschaftliche äußere Korrektur ohne innere Veränderungen – zum Beispiel das Nachjustieren einiger fiskalischer Stellschrauben ohne Veränderung unserer menschlichen Rolle und Verantwortung im Ökosystem – reichen heute eindeutig nicht mehr aus, wie Meadows schon 1992 feststellte. Zu sehr ist unser persönlicher Bewusstseinswandel nötig, der in einem geänderten Handeln münden muss. Meadows schreibt: »Die Nutzung vieler natürlichen Ressourcen und die Freisetzung schlecht abbaubarer Schadstoffe haben bereits die Grenzen des physikalisch auf längere Zeit Möglichen überschritten. Eine dauerhaft existenzfähige Gesellschaft ist technisch und wirtschaftlich noch immer möglich [...] Dazu ist mehr erforderlich als Produktivität und Energie. Gefragt sind heute Reife, partnerschaftliches Teilen und Weisheit.« Für ihn ist eine Gesellschaft dann nachhaltig, wenn sie »so weitsichtig ist, so wandlungsfähig und so weise, dass sie ihre eigenen materiellen und sozialen Existenzgrundlagen nicht unterminiert«.[12] Er meinte, »in einer dauerhaft existenzfähigen Gesellschaft bestünde großes Interesse an qualitativer Entwicklung, aber nicht an materieller Expansion«.[13] Heute, 30 Jahre später, werden langjährig erfolgreiche Produktionsketten durch Ressourcenengpässe gestoppt. Metalle, Holz, Gas, Öl, Chips, Halbfertigprodukte – es scheint, das exponentielle Wachstum des Verbrauchs stößt heute fühlbar an seine lange ignorierten Grenzen, auch wenn sie scheinbar noch über höhere Preise für den wohlhabenden Teil der Menschen weiter aufzuschieben sind. Hohe Öl-, Strom- und Gas-Preise entwickeln sich zum Insolvenzgrund für ganze Industriebereiche. Globalisierte Märkte kommen zunehmend an ihre Grenzen, wo durch neoliberales Denken strategische Fehler in der Ressourcenplanung nicht mehr korrigiert werden können. Exponentielles Wachstum von neoliberalen Weltmärkten hat offenbar keine nachhaltigen Wirkungen. Nachhaltige Ressourcenplanung wird heute zunehmend zur politischen Strategie, um zukünftiges kulturelles und wirtschaftliches Wohlergehen abzusichern.

Es war Meadows ein echtes Anliegen, auf das Fehlen von Weisheit in unserer Wirtschaft und Gesellschaft hinzuweisen. Für ihn war die Verbindung von Intelligenz und Weisheit der Schlüssel zu unserem Überleben als Gesellschaft. Im Kapitel »Übergänge zur Nachhaltigkeit« seines 1992 erschienen Buches werden Szenarien dargestellt, in denen Intelligenz und Weisheit zusammenwirken. Für ihn war klar, dass »Technologie und Märkte die Grenzüberziehung nicht verhindern«, denn selbst sehr optimistische Annahmen zur technologischen Entwicklung und bestmöglichen Rückkopplung über Märkte verschieben lediglich den Zeitpunkt des Zusammenbruchs etwas nach hinten.

Ohne Weisheit kommen wir nicht auf eine nachhaltige Spur.

Meadows` Nachhaltigkeitsszenarien – ohne Zusammenbrüche des Systems – beinhalten Geburtenbeschränkung, Produktionsbeschränkung, Technologien zur Emissionsbekämpfung, Erosionsverhütung und Ressourcenschonung. Ein solches Umsteuern ist in Demokratien nur über eine neue Weltsicht eines wesentlichen

Teils der Bevölkerung vorstellbar. Viele Menschen müssten ihre Wünsche nach ständigen materiellen Zuwächsen durch spirituelles Wachstum mindestens ergänzen, besser noch weitgehend ersetzen. Eine harmonische Balance dieser beiden Seiten unseres Wesens ist nur durch eine Verbindung von Intelligenz und Weisheit vorstellbar.

Es dauert leider viele Jahre, bis die Auswirkungen ungesunder Veränderungen sichtbar werden. Heute erkennen wir das schon besser als vor 30 Jahren. Die Politiker und Wirtschaftsführer von damals sind nicht mehr an ihrem Platz, und nachfolgende Generationen zahlen die Zeche. Ernst Ulrich von Weizäcker meinte 1993: »Noch bedeutet Wirtschaft nichts anderes als Ausbeutung der Natur – das muss sich ändern!« Also warum müssen wir erst mit dem Rücken zur Wand stehen, um etwas zu tun und uns zu retten? Ist die Komplexität der modernen Welt tatsächlich zu groß geworden, um dafür ein echtes Verständnis zu entwickeln?

Schon vor 30 Jahren in Elmau habe ich vor meinem Publikum einen Mangel an Voraussicht, an Gesamtsicht und auch an Umsetzungswillen festgestellt. Auch dieser Mangel ist eine Folge unseres Bewusstseins und ein Ergebnis unseres Denkens. Wir sammeln Wissen über die kommende Zerstörung, um es dann im Schrank unserer alten Vorstellungen zu den Akten zu legen? Ich vermutete damals, wir Menschen hätten wohl nicht den Mut, unsere Probleme aus einer neuen Sicht zu sehen und die daraus sich ergebenden neuen Lösungen auch tatsächlich umzusetzen. Unser Motto wäre wohl: »Ich habe zwar das Wissen, allein mir fehlt der Glaube.« Das nur rational Erkannte hatte damals schon nicht die Kraft, uns zum Handeln zu motivieren. Unsere Motive stammen viel weniger aus der rationalen Sphäre, als wir immer meinen. Wir alle sind Mitspieler und Beobachter auf der Bühne der Welt. Ganzheitliche sinnvolle Entwicklungen müssen uns von daher zwangsläufig über das rein Technische hinaus mit uns selbst konfrontieren. Die Idee, eine rein mechanische Korrektur – quasi ohne unser inneres Zutun – könnte uns aus der Verstrickung führen, ist eine Illusion. Ein innerer Quantensprung unseres Bewusstseins ist nötig, um ganzheitlich sinnvoll zu handeln, denn die zentrale Rolle, die unser fragmentiertes Bewusstsein für unsere Probleme spielt, ist überdeutlich.

Bewusstseinswandel ist eine Voraussetzung dafür, dass sich etwas nachhaltig ändert.

Dieser Grundtenor war damals in Elmau noch eher exotisch, speziell für Ingenieure. Vielleicht brauchten wir alle auch noch die nächsten 30 Jahre, um das Thema besser zu verstehen und dieses Verständnis wirklich reifen zu lassen.

Sinnvolle Entwicklung als Weg aus der Krise

Mein Vorschlag der »Sinnvollen Entwicklung« für ein aus ganzheitlicher Sicht schöpferisches Wirken bezog sich schon 1993 auf den Zusammenschluss des Nachhaltigkeitsgedankens und des spirituellen Wachstums. In diesem Vorschlag verbinden sich also kreatives Bewusstsein und nachhaltiges schöpferisches Tun. Der Etymologische Duden nennt als Wortstamm von »Sinn«: »Gang; Reise; Weg; eine Richtung nehmen; eine Fährte suchen«. Genauso gehört »Gefühl; Wahrnehmung« dazu, was ja in unserem Sprachgebrauch auch im Gehörsinn, in der Sinnlichkeit auf der einen Seite und im Wahnsinn beispielsweise auf der anderen Seite zum Ausdruck kommt. Sinn verbindet also den ganzheitlich richtigen einzuschlagenden Weg bei einer Entscheidung mit der entsprechenden inneren Wahrnehmung. Unsere Sinnwahrnehmungen zeigen uns die Richtung einer Entscheidung an (durch das geübte Gefühl). Sinn ist eine innere Erkenntnis, die zu einer richtigen, ganzheitlichen Entscheidung führt.

Wenn wir weitergehen: Der Wortsinn von »Entwicklung« basiert auf »entwickeln; sich entfalten; sich herausbilden«. Das heißt, Entwicklung wickelt etwas innerlich Vorhandenes, aber noch Verdecktes, in der Zeit ab. Damit deutet Entwicklung deutlich auf die kreative Erkenntnis und Umsetzung der ganzheitlich richtigen Lösung.

Schließlich: Der Wortsinn von »Krise« bedeutet etymologisch »Entscheidung; Wendepunkt«.

Sinnvolle Entwicklungen sind solche, bei denen aus der inneren Sicht das Sinnhafte vom Sinnlosen geschieden wird und daraus die sinnvolle Lösung hervorgebracht wird. Dabei ist die Krise oft Auslöser für die Sinnsuche und damit für die Wende zur sinnvollen Lösung.

Vor diesem Hintergrund ist die Kenntnis der eigenen Traditionen wichtig, da sie alte und neue Wege zur sinnvollen Erkenntnis anbieten. Hilfreich zum ganzheitlichen Verständnis sind die vergessenen Wurzeln unserer technisch-wissenschaftlichen Zivilisation. Wir suchen damit auch die spirituellen Wurzeln der Schöpfungskraft und der Kreativität unserer Zivilisation.

Die Wirklichkeit kann mit einer rein mental-rationalen Denkweise nicht begriffen werden und mit einer rein mental-rationalen Technik nicht sinnvoll gestaltet oder entwickelt werden. Zur Erreichung von sinnvollen Lösungen ist Intuition nötig. Intuition ist das Ergebnis der kreativen Verbindung der beiden Hemisphären unseres Gehirns. Zu den sinnvollen Lösungen gehört eine innere Ruhe und Offenheit, aus der die Handlungen und die Gedanken fließen. Voraussetzung dafür ist die Bereitschaft, feste Denkgewohnheiten aufzugeben. Ein Beispiel für ein sinnvolles Entwicklungsprojekt ist der eigene Lebensweg – »von der Wiege bis zur Bahre«.

Wir sprachen damals über innovative technologische Produktentwicklung, Kreislaufwirtschaft und Harmonie im Design. Bei den Beispielen zu technischen Entwicklungen erörterten wir die damals noch in Kinderschuhen steckenden alternativen Energien und die Energieoptimierung, die beide zu meinem Fachgebiet gehörten. Aber wir sprachen auch über wasserlose und einfache Toiletten für die Grundbedürfnisse der Menschen in ärmeren Regionen, was unter anderem zu spöttischen Bemerkungen einzelner Teilnehmer beitrug. Die Rückfragen zeigten teilweise eine gewisse Skepsis, speziell bei den Männern. Ich wurde gefragt, was ich persönlich als technische Lösung dazu in meinem Lebensalltag praktizierte und ob das Konzept so überhaupt machbar sei. Ich verwies auf die effiziente

Nutzung von Ressourcen und Energie durch die Optimierungsprojekte unseres damaligen Teams. Mathematische Optimierung als unser Werkzeug der Energieeinsparung und Effizienzerhöhung erweckte ein gewisses Vertrauen bei den Fragenden.

Bewusstmachung als Weg

Die von Meadows und dem *Club of Rome* angestoßene Bewusstmachung der Grenzen unseres Wachstums hatte in Deutschland vor mehr als 30 Jahren Staub in den Medien aufgewirbelt. Für eine damals überschaubare Anzahl von Menschen wurde klar, dass unser Weg über Ressourcenverknappung, Überbevölkerung, Klimaveränderung, Überfischung der Meere und Artensterben mittelfristig zum Scheitern dieser Gesellschaft führen könnte. Die Anti-Atomkraft-Bewegung war in Deutschland in den 1970ern entstanden und hatte Massenproteste organisiert. »Die Grünen« waren 1980 als Sammelbecken vorwiegend politischer Aktivisten gegründet worden und 1983 erstmals im Bundestag eingezogen. In den 1990er Jahren wurde dann alternative Energieerzeugung politisch als zentrale Lösung fokussiert. Auch heute sind technisch geprägte Diskussionen immer noch dominierend in dieser Bewegung. Die damaligen Ideen zu alternativen Energien sind inzwischen politisch aufgeladen und prägen politische Zukunftsvisionen. Andererseits muss man heute fragen, ob diese nur technisch geprägte Diskussion in den letzten 30 Jahren nicht sogar explizit zu einer Verengung im Denken und zu Denkverboten auf diesem Gebiet beigetragen hat.

Ohne zu hinterfragen, wer wir eigentlich sind, sind nachhaltige Änderungen nicht möglich, wie es schon Meadows erkannt hat. Im Gegenteil, eine ideologische Verengung ist eine zusätzliche Gefahr, naheliegende Lösungen aus den Diskussionen auszuschließen. Die Meinung dominiert, dass technischer Ausbau von Windkraft und Solartechnik sowie der Stromnetze in Deutschland die Schlüssel zur Rettung des Planeten vor der Klimakrise wären. Kreativität und die Suche nach intelligenten, robusten und nachhaltigen Systemlösungen für verschiedene Teile der Welt unterbleibt. Die deutsche Energiewende erstickt in immer komplexeren Gesetzen und Verordnungen.

Völlig unabhängig von dieser technisch geprägten Diskussion ist seit Jahrzehnten eine starke spirituelle Bewegung entstanden, mit einer wachsenden Anzahl Menschen, die auf der Suche nach einem neuen sinnvollen Umgang mit der Natur und der eigenen Existenz sind. Meditation, Yoga und nachhaltiges Leben werden als »Graswurzelbewegungen« umgesetzt. Beide Bewegungen – die technische wie die spirituelle – betrachten die notwendige Erneuerung aus jeweils einer anderen Perspektive.

Eine äußere und eine innere Fokussierung hat sich parallel entwickelt.

Die sinnvolle Verbindung beider Sichtweisen soll im Folgenden genauer gezeigt werden – deshalb ist das Bewusstsein der Verbindung beider Seiten auch das Kernthema dieses Buches.

Intelligenz und Weisheit, Technologie und Spiritualität, wie von Meadows eingefordert, führen nur im Zusammenschluss zu einem echten Bewusstseinswandel, ohne den sinnvolle technologische Innovationen für die Welt nur ein frommer Wunsch bleiben werden. Der eigentliche Quantensprung zum Überleben ist die Bewusstwerdung dessen, wer oder was wir sind!

Der notwendige Quantensprung ergibt sich aus der Verbindung von spiritueller Weisheit und technischer Intelligenz sowie aus der Überwindung der scheinbaren Gegensätze dieser beiden Sichtweisen in unserem gesellschaftlichen Bewusstsein. Beides stellt die hauptsächliche und schwierigste Herausforderung der nächsten Jahrzehnte dar – vor allem deshalb, weil Weisheit und Bewusstsein derzeit noch unbekannte beziehungsweise »ungeübte« Kompetenzen in der technologisch geprägten Diskussion über die Zukunft sind.

2
Im Strom des gesellschaftlichen Bewusstseins

»Jetzt ist der wichtigste Augenblick in deinem Leben, der Mensch, mit dem du jetzt sprichst, ist der wichtigste in deinem Leben – die wichtigste Tat ist die Liebe.«

Meister Eckehart

Geschichtliche Innovationen durch Quantensprünge

Der Stand des gesellschaftlichen Bewusstseins zeigt sich im Rückblick auf gesellschaftliche Entwicklungen in den Handlungen der Menschen und dies insbesondere an historischen Wegkreuzungen. Kulturelle Leistungen und Maßstäbe werden oft sehr klar vom Bewusstsein der Handelnden bestimmt. Das heißt, gesellschaftlich fokussierter Materialismus bestätigt sich selbst durch materialistische Wissenschaften. Das Bewusstsein von Gesellschaften drückt sich auch in der Wirtschaft aus, und zwar durch die motivierende Bedeutung von entweder »Haben« oder »Sein«.[14]

Sein macht Wirtschaften zu einem sinnvollen Werkzeug des Lebens.

Haben macht das Leben selbst zum Werkzeug der Wirtschaft.

Wir kommen darauf zurück. Auf der Suche nach dem historischen Antrieb der gesellschaftlichen Bewusstseinsentwicklung in Europa stoßen wir auf zahlreiche Umbrüche und Entwicklungssprünge. Was waren die Ursachen dafür? Mehr als von einzelnen historischen Personen wird das Schicksal ganzer Völker und Kontinente von gesellschaftlichen Innovationen bestimmt, die auf bewussten Erkenntnissen und deren Umsetzung als Kulturleistungen beruhen. An diesen Kulturleistungen waren bislang in der Regel Generationen schöpferischer Menschen im Einklang mit ihrer jeweiligen Tradition beteiligt. Echte Innovation ist immer Teamwork im kulturellen Bewusstseinsumfeld. Sie hat aber oft Sprünge und komplette Umschläge von Machtverhältnissen oder Strukturen zur Folge. Speziell wenn Kulturen mit verschiedenen Bewusstseinsständen im Konflikt aufeinandertreffen, gibt es oft überraschende Ergebnisse in der Auseinandersetzung, die nicht mit rein zahlenmäßigen Abschätzungen erwartet würden. Das überholte physikalische Modell einer kontinuierlichen quantitativen Entwicklung versagt demnach für gesellschaftliche und geschichtliche Umwälzungen. Das zeitgemäße Modell eines Quantensprungs in der Bewusstseinsentwicklung (bei Gebser »Bewusstseinsmutation«) ist offenbar besser geeignet.

Römische Ingenieurskunst verdrängt keltische Mythen

Mitte des 1. Jahrhunderts vor Christus entschied sich das Schicksal des europäischen keltischen Kulturraums in Gallien. Die verschiedenen Stämme im Raum Europa waren durch Handel und Kultur sehr eng verwoben. Die Unterscheidung in Kelten und Germanen war dabei eine Unterscheidung, die Cäsar maßgeblich geprägt hat. Das keltische Europa wurde endgültig vom Römischen Reich übernommen und für Jahrhunderte dominiert. Dieser Umbruch entschied sich in der Schlacht des Keltenfürsten Vercingetorix gegen Cäsar bei Alesia um das Jahr 52 v. Chr. Die vereinten keltischen Stämme unter Vercingetorix stemmten sich dabei gegen den Untergang der keltischen Kultur in Europa. Nach ihrem Sieg besetzten die Römer ganz Gallien und später den für sie beherrschbaren Teil von Britannien und Germanien. Die keltische Kultur der aufblühenden Oppidien, also die internationalen Handelsplätze der Kelten und deren Stadtkultur, wurde von einem römischen Kolonialsystem überformt. Genauso wurden die keltischen Handelsstraßen als Untergrundbefestigung ins römische Fernstraßennetz integriert und überformt. Es fand ein deutlich sichtbarer gesellschaftlicher Umbruch statt.

Über den Ausgang der Schlacht bei Alesia entschied die mentale Fähigkeit Cäsars, seiner Legionen und Ingenieure und nicht die Zahlenverhältnisse oder der Mut der Krieger. Cäsar befehligte etwa 50.000 Soldaten, Vercingetorix konnte nach seinem Hilferuf an die keltischen Stämme bei der Entscheidungsschlacht etwa 300.000 kampferprobte Krieger aufbieten. Die mentale Stärke der Römer zeigte sich als Disziplin, Logik und Ingenieurskunst. Sie bauten in fünf Wochen einen doppelten Befestigungswall aus Holzpalisaden mit Türmen um die Stadt Alesia von insgesamt etwa 38 km

Gesamtlänge. Die Legionäre hatten überdies Kriegsmaschinen im Einsatz. Die mutigen Kelten (Einzelkrieger ohne Kriegsmaschinen) waren nicht in der Lage, der durchdachten Strategie der Römer etwas Gleichwertiges entgegenzusetzen, obwohl sie zahlenmäßig weit überlegen waren. Im Außenbereich rund um den befestigten römischen Belagerungsring hatten sie Cäsars Armee zwar eingeschlossen und vom Nachschub abgeschnitten, sodass die Schlacht für Cäsar nicht zu gewinnen gewesen wäre, wenn die Kelten diszipliniert gewartet und die Römer ausgehungert hätten. Doch dann stürzten die Kelten sich in Todesverachtung in die tödlichen römischen Fallgruben und gegen die Palisaden. Es siegte die klare mental-rationale Taktik der Römer über den sprichwörtlichen Mut der keltischen Einzelkrieger, die sich in ihrem Clanbewusstsein keiner übergeordneten logischen Strategie und Hierarchie unterordnen wollten. Das mentale Bewusstsein der Römer setzte sich gegen das mythische der Kelten durch.

Diese Klassifikation »mythisch« für das Bewusstsein benutzte der Schweitzer Kulturphilosoph und Bewusstseinsforscher Jean Gebser, um das Bewusstsein vor dem Durchbruch der »mentalen« Welt des Denkens zu kennzeichnen. Diese mythische Weltsicht erkannte Gebser zum Beispiel auch in den Kulturen des alten Griechenlands, Ägyptens oder Galliens. Die Welt wird in Mythen verstanden, nicht in rationalen Gedankengebäuden. Vor der »mythischen« gab es nach Gebser noch die »magische« und davor die »archaische« Bewusstseinsstruktur. Neue Strukturen brechen durch in »Bewusstseinsmutationen«. Alte Strukturen bleiben aber Teil unseres Gesamtbewusstseins, wobei gesellschaftlich jeweils eine Struktur dominiert.

Killerapplikation erobert Europa und Nordafrika

Im 5. Jahrhundert bestimmte eine aus einer anderen Kultur stammende scheinbar unbedeutende Innovation das Ende des Römischen Reichs in Europa. Dieser Umbruch wurde in der Steppe Asiens ausgelöst und änderte die Machtverhältnisse in Europa, Kleinasien und

Nordafrika vollständig. Als Folge einer lokalen Kriegerinvasion von Steppennomaden – der Hunnen – begann eine Völkerwanderung. Die Hunnen drangen im 4. Jahrhundert mit großer Brutalität in Zentralasien in die Gebiete anderer Völker in Richtung Mittelmeer vor. Die vor diesem Angriff zurückweichenden Volksgruppen und Stämme verdrängten auf dem Weg nach Westen weitere Stämme. Infolge dieser militärischen Bedrohung und der von ihr ausgelösten Völkerwanderung wurden in den nächsten zwei Jahrhunderten das Persische Reich, das weströmische Imperium Romanum und das oströmische Byzantinische Reich ins Wanken gebracht. Die Hunnen waren einfache, aber disziplinierte Steppenkrieger, die auf kleinen Pferden die anderen Stämme und die gut gepanzerten Fußtruppen und Streitwagen der Imperien überrannten. Eine Folge dieser Schwächung der alten Imperien durch die Völkerwanderung war im 7. Jahrhundert der Aufstieg des Islam in Nordafrika.[15]

Eine komplett neue politische und kulturell-religiöse europäische Umwelt entstand. Für diese enorme militärische, politische und geostrategische Umwälzung maßgebend ist eine scheinbar nebensächliche technologische Innovation, die an den Lagerfeuern der Hunnenkrieger entwickelt wurde: der sogenannte »Kompositbogen«. Dieser allen anderen Bögen überlegene Kompositbogen der Hunnenkrieger bestand aus verleimten Schichten verschiedener Materialien. Der Bogen war klein, leicht und durchschlagend im Verschießen der Pfeile. Die Herstellung dieser Waffe hatte Jahrhunderte Erfahrung erfordert, speziell das Verleimen der Schichten. Weitere Innovationen – das Gießen der Bronzespitzen der Pfeile und die Taktik als Kavallerie – kamen hinzu. Die geübten und disziplinierten Reiter konnten vom Pferderücken aus zu beiden Seiten Pfeile in schneller Folge abschießen. Ihre Pfeile wurden von diesem Bogen so stark beschleunigt, dass sie Metallrüstungen und Helme glatt durchschlagen konnten. Möglicherweise waren die sonst versierten Großreiche in ihren Vorstellungen gefangen, beispielsweise in der Tradition der griechischen Phalanx, die mit Schwert und Lanze am Boden kämpften. Die römischen Legionen, die als Fußtruppen kämpften, hatten im Übrigen schon im Jahr 53 vor Christus eine Schlacht gegen die furchtbare Kavallerie der Steppennomaden verloren und dabei auf der Seidenstraße blutige Erfahrungen gesammelt. Die Römer hatten diese Erfahrung aber offenbar nicht zielführend nutzen können. Andererseits hatten die Hunnen sehr wohl von ihren Gegnern gelernt, zum Beispiel die Nutzung von Kriegsmaschinen für die erfolgreiche Belagerung von Städten. Der Kompositbogen in Verbindung mit der Kavallerie und militärischer Disziplin kann damit als eine »Killerapplikation« bezeichnet werden, die eine völlig neue kulturelle und politische Landkarte in Europa und im Mittelmeerraum schuf. Hier erwies sich kulturell tradierte Handwerkskunst verbunden mit mentaler Lernfähigkeit als im eigentlichen Sinne durchschlagend erfolgreich.

Mühsame kulturelle Rückbesinnung in Karls Reich

Nach dem Ende der Völkerwanderung und dem Zusammenbruch des Imperium Romanum war Europa in kulturelle Verdunkelung abgesunken. Karl der Große schuf im 8. Jahrhundert mit seinem Fränkischen Großreich wieder einen Anknüpfungspunkt an die römisch-christliche imperiale Tradition. Er hatte hervorragende Berater aus Irland, England und den von ihm beherrschten europäischen Gebieten. Karl wollte eine neue Blüte der abendländischen Kultur schaffen, zu der er eine einheitliche Schriftsprache (Minuskel), eine christliche Renaissance (Aachener Dom als Abbild des himmlischen Jerusalem), eine Einheitlichkeit der Mönchsregeln für die Ausbreitung der christlichen Kultur und eine Anbindung an die überlieferten Geistesgrößen der griechisch-römischen Antike gehörte (Übersetzung antiker Texte, zum Beispiel von Vitruvius als einzigem erhaltenem Kompendium antiker Architektur und Ingenieurskunst). Aachen wurde Karls kulturelles und spirituelles Zentrum, von dem aus diese Reformen in seinem Reich eingeführt wurden.[16] Insofern war er sich der entscheidenden Rolle von Bildung, Spiritualität und Kultur sehr bewusst. Trotz der Kämpfe mit dem Islam in Spanien pflegte er sehr gute Kontakte zum Kalifen Harun ar-Raschid – man beschenkte sich gegenseitig. So kamen auch Heiligtümer aus Jerusalem und Schätze des Orients an den Aachener Hof, die aus Aachen das »neue Rom« machen sollten.

Der enge Führungskreis um Karl konzipierte den Aachener Dom als Sinnbild des himmlischen Jerusalem. Karl sah sein Reich wohl in der Tradition der Antike als Sonnenzivilisation, in der der kosmische Christus im Rhythmus der Sonne und der Planeten wirkt. Die Architektur des Aachener Doms ist deshalb am örtlichen Sonnenzyklus in Aachen orientiert und enthält eine ganze Reihe von typischen jahreszeitlichen Fixpunkten, die im Dreistrahl des Sonnenlichts sichtbar werden, das durch die oberen Fenster des Doms einfällt.

Hier zeigt sich – noch vor der Renaissance in Italien – eine Wiederentdeckung der Antike, und für diese schöpferische Leistung der kulturellen Erneuerung wurde Karl der Große verehrt.

Bei dieser Rückbesinnung auf die kulturellen Wurzeln des Abendlandes unterstützten Karl und seine Nachfolger die Mönchsorden. In ihren Skriptorien wurde ein Teil der Kultur des Abendlandes bewahrt. Als erste Vorstufe einer europäischen Renaissance verbreiteten die Mönchsorden nach der für alle vorgeschriebenen benediktinischen Regel ihre christliche Kultur im Reich Karls und seiner Nachfolger. Als Hüter der Bücher und Ideen, als Träger und Verbreiter der mentalen Kultur der europäischen Antike waren sie eine Säule der Wiederentdeckung der mentalen Seite der Antike in Europa. Auf dieser Basis zeigt sich später auch die Scholastik als mentales Fundament der neuen Ordnung des Christentums im 12. Jahrhundert. Karls Ansatz der Kulturschöpfung in den antiken Traditionen hatte eine enorme Wirkung, die weit bis in das Mittealter reicht.

Renaissance der sieben freien Künste

Während der Jahrhunderte der Rückeroberung Spaniens von den Mauren übersetzten die christlichen Mönche die aufgefundenen antiken Texte, die über Alexandria vom Islam als antikes Wissen ins maurische Al Andalous gelangt waren. Die Scholastik der christlichen Amtskirche, die von Thomas von Aquin und anderen in dieser

Zeit stammt, führte zu einer starken mentalen Denktradition im christlichen Abendland, die auch heute noch spürbar ist. Thomas von Aquin, als wichtigster Vertreter der Scholastik, wird bis heute von der Römisch-katholischen Kirche als zentraler Kirchenlehrer gewürdigt.

Die neue Sehnsucht nach dem klaren mentalen Bewusstsein wird durch die (Wieder-)Entdeckung und Pflege von Aristoteles, Platon und Pythagoras befriedigt. Die Renaissance außerhalb der Klöster begann auf dieser Basis wesentlich später in Kultur und Kunst im Italien der Medici (15.–18. Jahrhundert) Platz zu greifen, wo sie jenseits alter Machtstrukturen eine frische mentale Aufnahmebereitschaft im Umfeld der internationalen Händler fand. Diese Wiedergeburt des antiken Wissens im Europa der Bürger war für die spätere Entwicklung der modernen mentalen Welt wesentlich, weil sie die philosophische Klarheit des Denkens der Antike und die Freiheit der eigenständigen Wahrheitssuche auf die Gesellschaft insgesamt übertrug.

Diese enge Verbindung von antikem Wissen und christlicher Weltsicht schuf die spezifisch christlich-mental geprägte Denkweise, die sich später in der Aufklärung immer mehr vom christlichen Fundament absetzte. Bis ins 15. Jahrhundert wurde noch der Ausbildungskanon der Antike an den Universitäten im Grundstudium gelehrt – die sogenannten »sieben freien Künste«. Darin enthalten war das »Trivium« als Grundlage, bestehend aus den drei Künsten Grammatik, Dialektik und Rhetorik, sowie das weiterführende »Quadrivium«, welches aus den »vier Säulen des Pythagoras« zum Verständnis des Mikrokosmos und des Makrokosmos hervorging.

Pythagoras lehrte die Einheit der Welt – innen wie außen, oben wie unten.

Die Rhythmen und Proportionen des lebendigen Kosmos erfasste Pythagoras mit dem Quadrivium, den vier Säulen oder Künsten: Mathematik mit Zahlenphilosophie, Geometrie mit heiliger Geometrie, Astronomie mit Astrologie und Musik. Auch die Alchemie als Methode Alexandrias, als Verschmelzung von griechischem Wissen und der Magie des Pharaonenreiches mit der Mystik der Weltreligionen der damaligen Welt, wurde wiederentdeckt und bis ins 17. Jahrhundert praktiziert. Die Gnosis, als Suche nach direkter Erkenntnis, wurde ebenso wiederentdeckt. Diese tiefe spirituelle und intellektuelle Renaissance eroberte alle Bereiche der Kultur des christlichen Abendlandes.

Erst auf dieser Basis des eigenständigen Forschens nach der Wahrheit und nach der Erkenntnis wurde das Denken von den Fesseln des Nur-für-wahr-Haltens befreit. Dieses mentale Suchen nach authentischer Erkenntnis war effizient, eroberte sich in der Kunst die Perspektive und auf dieser Basis das mentale Abbild der inneren und der äußeren Welt. Im Konflikt mit dem in Dogmen verhafteten Denken der Träger der Amtskirche entstand daraus die mentale Aufklärung. Leider wurde dabei auf beiden Seiten »das Kind mit dem Bade ausgeschüttet«. Auf der einen Seite endeten Männer wie Giordano Bruno für ihre Texte auf dem Scheiterhaufen, auf der anderen Seite wurde die spirituelle Basis der Welt als Terrain der Amtskirche identifiziert und mit dieser abgelehnt. Die ganzheitlichen spirituellen Wurzeln sowohl des Pythagoras wie auch eines Thomas von Aquin werden bis heute ausgeblendet. Die Naturwissenschaft entstand als Kind der Gnosis mit dem Quadrivium des Pythagoras und der Alchemie der Antike, um sich dann in der Aufklärung auf die äußere Sicht der Welt einzuengen und ihre innere Abstammung zu leugnen. Sir Issac Newton arbeitete in seinem Labor ebenso intensiv mit der Alchemie wie er gleichzeitig das damals noch unbekannte Prinzip des Gravitationsgesetzes entdeckte und die klassische Mechanik begründete. Dieses sogenannte Newtonsche Weltbild der Physik betrachtet den Kosmos in Vergangenheit und Zukunft als mechanisches Uhrwerk. Dieses mechanistische Weltbild ist für viele Menschen heute immer noch die Basis ihres Verständnisses. Wir werden später sehen, dass es im letzten Jahrhundert vom neuen Weltbild der Quantenphysik abgelöst wurde.

Ora et Labora

Die abendländische christlich-gnostisch geprägte Suche nach Erkenntnis war im Kern der Überzeugung, dass Innen und Außen gleichermaßen das große göttliche Schöpfungswerk abbilden und dass die göttliche Schöpfung sich im Innen wie im Außen nach analogen Gesetzen ausdrückt. Diese Gesetze wurden entsprechend der Antike beispielsweise über Zahlenverhältnisse, heilige Orte und geometrische Beziehungen in Kathedralen abgebildet – daher auch die Abbildung des himmlischen Jerusalem im Aachener Dom und später in den klassischen gotischen Kathedralen der Ile de France.

»Ora et Labora« – »Bete und arbeite«, das ist der Leitspruch der Alchemisten, Wüstenväter, Benediktiner, Zisterzienser und Trappisten. Wenn man sich nur auf »Ora« begrenzt hätte, wären die frühen Mönche in der Wüste und in ihren Höhlen geblieben und die Alchemisten hätten nicht experimentiert. Nur »Labora« wäre orientierungsloses Basteln und hätte den Genius des Menschen nicht hervorgebracht. Die Wirklichkeit verlangt, was wahrhaft wirksam und sinnvoll ist. Die Wirklichkeit verlangt »Ora et Labora«, um ihr wahrhaft gerecht zu werden. Es ist die lebendige aufwärtsführende Spirale von Erkennen (Ora) und praktischer Integration im Leben (Labora), die zu echter Erkenntnis (Gnosis) führt. Die Gnosis sah das Leben als Prozess der Bewusstwerdung auf diesem Weg. Als Bild für die menschliche kollektive Bewusstseinsentwicklung wurde eine Entwicklungsspirale zu höherem Bewusstsein vorgestellt. Die Gnostiker und Alchemisten waren überzeugt, dass zu jedem hervorragenden Ergebnis eines Werkes das hervorragende Bewusstsein die Grundlage bildet. Sie glaubten zum Beispiel, dass Gold oder das Elixier des Lebens nur auf der entsprechenden Basis einer geläuterten Seele beziehungsweise eines vertieften Bewusstseins hergestellt werden könne.

Vor etwa 100 Jahren sind Physiker bei der intensiven Diskussion der Quantenphysik ebenso zu dem Schluss gekommen, dass Bewusstsein ein integraler Bestandteil der Erkenntnis der Wirklichkeit ist und diese Wirklichkeit vor allem direkt beeinflusst. Innen und Außen sind zwei adäquate Abbildungen der einen manifestierten Wirklichkeit desselben Bewusstseins. Auch die Suche der Mystiker nach Erkenntnis offenbarte dies: Meditative Selbsterfahrung führte sie zu dem Schluss, dass Innen und Außen sich spiegeln, und zwar im selben Bewusstsein des unbetroffenen Beobachters. Zum Verständnis der Wirklichkeit gelangte nur, wer beide Seiten zusammenführt.

»Ora et Labora« hatte aber neben der Erkenntnis auch den Aspekt des Mitgefühls (Buddhismus) oder der Nächstenliebe (Christentum). Dieser Weg wird heute noch von vielen Nonnen- und Mönchsorden praktiziert und als Dienen am Nächsten angesehen, um den göttlichen Auftrag zu erfüllen.

Mentale Welteroberung

Die abendländische Suche nach Erkenntnis führte auch politisch-ökonomisch zu neuen Ufern, und zwar buchstäblich: Europäer machten sich daran, die Welt zu erobern. Eine dramatische geschichtliche Zäsur für Südamerika stellte beispielsweise die Eroberung des Inkareiches durch Francisco Pizarro und des Aztekenreiches durch Hernan Cortes im 16. Jahrhundert dar. Wieso konnte bei der Eroberung des Inkareiches die zusammengezogene 80.000 Mann starke Armee des Inka-Herrschers Atahualpa den Eroberer Pizarro mit weniger als 200 Soldaten nicht aufhalten? Hier treffen wir wieder auf den Zusammenstoß zweier Bewusstseinskulturen. Die Inka lebten noch in einer mythischen Verbindung mit ihren Göttern, wogegen die Spanier bereits einer rational-mentalen Fokussierung (Profitmaximierung) folgten. Atahualpa vertraute auf den prophetischen Mythos der Wiederkunft der »weißen Götter«, die auf Schiffen über das Meer kommen würden. Dieser mythischen Sicht auf die Fremden stand die mentale Rücksichtslosigkeit und Respektlosigkeit der Eroberer gegenüber, die den Inka-Herrscher und sein großes Gefolge ohne Bedenken in eine Falle lockten und unter Vorwänden ermordeten.

Ende des 18. Jahrhundert kam in Europa die Aufklärung in Gang. Descartes prägte seinen berühmten Satz über das denkende Sein und sein Zeitgenosse Immanuel Kant postulierte in seinem Hauptwerk »Kritik der praktischen Vernunft« die Vernunft als die höchste und letzte Autorität der Moral.

Diese Fokussierung auf das mental-rationale Denken als einziger relevanter Weltzugang verselbständigte sich nach und nach im philosophischen Geist – bis in die Neuzeit, wo das Denken dann zunehmend an universaler Klarheit und Erkenntnisfülle verliert und ins Persönliche gerinnt, wo es selbstverliebt und individualistisch wirkt.

Anders in der Naturwissenschaft, hier führte die mental-rationale Suche nach Erkenntnis der Wirklichkeit zu einem völlig neuen Weltbild im 19. und speziell im 20. Jahrhundert. Zu ihrer großen Überraschung erkannten Quantenphysiker, dass im Prozess des Übergangs zur Wirklichkeit der Atome – der Materie – das Innen und Außen zu einer einzigen Bewusstseinslandschaft wird. Atomphysiker fanden sich damit zwar auf mathematisch haltbarem, aber philosophisch unbekannten Terrain wieder. Die Astrophysik und die Quantenphysik entwickelten Anfang des 20. Jahrhundert in einem atemberaubenden Bewusstseinssprung explizit in Europa die neuen »Reiserouten« für die Menschheit auf dem Weg zu neuen geistigen Ufern. Die Ingenieurwissenschaft ebnete und befestigte diese Wege dann im bekannten Pragmatismus.

Es gibt praktisch keinen größeren Umbruch im mentalen Denken als diesen Übergang vom newtonschen mechanistischen Weltmodell zum quantenphysikalischen Weltmodell.

Damit schließt sich auch der mentale Kreis der Erkenntnis durch Denken, den Pythagoras und Platon für uns begannen. Das gnostische Bild einer Entwicklungsspirale des Bewusstseins drängt sich auf, bei der auf höherer Ebene dieselbe Stelle wieder erreicht wird. Alpha und Omega – seit jeher Metapher für »Gott« – treffen sich, weil es immer nur das eine Ganze gibt, das jeweils neu erkannt wird auf dem Weg der Jahrtausende dauernden menschlichen Bewusstseinsentwicklung. Über die geheimnisvolle Magie der Mathematik des Pythagoras ist Alpha und Omega dieser langen mentalen Reise über 2.500 Jahre verbunden. Pythagoras nannte diesen Zeitraum einen kosmischen Monat im kosmischen Jahr der Entwicklungsspirale des Bewusstseins, die sich nicht ohne uns als Beobachter und Mitgestalter vollziehen kann. Diese Entwicklungsspirale wurde astrologisch dargestellt über 12 kosmische Monate als Umlauf der Tag- und Nachtgleiche durch die 12 Tierkreiszeichen. Wir wären heute aus dieser Sicht im Übergang vom Sternbild »Fische« zum Sternbild »Wassermann«.[17]

Kehren wir zurück zur »Bewusstseinsmutation« (Gebser) des heutigen Bewusstseins. Albert Einstein, Niels Bohr, Werner Heisenberg, Max Planck, Wolfgang Pauli und Hans-Peter Dürr sind nur einige Namen der großen Pioniere der Physik am Anfang des 20. Jahrhunderts, die gleichzeitig an die inneren Grenzen des Bewusstseins als Basis aller äußeren Erkenntnis stießen. Diese Pioniere erkannten, dass eine Auftrennung beziehungsweise Differenzierung in materielle Objekte mit eigener Identität nicht mehr möglich ist – die Welt ist ein untrennbares Ganzes. Sie waren damit völlig einig mit Pythagoras.

Die Welt ist *eins* – jede Trennung ist nur eine Illusion.

Passend zu dieser physikalischen Revolution wurde von Carl Gustav Jung eine persönliche Entwicklungslinie des Bewusstseins (im einzelnen Menschen) als Individuationsprozess neu erkannt, und zwar ebenfalls auf Basis der Alchemie, mit der er sich intensiv beschäftigte. Auch hier schließt sich ein Kreis zu Pythagoras, der als ein Vater der Alchemie gilt, mit der eine innere Verwandlung des Menschen und eine äußere Verwandlung in der Welt angestrebt wurde.

Auf der neuen Plattform der Quantenphysik schließt sich noch ein weiterer Kreis zu Pythagoras, nämlich das Verständnis der heutigen Universalsprache der Erkenntnis der Naturgesetze in Form der Mathematik. Die Schüler des Pythagoras wurden erstmals Mathematiker genannt. Die Mathematik ist auch die Sprache der Quantenphysik und die Sprache der Computermodelle, die die moderne Welt beherrschen und regeln, allerdings heute ohne die

Erkenntnis über Sinn und Ziel unseres Weges. Uns fehlt heute dafür die Weisheit als ganzheitlicher Sinn unserer Entwicklungen.

Gesellschaftlicher Umbruch durch harte Technologien

Gebser und Meadows beschrieben den heraufziehenden Umbruch in unserer Gesellschaft aus Sicht des kulturellen Bewusstseins und der wirtschaftlichen Ressourcen der Erde. Eine weitere, komplementäre Sicht untersucht explizit den Einfluss der Technologie auf die gesellschaftliche Transformation. Der ungarische Wissenschaftsphilosoph und Systemtheoretiker Ervin Laszlo beschrieb 2003 aus gesellschaftspolitischer Sicht die unvermeidliche Herausforderung des heutigen globalen gesellschaftlichen Umbruchs. (Gesellschaft wird dabei als vernetztes System mit Rückkopplungsprozessen verstanden.) Aus seiner gesellschaftlichen Systemtheorie entwickelte er ein Vier-Stufen-Modell,[18] nach dem am Ende entweder eine nachhaltige Wirtschaft oder ein chaotisches Fiasko steht:

1. In der Auslöserphase werden harte Technologien entwickelt.
2. In der Transformationsphase haben diese Technologien enormen gesellschaftlichen Nutzen, Bevölkerungswachstum, soziale Komplexität und zunehmenden Einfluss auf die Umwelt zur Folge.
3. In der Chaosphase (kritische Phase) entstehen in der Gesellschaft durch veränderte Umweltrückkopplungen und geänderte soziale Beziehungen Spannungen und Enttäuschungen. Das System wird instabil, verliert aber noch nicht komplett die innere Ordnung.

   »(Die Gesellschaft) zeigt aber eine subtile Veranlagung, die für Fluktuationen äußerst empfindlich ist. Die Evolution des vorherrschenden Kulturbewusstseins, die Art, wie Werte, Ansichten und Moralvorstellungen reagieren und abweichen – bestimmt, wohin der Chaos-Sprung des Systems führt.«[19]

   Diese dritte Phase herrscht zur Zeit offenbar vor, wenn wir die momentane Kette von Krisen betrachten. Laszlo untersuchte eher die äußeren technolgiegetriebenen Parameter dieses Umbruchs, während Gebser aus der inneren kulturellen Bewusstseinsveränderung diesen Umbruch erkannte. Meadows wiederum sah diesen Umbruch aus einer wirtschaftlichen Analyse der globalen Ressourcen und den Folgen für unsere Wirtschaft und Gesellschaft.

Die beunruhigende Erkenntnis für uns ist, dass aus allen drei sich ergänzenden und sehr verschiedenen Blickwinkeln ein Umbruch unvermeidlich in den nächsten Jahrzehnten erfolgt.

4. In der kommenden Umbruchsphase selbst kippt nach Laszlo das gesellschaftliche System in einen neuen Zustand: entweder Zusammenbruch oder Durchbruch.

Der Zusammenbruch des Systems aus Wirtschaft und Kultur tritt ein, wenn unser Bewusstseinsstand und unsere Lernfähigkeit nicht für eine globale Verantwortung ausreichen. Laszlo sieht dann eine Periode des Niedergangs einsetzen. Dieser gesellschaftliche Zusammenbruch ist auch für Meadows das Ergebnis des »Weiter-so« der meisten simulierten Szenarien. Bei Gebser sind »Bewusstseinsmutationen« immer mit gesellschaftlichen Umbrüchen verbunden, die das überholte gesellschaftliche System umstürzen.

Der (positive) Durchbruch zu einem besseren gesellschaftlichen System erfolgt, wenn eine relevant anwachsende Zahl Spiritueller und Kulturkreativer, die Laszlo aus eigenen Untersuchungen zu erkennen glaubt, einen Durchbruch zu einem neuen und nachhaltigen Systemzustand schaffen. Das ist auch die Annahme von Gebser und Meadows. Alle drei sind der Ansicht, trotz inhaltlich und zeitlich unterschiedlicher Perspektive, dass Bewusstsein der kritische Faktor ist, auf den es ankommt. Der Durchbruch zu einem neuen Bewusstsein erweist sich als das notwendige Nadelöhr, durch das wir hindurchgehen müssen. Diese Verbindung von Intelligenz mit Weisheit ist anspruchsvoll, weil sie das Beste aus beiden Welten im Menschen zu einem neuen kreativen Bewusstsein zusammenbringt. Laszlo beschreibt diesen Durchbruch so: »Die Geistesverfassung einer kritischen Masse von Menschen entwickelt sich im Laufe der Zeit und verschiebt die Kultur der Gesellschaft hin zu einem angepassten Modus [...] beherrscht von angepassteren Werten, Weltanschauungen und entsprechenden Moralvorstellung. Das System wird friedlicher und nachhaltiger.«[20] Damit würde auf neuem Niveau eine Periode der Blüte eingeleitet. In jedem Fall ist der Impulsgeber für den sogenannten »Macroshift« bei Laszlo der technologische Fortschritt, den Laszlo als zentralen Motor der gesellschaftlichen Umwälzung erkennt. Dieser Fortschritt führt die menschliche Gesellschaft nach Laszlo zwangsläufig auf diesen global vernetzten Umbruchspunkt zu. Dabei wird aus seiner Sicht die Rolle von Bewusstsein und Spiritualität entscheidend sein für die Richtung, in der sich dieser Umbruch entwickelt. Damit fügen sich Laszlos Erkenntnisse passgenau in die viel älteren Vorstellungen von Meadows oder Gebser ein. Rückwirkungen des globalen Systems durch Umweltzerstörung und Übernutzung erzeugen einen hohen Veränderungsdruck im nicht nachhaltigen heutigen System. Nur mit Intelligenz und Weisheit lässt sich dieser Umbruch als positiver Quantensprung (Macroshift) gestalten.

Laszlo spricht der Technologieentwicklung also eine zentrale Rolle zu, obwohl bei ihm die Naturwissenschaftler und Ingenieure nicht als die Kreativen erscheinen. Für ihn sind es die Kulturkreativen, die mit neuem spirituellen Bewusstsein diesen Sprung in die Durchbruchsphase ermöglichen. Das zeigt einmal mehr, wie wenig den Schöpfern dieses von ihm erkannten technologischen Motors der Gesellschaft an sinnvoller Orientierung heute zugetraut wird. Wie würde der Macroshift aussehen, wenn die Technologieentwicklung sinnvoll und mit dem notwendigen Ganzheitsbewusstsein der Ingenieure erfolgen würde? Wäre damit nicht der positive Durchbruch in greifbarer Nähe? Und wäre das nicht die natürliche Rolle der Ingenieure, hier ihrer Verantwortung gerecht zu werden?

Einseitiges Denken bewirkt Orientierungslosigkeit

Die Entwicklung des mentalen Denkens als Ausdruck des Bewusstseins in der Gesellschaft im Abendland, dem heutigen Europa, ist ein historisches Verdienst. Aber dennoch und gerade deshalb sollten wir auch die Grenzen des Denkens erkennen und heute in ein gesamtheitliches schöpferisches Handeln auf neuem Niveau übergehen. Die folgenden Kapitel beschreiben vertieft die Ausgangslage eines nicht mehr effizienten Denkens, das unsere Gesellschaft und die Menschheit insgesamt bedroht. Darin liegt die Motivation für unsere Suche nach einem erweiterten kreativen Bewusstsein. Intelligenz ohne Weisheit reicht heute nicht mehr aus. Wir müssen in eine Phase der Selbsterkenntnis einmünden, um die bisher vernachlässigten Fähigkeiten der Weisheit in uns wiederzuentdecken. Das ist die gute Botschaft: Es ist alles schon da.

Wir haben in uns alle Möglichkeiten zu einer ganzheitlichen Entwicklung.

Dazu gehört aber zunächst eine schonungslose Selbstbetrachtung unserer fatalen Einseitigkeit im heutigen gesellschaftlichen Denken und Handeln. Die intellektuelle Einseitigkeit ist die wesentliche Ursache für Orientierungsverlust und sinnlose Verschwendung von Zeit, Energie und Ressourcen. Wir diskutieren die Farbe der Liegestühle auf der Titanic, anstatt uns um den Kurs zu kümmern. Erst der sinnvolle Kurs, die wiedergewonnene Orientierung, ermöglicht effiziente Lösungen für unsere Krisen.

Einseitige Lebenswissenschaften

Man würde bei den Lebenswissenschaften eigentlich eine eher ganzheitliche wissenschaftliche Vorgehensweise erwarten, weil wir Menschen ja offenbar mehr sind als die Summe mechanischer Teile. Aber leider ist gerade auch in den Lebenswissenschaften – Schulmedizin, Molekularbiologie, Neurologie und Verhaltenspsychologie – der Materialismus die gängige wissenschaftliche Grundannahme. »In anderen Wissenschaften wie etwa der Biologie ist die Kraft dieser Überzeugung (Anm: der Materialismus) sogar noch größer, denn unter denen, die auf diesen Gebieten arbeiten, besteht nur ein geringes Bewusstsein vom revolutionären Charakter der Entwicklung in der modernen Physik. Zum Beispiel glauben moderne Molekularbiologen im Allgemeinen, dass sich die Gesamtheit von Leben und Seele letztlich durch eine Art Erweiterung der Arbeit, die über Struktur und Funktion der DNA-Moleküle geleistet wird, in mehr oder weniger mechanischen Begriffen verstehen lässt. Ein ähnlicher Trend gibt bereits in der Psychologie den Ton an. Wir gelangen zu dem höchst merkwürdigen Ergebnis, dass in den Bereichen der Forschung des Lebens und der Seele [...] heute das stärkste Vertrauen in fragmentiere atomistische Einstellungen zur Realität besteht.«[21]

Wir werfen also im einseitigen Denken das intuitive Empfinden, die Seele und den Geist als Realitäten unserer menschlichen Existenz über Bord. Stattdessen pochen die Lebenswissenschaften heute mehr denn je auf eine materialistische Vorstellung vom Menschen und von der Welt, die schon seit etwa 100 Jahren durch die Physik widerlegt und überwunden wurde.

Es fällt auch auf, wie verbissen manche Ärzteverbände gegen Naturheilverfahren, Homöopathie und andere preiswerte und tradierte Heilverfahren Sturm laufen. Die überdurchschnittlich häufigen und teuren Operationen der Apparatemedizin werden hingegen nicht hinterfragt, obwohl auch da Zweifel berechtigt sind. Das Argument der Wissenschaftlichkeit ist auch hier gegen die Naturheilverfahren das Totschlagargument, obwohl statistische Heilungserfolge von Naturheilverfahren und sogar durch Placebos wissenschaftlich nachgewiesen sind. Die Mikrobiologie als Wissenschaft von den Lebensprozessen hat in den ersten Jahrzehnten des 21. Jahrhunderts große Fortschritte gemacht. Im Zuge der weltweiten Pandemie und der beeindruckenden Geschwindigkeit der Bereitstellung von Impfstoffen durch sehr weit entwickelte mikrobiologische Methoden ist eine neue Euphorie bezüglich des Nutzens aufgeflammt. In diesem Bereich werden jetzt mit sehr präzisen Methoden Gene lokalisiert, sequenziert, getrennt, neu kombiniert und analysiert. In der Forensik zur Verbrechensaufklärung sind enorme Fortschritte im Alltagsbewusstsein als Erfolge wahrnehmbar. In der Anthropologie wird zur Feststellung frühester Wanderungsbewegungen einzelner Ethnien und Volksstämme und deren

Vermischung ebenfalls eine weit entwickelte Analytik der Gene genutzt. Geringe Spuren genetischen Materials können inzwischen enorme Aussagen liefern.

Pioniere der genetischen Landkarte

Auch hier betraten wir vor etwa 30 Jahren mit Macht einen neuen Bereich, vielleicht etwas vorsichtiger als bei der Atomkraft in früheren Jahrzehnten. Dennoch sind die Auswirkungen mindestens so groß, wenn nicht größer. Zum Ausgang des 20. Jahrhunderts war eine erste große Welle von Versprechungen der Genetiker nötig, um die Milliarden für das damalige Human-Genome Project zu bekommen. Dabei stand die Patentierung des Lebens im Fokus, alles schien machbar und beherrschbar. Wir wurden damals mit Versprechungen für unsere Existenz überhäuft: Gesundheit, Fitness, ewiges Leben, Spannkraft und Potenz – wunderbare Visionen der Gentechnik für die »schöne neue Welt« (nach A. Huxley) der genmanipulierten Lebensformen. Es wurde behauptet, dass Krankheiten direkt an genetische Fehler gekoppelt sind. Dieser genetische Determinismus passte perfekt zum Glauben der Materialisten. Dem zugrunde liegt der Glaube an die gezielte und effektive materielle Manipulation dessen, was ein Mensch eigentlich ist.

Mit dieser Theorie wurde in den USA das Human Genome Project (HGP) gestartet, das etwa 5 Milliarden Dollar gekostet hat und eine Genomkarte erbrachte, die zusammen mit privaten Firmen (unter anderem Celera von Craig Venter) genutzt werden sollte. Diese Firmen sahen eine Milliarden-Industrie vor sich. Es wurden etwa 30.000 Gene (nicht wie ursprünglich vermutet 100.000) im Menschen gefunden. Davon sind im Vergleich mit einer Maus nur etwa 300 Gene unterschiedlich. Das war ein Schock für die Genetiker: Wie sollten allein durch 300 Gene sämtliche Unterschiede zwischen Maus und Mensch erklärt werden können? Trotz der großen Versprechungen der genetischen Forschung war nach dem Ende des HGPs eine gewisse Ernüchterung eingezogen. Beispielsweise scheiterten die Zusagen in Richtung Heilung aller Krankheiten daran, dass nur etwa 2 Prozent aller Krankheiten direkt genetisch determiniert sind.[22]

Nach einer längeren Durststrecke, bei der es auch einige Opfer unter den Firmen gab, meldet sich die Branche also nun mit neuen Plattformen zurück. Denn die ursprünglich als Wunderwaffe vermutete DNA ist nicht das Allheilmittel. Bei den mRNA-Plattformen wird von den Firmen nicht mehr die Frage gestellt, was wir eigentlich sind. Wir betreten hier vermutlich wieder als Eroberer einen bisher unzugänglichen Kosmos des Lebens. Auch beim besten Willen kann mit unserem einseitigen materialistischen Bewusstsein dabei einiges schiefgehen.

Heilsversprechen und Versagen des genetischen Materialismus

Der erfolgreiche Eingriff in diesen zentralen Bereich des Lebens verdeckt leider immer noch einen Mangel an Erkenntnis und Verständnis des Lebensprozesses, der mit dem fortgesetzten Glauben an den Materialismus zu tun hat und gerade unter Mikrobiologen und Neurologen besonders groß ist. Körperlichkeit suggeriert offenbar materielle Beständigkeit, speziell bei diesen Wissenschaftlern, wie schon Bohm feststellte. Es gibt inzwischen eine Start-Up-Szene bei Biotech-Firmen in den USA, ähnlich der damaligen IT-Gründerszene. Da werden Genhacking-Kits zur Genmanipulation angeboten, ähnlich den Viren-Kits für die IT-Szene. Auch hier erklärt uns der Materialismus, dass in einem genetisch manipulierten Körper eine entsprechend positiv geformte Psyche als Nebenprodukt entstehen würde. Die Geschlechtsumwandlung wird zunehmend auch als gebotene Therapie für junge Menschen angewendet, ohne die dauerhaften Folgen der Hormoneinnahme zu scheuen.

Inzwischen erforscht eine Google-Alphabet-Tochterfirma die Bedingungen für langes Leben als nächsten profitablen Markt. Für dieses Thema hat auch Amazon-Gründer Jeff Bezos unlängst eine Investition in die Anti-Aging-Entwicklung mit *biological reprogram-*

ming-Technologie angekündigt. Ewiges Leben wird, wenn auch mit technischen Ersatzteilen, als Möglichkeit aktiv propagiert. Der Tod wird als genetisches Programm gesehen, das man abschalten kann. Es wird suggeriert, dass die Reichen der Zukunft ewiges Leben kaufen können werden. Das ist auch die Ursache dafür, weshalb sich Menschen einfrieren lassen, in der Hoffnung, später durch »Zauberhand« genesen zu können. Der Jugendwahn hat Konjunktur.

Es gab allerdings schon weit vor Ende des 20. Jahrhunderts Forscher, die glaubten, dass die Komplexität des Lebens nicht mit Genen allein zu erklären sei. Zu diesen gehörte Richard Strohman, Professor in Berkeley seit 1959, Leiter des *National Zoological Department* und Direktor der Wissenschaftsprogramme im Bereich Gesundheit und Medizin. Selbst Craig Venter (Celera Corp.) erkannte: »[...], dass Gene unmöglich alles erklären können, was uns zu dem macht, was wir sind!«[23] Damit offenbart sich das grundsätzliche Versagen des genetischen Determinismus auch aus Sicht von Strohman. Nach 10 Jahren Forschung zur Sequenzierung im HGP mit Milliarden Forschungsgeldern konnte man nicht einfach erklären, dass alles auf einer falschen Grundannahme beruht hatte. Das wäre ein Skandal gewesen, den sich die Forscher und Unternehmer nicht leisten wollten. Deshalb versprach man einfach »bessere Theorien zu erfinden«,[24] um dennoch die Kausalität des genetischen Determinismus aufrechterhalten zu können. »Rein genetisch erklärbare Krankheiten betreffen nur etwa 2 Prozent der Krankheiten. [...] Die komplexen von Eiweißen (Anm.: also von Genen produzierte Verbindungen) ausgeübten dynamischen Prozesse in Zeit und Raum hängen auch von äußeren Umständen und von ihrer zeitlichen Abfolge ab.«[25] Hier kommen auch die psychosomatischen und Verhaltenskomponenten zum Zuge. Dabei spielen elektrische Signale der Nachbarzellen, Ernährung und Hormone eine Rolle. »Sie [diese Faktoren] sind für Krebs, Herzerkrankungen, Depressionen [...] für etwa 70 Prozent der Krankheiten zuständig.«[26] So hängt bekanntlich Lungenkrebs vom Alter und von der Intensität des Rauchens stark ab. »Die einzelnen Gene haben eher kleine, nicht große Effekte.«[27]

Diese komplexere Form der Erklärung ist weniger interessant für die Medien.

Eine jetzt neue, aber ähnlich hochgespannte Hoffnung verbindet sich heute mit einer maßgeschneiderten mRNA-Therapie in den lebenden Zellen. »Wir können im Prinzip in jeglichen Mechanismus eingreifen, sobald wir ihn biologisch gründlich genug studiert haben, um seine Mechanik zu verstehen«,[28] schreibt Özlem Türeci, Vorständin von Biontech. Diese Manipulationen durch mRNA als Eingriff in eine »Mechanik des Lebens« zu begreifen, öffnet den Mikrobiologen scheinbar ohne moralische Probleme ein weites und großes Handlungsfeld, doch in seinen Konsequenzen ist es gar nicht überschaubar. Es wäre wichtig, als Grundlage für die dabei ausgelösten Änderungen ein ganzheitliches Verständnis vom Menschen zu gewinnen, um nicht unversehens in die »schöne neue Welt« Aldous Huxleys zu geraten.

Die Grüne Revolution und ihre Folgen

Die Pharmakonzerne der Bio- und Nutzpflanzenforschungsindustrie erzeugen genetisch manipuliertes Saatgut, das nicht mehr keimfähig ist und mit speziell darauf abgestimmten Pestiziden unterstützt werden muss. In der Regel wird dadurch eine Abhängigkeit der Bauern von den Saatgutproduzenten geschaffen, die auch noch die passenden Pestizide liefern. Die Saat selbst ist nicht mehr fortpflanzungsfähig, sodass eine völlige, auch finanziell über Kredite gefestigte Abhängigkeit vom jeweiligen Bio-Tech-Anbieter entsteht. Die Wertschöpfung verlagert sich immer mehr zu den Saatgutanbietern und damit weg von den Landwirten. In Indien hatte diese Kampagne der Grünen Revolution in der Landwirtschaft seit Beginn der 1970er zum Selbstmord vieler Kleinbauern geführt, die durch die hohen jährlichen Kosten für neues Saatgut und Pestizide und einzelne Fehlernten ruiniert worden waren. Das Versprechen der Agrarfirmen lautete allerdings: Nahrung im Überfluss und Anschluss an die Produktivität der amerikanischen Landwirtschaft. Biodiversität ist für die Konzerne ein Hindernis,

Monokulturen wurden und werden gezielt geschaffen. Es gibt allerdings auch gerade heute in Asien oder der Dritten Welt einen Versuch der Kultivierung von Biodiversitität in Gärten und Genossenschaften, deren Erzeugnisse sehr viel gesünder und robuster sind als hochgezüchtete Monokulturen. Es wird sehr leicht verständlich, welche enormen wirtschaftlichen Interessen, verbunden mit Milliardeninvestitionen, in der Hoffnung auf lukrative Märkte hinter den Versprechen der Genmanipulation stehen. Diese Interessen sind engstens mit den Anbietern und Forschern verknüpft, die diesen Markt aufteilen und ausbeuten wollen. Dass dabei Lebewesen, zum Schluss auch Menschen, zu wirtschaftlichem Eigentum mit Patentrechtsanspruch (!) werden könnten, ist eine reale Gefahr.

Generell stellt der Generalsekretär der Welternährungsorganisation (FAO) Qu Dongyu 2021 fest, dass die meisten Subventionen für Erzeuger im Agrarsektor nach Angaben der Vereinten Nationen »preisverzerrend sowie umwelt- und sozialschädlich« sind. Eine Studie aus dem Jahr 2021 von mehreren UN-Organisationen stellt fest, dass weltweit jährlich umgerechnet 456 Milliarden Euro in diesen Sektor fließen, von denen etwa 87 Prozent negative Effekte hätten. Die Studie sei »ein Weckruf für Regierungen der Welt«.[29]

Wir haben vergessen, dass Biodiversität die Basis für gesundes Leben ist.

Wir haben vergessen, dass Umfeldfaktoren die meisten Krankheiten verursachen und Gesundheit erst ermöglichen.

Und wir haben offenbar vergessen, dass lediglich durch verbesserte Gesundheitsfürsorge die durchschnittliche Lebenserwartung in den letzten 100 Jahren um etwa 40 Jahre gestiegen ist – eine Leistung, die genetische Manipulation noch schuldig geblieben ist.

Leben – als ein vielschichtiges geistig-körperliches System – übersteigt das materialistische Ursache-Wirkungs-Schema. Auch hier stoßen wir an die Grenzen unseres einseitigen Bewusstseins, mit dem wir unsere Welt beschreiben und so manipulieren, wie wir sie materialistisch verzerrt sehen und sehen wollen.

Kreisläufe des Lebens

Alles ist mit allem im Netz des Lebens verbunden. Jedes biologische System ist mit anderen biologischen Systemen verbunden, von denen es Nahrung bezieht und in die es irgendwann seine Ausscheidungen und letztlich seinen Körper abgibt. Ökologie ist die Wissenschaft der Netzwerke des Lebens, die aus unendlich vielen Kreisläufen bestehen. In den 1970ern veröffentlichte der britische Wissenschaftler James Lovelock seine »Gaia-Hypothese«. Darin legte er zugrunde, die Erde sei ein sich selbst regulierendes Ganzes. Sowohl der Gehalt an Sauerstoff in der Atmosphäre wie auch der Salzgehalt der Meere sei über lange Zeiträume stabil. Der Einfluss des Menschen auf die Freisetzung der CO_2-Mengen voriger Jahrtausende innerhalb kurzer Zeit destabilisiere diese Regelkreisläufe des Lebens. Lovelock und seine Mitstreiter mussten sich lange heftige Anfeindungen gefallen lassen. Heute ist ihr Verständnis der Gaia (»Mutter Erde«) als ganzheitlicher Organismus und ihrer Geschöpfe in vielen Details bestätigt worden. Lovelock wurde 2006 für seine Hypothese von der *Geological Society* in London geehrt.

Es wird auch in der Biologie immer offensichtlicher, wie eng vernetzt Ökosysteme miteinander sind. Die Pilze bilden nach Aussage von Biologen über weitverzweigte unterirdische Geflechte sogar den größten Organismus weltweit. Wälder und Tierwelten sind in verschiedensten Kreisläufen vernetzt und aufeinander angewiesen. Fällt ein Kreislauf aus, sind Schäden in anderen Systemen unvermeidlich. Natürliche Lebensräume und menschliche Systemlandschaften sind auf eine verblüffende Weise hochdynamische vernetzte Systeme.

In biologischen Systemen, die miteinander und voneinander leben, gibt es entscheidende Einflüsse, die das Wohl und Wehe des Ganzen bestimmen. Solche Einflussparameter entscheiden über das Gesamtverhalten, ohne dass diese wichtige Rolle zunächst offensichtlich ist. So wird seit kurzem die Erforschung von sogenannten Schlüsselarten mit teilweise dramatischen Erkenntnissen betrieben. Nach Wikipedia wird »als Schlüsselart oder Schlüsselspezies in der

Ökologie eine Art bezeichnet, die im Vergleich zu ihrer geringen Häufigkeit einen unverhältnismäßig großen Einfluss auf die Artenvielfalt einer Lebensgemeinschaft ausübt«. Schlüsselarten sind teilweise Beutegreifer als Garanten für Biodiversität, zum Beispiel Seesterne in Küstenlebensräumen. Werden die Seesterne entfernt, wird die hohe Dynamik und Lebendigkeit des Gesamtsystems zerstört. Solche Schlüsselarten wurden inzwischen in ihren verschiedenen Lebensräumen festgestellt, zum Beispiel Bienen, Wölfe, Seeotter oder Gnus. Ein neues Verständnis der Lebenszyklen auf diesem Planeten sollte uns sensibilisieren für die Gefahr, die wir als Spezies in diesen Netzwerken darstellen.

Der Mensch hat in den letzten 100 Jahren in beispielloser Weise seine Systeme und Produkte aus Sicht einer Profitmaximierung zu Einbahnstraßen des Ressourcenverbrauchs gemacht. Durch Wegwerfprodukte entsteht viel Abfall, es werden Rohstoffe verbraucht, und der Abfall ist unverdaulich für die natürlichen Kreisläufe. Der wirtschaftliche und soziale Zusammenprall der Menschheit mit den Grenzen des Wachstums ist eine Folge dieser Entwicklung. Der von Meadows und Laszlo prognostizierte Zusammenbruch der natürlichen und wirtschaftlichen Systeme durch Übernutzung und Verschmutzung wäre die bittere Konsequenz.

Konsequente Kreislaufwirtschaft ist der einzige Rettungsanker. Statt einer Einbahnstraße müsste Recycling aller Produkte zur Pflicht werden. Statt eines für 2040 von Meadows für den *Club of Rome* prognostizierten Zusammenbruchs könnte damit eine neue Ära wirtschaftlicher Aktivität und Nachhaltigkeit beginnen. In dieser Richtung scheint gerade die EU-Gesetzgebung zu gehen. Kreislauffähigkeit muss eine konstruktive Produkteigenschaft werden. Sie muss von Beginn an vorgesehen werden. Naturkreisläufe bestehen oft aus sehr wenigen chemischen Verbindungen, die in verschiedenen Formen genutzt werden. Eine Vermischung komplexer Ausgangsstoffe wie bei Textilien, Kompositstoffen und so weiter macht ein Recycling fast unmöglich, auf jeden Fall ineffizient. Es müssten also die als Rettung der Klimakrise angepriesenen Systemlösungen selbst nachhaltig und kreislauffähig sein. Das ist zur Zeit weder für Windräder noch für Solarparks, weder für Gebäudedämmung noch für Batterien oder viele Mischtextilien der Fall. Biogas dagegen ist selbst kreislauffähig und erfüllt bei Einschmelzen von Maschinen aus Stahl dieses Kriterium schon eher. Ein echtes Umdenken hat leider bisher noch nicht stattgefunden. Im Gegenteil ist in den letzten Jahrzehnten eher durch Einwegplastik und so weiter eine Verstärkung des Trends zu Abfallerzeugung erkennbar. Dieser Mangel an Kreislauffähigkeit ist heute nicht mehr zu rechtfertigen, weil extrem wertvolle Ressourcen kurzsichtig verbraucht werden, aber schwer rückholbar sind.

Zielloser Finanzkapitalismus

Die eingangs zitierte Unterscheidung in »Haben« oder »Sein« ist besonders in unserer heutigen Wirtschaft klar erkennbar. Die Durchdringung aller Lebensbereiche mit dem wirtschaftlichen Bewertungsschema eines Immer-mehr-haben-Wollens ist offensichtlich. Dabei wird dieses Immer-Mehr sehr ungleich verteilt. Sämtliche weltweite Unternehmen sind eng an wirtschaftliche Wachstumsziele und notwendige Finanzströme angebunden. Wirtschaftliche Zielvorgaben führen aber auch in Schulen, Universitäten, Krankenhäusern, Kultureinrichtungen und sozialen Diensten zu einer starken Orientierung an finanzwirtschaftlichen Geldflüssen.

Der Glaube an die Kraft der Märkte dominiert.

Das neoliberale Wirtschaftsmodell ist in Europa und den USA immer noch dominierend. Die Finanzwirtschaft hat sich der Realwirtschaft übergestülpt. Die entfesselten Finanzmärkte haben sich zur zentralen Regelungsinstanz der weltweiten Volkswirtschaften entwickelt – sie allein bestimmen den Kurs, und die Wirtschaft bestimmt die Umsetzung auf jeder Ebene der Lebenswirklichkeit.

Subventionen auf Basis von Schulden binden auch Staaten an diese Finanzmärkte. Der Leitindex des Marktes ist damit Fieberkurve der Weltwirtschaft und der modernen Gesellschaft. Bei dieser Fieberkurve gibt es allerdings keine klare Orientierung an langfristige nachhaltige Ziele. Es gibt keine Planung, keine längerfristige Vorausschau bezüglich der realen Bedürfnisse und Ressourcen der Gesellschaft. Es regiert der spekulative Finanzmarkt mit seinem neoliberalen Heilsversprechen, was wir uns im Folgenden näher ansehen. Der Glaube an Materie, an das Haben, steht über allem. Alles ist käuflich, alles kann an Märkten gehandelt werden, alles hat sein finanzielles Preisschild.

Es gibt eine ganze Anzahl von fundierten skeptischen Ansichten und Kritikpunkten in Bezug auf unser heute vorherrschendes neoliberales Wirtschaftssystem. Das beginnt mit der gängigen wachstumsorientierten neoliberalen Wirtschaftstheorie, die bisher keine der von der Finanzwirtschaft verursachten Krisen voraussagen oder verhindern konnte und ständiges Wachstum voraussetzt. Obwohl es offensichtlich ist, dass ein begrenztes natürliches Umfeld auf diesem Planeten kein unbegrenztes Wachstum zulässt, wird dies weiterhin angenommen. Der Ökonom Thomás Sedlácek erklärt dazu: »Es scheint also zwei Wege dafür zu geben, beim Konsum glücklich zu sein: ihn ständig höherzuschrauben oder uns bewusstzuwerden, dass wir genug haben. Das Einzige, woran bei uns wirklich ein Mangel besteht, ist der Mangel selbst. Wenn die Ökonomie ihr Ziel verliert, bleibt uns nur noch eins: Wachstum – ein Wachstum, das nichts kennt als sich selbst, da es kein Ziel als Maßstab hat. So ein Wachstum ist durch ein Gefühl der Ziellosigkeit mit Sinnlosigkeit und Heimatlosigkeit verbunden.«[30] Wir erkennen heute in Westeuropa eigentlich klar, dass wir genug haben. Anstelle unserer beliebigen und schier unbegrenzten Wegwerfmentalität könnten wir in einen Kreislauf einmünden, in dem lediglich Altes ersetzt wird und nur eine geringe Anzahl von neuen Produkten Lücken schließt. Eine Kreislaufwirtschaft würde die Spekulationen austrocknen und die Nutzung der Ressourcenströme wieder stärker an den realen Bedürfnissen orientieren.

Aber die Wachstumsideologie dominiert die Vorstellungen der Wirtschaft und der Politik. Die von Sedlácek beschriebene Erkenntnis, dass wir genug haben, entspricht hingegen der von Meadows geforderten Weisheit. Wenn wir erkennen, dass wir genug haben, wird unser gesellschaftliches Bewusstsein vom Haben (mentale Motivation) zum Sein (ganzheitliche Einsicht) wechseln, wie seinerzeit schon von Erich Fromm aus psychologischer Sicht gefordert.

Welthandel ist nicht gleich Finanzkapitalismus

Finanzmärkte haben ein rigoroses Eigenleben ohne inhaltliche Orientierung. Spekulation ist als Hauptbeschäftigung sehr problematisch aufgrund des Mangels an Verantwortung für die daran hängenden Auswirkungen in der realen Welt. Beispielsweise können Hungersnöte die Folge von Spekulationen an den Nahrungsmittelmärkten sein. Diese Form finanzkapitalistischer Spekulation hat sich von der ursprünglichen ökonomischen und gesellschaftlichen Aufgabenstellung des Handels mit Gütern weit entkoppelt. Oft wird fälschlich Welthandel mit internationalem Finanzkapitalismus gleichgesetzt. Es wird behauptet, die globalen Warenströme würden ohne den hochspekulativen Finanzkapitalismus zusammenbrechen.

Einen Welthandel gibt es aber bereits seit mindestens 6.000 Jahren. Die frühen Händler waren bis ins Mittelalter echte Abenteurer, zum Beispiel Marco Polo auf seinen Reisen auf der Seidenstraße. Zu Zeiten der Indus-Kultur, also etwa 2800–1800 v. Chr., verfügten die Handelsmetropolen Harrapa und Mohenjo-Daro über ein mehr als 2.000 km weites Handelsnetz, was größtenteils der Fähigkeit ihrer Händler, Seefahrer und Schiffsbauer zu verdanken war.[31] Mohenjo-Daro war damals schon eine modern anmutende Stadt. Es gab ein neun Meter breites rechtwinklig kreuzendes Straßennetz, Ziegelbauten für die Familien, ein zentrales Badebecken und Wasserspültoiletten in den Häusern. Die Händler benutzten eine erfundene Keilschrift zum Markieren ihrer Tonamphoren, in denen sie ihre Ware lagerten. Der Handel bediente die Bedürfnisse der Menschen. Doch was waren damals und was sind heute unsere Bedürfnisse?

Wir können nachvollziehen, dass Nahrungsmittel, Luxusgüter, Kunsthandwerk, Seide, Gewürze, religiöse Objekte und Waffen schon vor Tausenden Jahren dazugehörten. Diese Erzeugnisse erforderten zum Beispiel Kenntnisse und Technologien der Metallverarbeitung und entsprechende Fachleute. Händler, Krieger, Seefahrer und Fachleute verschiedenster Disziplinen stellten den gesellschaftlichen Nährboden eines florierenden Handelsnetzwerks dar. Tonamphoren als die natürlichen Transportbehälter sind recyclingfähig. Metalle waren kostbar und wurden wieder eingeschmolzen. Wie heute auch, sind Rohstoffe, Halbfertigprodukte, technologische Spitzenerzeugnisse und Spezialkenntnisse immer schon Gegenstand von Handel und Austausch gewesen. Aber auch geistige Werte, Religionen und wissenschaftliche Erkenntnisse sind schon sehr früh auf den Handelsrouten übermittelt worden. Diese kulturschöpferischen Einflüsse und komplexen Wechselbeziehungen durch weite Handelsnetze haben sehr viel zur kulturellen und geistigen Entwicklung der Gesellschaften beigetragen. Aber es ging dabei um echte Bedürfnisse, die sich befriedigen ließen.

Aus dem Fluss des weitgespannten Handels entstand seinerzeit erst das Geld als vereinfachte Unterstützung von Handelsoperationen. Der Templerorden, der ebenfalls eigene Gruben, Flotten und Handelsnetze unterhielt, führte im 13. Jahrhundert auf seinen internationalen Handelsrouten den Wechsel und die Kreditvergabe ein. Der Reichtum, die Macht und der Einfluss des Ordens sowie sein Untergang im Jahre 1307 durch einen seiner größten Schuldner, den französischen König Philipp IV., sind untrennbar mit der wirtschaftlichen Tatkraft der Templer verbunden. Im Mittelalter, zum Beispiel in der Handelsmetropole Venedig, wurden Wechsel, Banken und Finanztransaktionen genutzt. Venedig wurde reich und eine echte Handelsgroßmacht des Mittelalters. In keinem Fall war die damalige Finanzwirtschaft, die erst als ein Ergebnis des Handels entstanden war, Urheberin von Handel und Wohlstand. Ursprünglich ein Ableger des Handels, stellt sich die Finanzwirtschaft heute zwar als unentbehrlicher Innovator zur Schau, war es aber nie! Kulturelle Impulse hat nur der Handel selbst gegeben. Die Verbreitung der Aufklärung in Europa durch das Entstehen eines wohlhabenden Bürgertums war stark mit dem Entstehen von Handelsplätzen in den Städten im 16. und 17. Jahrhundert verbunden, wie beispielsweise der Historiker Philipp Blom in seinem Buch »Die Welt aus den Angeln«[32] an vielen Beispielen aufzeigt.

Um 1600 wurde in Amsterdam die erste Börse für die noch seltenen Tulpenzwiebeln eingeführt, und man erlebte den ersten spekulativen Börsencrash der Geschichte um etwa 1633 an dieser »Tulpenzwiebel-Börse«. Zu diesem Zeitpunkt hatte die teuerste Tulpenzwiebel den Preis eines Bürgerhauses. Es ging also damals erstmalig nicht um Handel, sondern nur um finanziellen Profit durch Spekulation. Der entscheidende Unterschied zwischen dem an physischen Warenfluss gebundenen Welthandel und dem heute dominierenden Finanzkapitalismus ist die fehlende Abhängigkeit der Finanzströme vom realen Warenfluss. Das führt zu einer immateriellen Wertschöpfung durch spekulative Finanzgeschäfte. Für die finanzielle Abwicklung von an Warenflüsse gebundenen Handelsaktivitäten waren die Instrumente der Handelsplätze bis ins 19. Jahrhundert gut geeignet: Schuldscheine, Aktien, Unternehmensanteile waren Teil der kulturellen Teilhabe am Wohlstand, um deren Aufteilungsschlüssel politisch gerungen wurde. Mit zunehmender Bedeutung der Finanzwirtschaft wuchsen aber die Schäden am realen Wirtschaftssystem durch Spekulationen. Die große Weltwirtschaftskrise im Jahr 1929, das Platzen der Internet-Blase im Jahr 2000 oder die weltweite Immobilien-Finanzkrise in den Jahren 2008/2009 zeigen jeweils das Ergebnis von überhitzten und geplatzten Finanzspekulationsblasen. Dieser Weg der Spekulation an den Börsen ist der neue Erzeugungsmechanismus von Geld direkt aus Geld. Er erfordert Kapitaleinsatz, ermöglicht aber auch spektakuläre Profite. Die Ware als solche ist zweitrangig. Ob Tulpenzwiebeln, Schweinehälften, Weizen, Metalle, Häuser, Kunst oder neuerdings Strom und Gas, alles wird zum Objekt von Spekulation an den jeweiligen Märkten. Die Finanzwirtschaft hat sich damit entfernt und entkoppelt von Werten und realen Bedürfnissen. Weder die Deckung der Bedürfnisse noch die schöpferische oder kulturelle Entwicklung interessiert. Alles wird zu Geld und alles ist spekulativ nutzbar, ohne echte Bindung. Der ursprüngliche Zusammenhang der Finanzwirtschaft als Tochter des Handels und der Kultur hat sich komplett aufgelöst.

Die entkoppelte Spekulation wurde also zur »Gelddruckmaschine« des Finanzkapitalismus. Es wird heute an Finanzmärkten mehr als zehnmal (!) so viel gehandelt, wie für Bezahlung der Warenströme nötig wäre. Die Austrocknung der Spekulation wäre ein echter Schlag für die Finanzwirtschaft und ihre spekulativen Megaprofite. Das hohe Risiko einer weiteren Finanzkrise würde verringert. Damit würde aber auch eine nachhaltige und von Intelligenz und Weisheit getriebene sinnvolle Entwicklung der Gesellschaft möglich.

Neoliberalismus als Ideologie der Finanzmärkte

Bis in die 1970er waren durch Gewerkschaften und politische Parteien Einflussnahmen auf die Verteilschlüssel der wirtschaftlichen Erfolge in der Gesellschaft möglich. Kapital und Arbeit beteiligten sich an der Finanzierung des Gemeinwesens. Das änderte sich Anfang der 1980er in den USA, als es einer Gruppe von Investmentfond-Managern und deren wissenschaftlichen Unterstützern gelang, diese Einflussnahme durch Deregulierung der Finanzmärkte zugunsten der Finanzwirtschaft umzustoßen. Der Neoliberalismus und in seiner Folge der Finanzkapitalismus neuer Prägung waren damit geboren und sprangen von den USA über England auch auf den europäischen Kontinent über. Die Deregulierung der Finanzmärkte ist der juristische und politische Rahmen für den heutigen Finanzkapitalismus, der in den USA unter Ronald Reagan und Bill Clinton, in Großbritannien unter Margaret Thatcher und Tony Blair sowie in Deutschland unter Gerhard Schröder und Angela Merkel umgesetzt wurde.[33]

Die damit erzeugten Vermögen wurden durch spekulative Gewinne aufgebläht und über vermiedene Steuern dem Gemeinwesen entzogen. Globale und profitmaximierende Investmentfonds schufen für diese neuen Überschüsse der Wohlhabenden und der großen Rentenfonds neue und sehr profitable Anlagemöglichkeiten. Bis dahin nie erreichte Kapital-Verzinsungen von über 20 Prozent wurden bei großen Vermögen erreicht und veränderten die Gewinnskala der Banken. Die massive Reduktion von Steuern auf die durch Finanzgeschäfte generierten Profite ist seit dieser Zeit ein weiterer Motor für immer stärkere Kapitalanhäufungen und dadurch erzeugte neue wandernde Spekulationsblasen. Die Verflechtungen von Investmentbankern wie Goldman Sachs mit der Finanzpolitik wurde oft dargestellt, speziell in den USA und in Europa. Die internationalen Notenbanken und die politischen Entscheidungen zeigen heute besonders deutlich, dass die finanziellen Interessen des Finanzkapitals in der weltweiten Politik Priorität genießen. So ist es in Europa einer Gruppe von EU-Ländern nicht gelungen, die so oft auch von Deutschland, zum Beispiel vom damaligen Finanzminister Wolfgang Schäuble, versprochene Transaktionssteuer einzuführen, um die Spekulation zu dämpfen. Die Spekulation an den Finanzmärkten geht aber öfter schief, wie eigentlich historisch auch zu erwarten. Am Beispiel des großen Crashs von 2008 lässt sich das völlig von Sinn, Werten und realen Bedürfnissen abgekoppelte Verhalten der Finanzspekulanten sehr gut darstellen.

Der größte Raubzug aller Zeiten

Die geplatzte Spekulationsblase der Immobilienspekulanten von 2008 zeigt nicht nur die Banalität hinter den Glitzerfassaden des Investmentbanking. Dieser Crash zeigt besonders im Rückblick die Hilflosigkeit der Politiker aller Länder. Die von Spekulanten verursachten Schäden wurden weitgehend durch Steuergelder beglichen. Es gab so gut wie keine Gerichtsverfahren oder Urteile gegen die Verursacher. Die vollmundig angekündigte Wiedereinführung der Regulierung unterblieb. Das Ergebnis des großen Crashs der Finanzmärkte 2008 konnte deshalb von einigen Autoren wie René Zeyer auch als »größter Raubzug aller Zeiten« beschrieben werden.

Es geht aber auch um die psychologische Haltung der Finanzjongleure, die etwa am Wirecard Skandal und besonders bei den Cum-Ex-Betrügereien sichtbar wurde. Das Bewusstsein der dabei Handelnden war pure Gier und gezielter Betrug. Zeyer beschreibt die Hintergründe der ungebremsten Spekulation in seinem Buch »Bank, Banker, Bankrott«: »Endlos ist das aktuelle Geschwätz über Reformen des Finanzsektors, neue Gesetze, Behörden, Regeln, Sicherheiten. Warum brauchen wir das alles? Brauchen wir es überhaupt? Wir brauchen gar nichts Neues. Nur den klaren Blick. Wie konnte es denn so weit kommen, dass ein paar Finanzakrobaten in den USA und ihre notorischen Mitläufer in Europa weit über 1000 Milliarden Dollar, vermutlich eher 2000, verrösten konnten, ohne auch nur den kleinsten Rauch aufsteigen zu lassen? Interessanterweise darum, weil nichts verbrannt wurde. Es wurde nur abgezogen. Jahrelang, massiv und am helllichten Tag. Denn man muss sich immer vor Augen halten: Geld verschwindet nicht, wird auch nicht vernichtet (außer durch eine galoppierende Inflation), sondern umverteilt. Das Ganze ist ein gigantischer, unverschämter, aber wohl orchestrierter Raub von ein paar Bankern am Vermögen von Millionen von Sparern und zukünftigen sowie aktiven Pensionären. Die Werkzeuge waren nicht Dietrich oder Schweißbrenner, sondern ›Finanzinstrumente‹, ›Derivate‹,›Hedgefunds‹,›Financial Engineering‹, CDO, RLN, Alt-A, ›Private Banking‹, ›persönliche Vermögensberatung‹, um nur einige Stichworte zu nennen. Produkte, die so gestaltet waren, dass weder der Erfinder noch der Verkäufer und erst recht nicht der Käufer den blassesten Schimmer hatten, worum es ging und geht. Was steckt denn Neues, Innovatives hinter all diesen Derivaten, Abkürzungen und dem Fachchinesisch? Die Antwort ist einfach: Gar nichts! Und schon gar nichts Neues. […] Bei diesem Geschäft flossen die Kommissionen und daraus die Boni. Aus dem oberlangweiligen Gewähren von Hypothekarkrediten war plötzlich eine hochrentable Angelegenheit geworden. Weil niemand sah, dass die Investmentbank offiziell hundert einpackte, der Käufer des Paketes dafür einhundertzehn bezahlte und nicht merkte, dass nur neunzig drin waren. Und das läppert sich zusammen: Umpacker Goldman Sachs konnte alleine im Jahr 2007 seinen Kadern gut 20 Milliarden Dollar Boni ausbezahlen für ihre Bemühungen in Sachen Umpacken, die UBS immerhin noch über zehn Milliarden Dollar. Alle Umpacker in den USA zusammen dürften in den letzten fünf Jahren sicherlich die Summe von 1000 Milliarden für ihre klammen Aktivitäten abgezweigt haben. Dazu haben die ›Finanzingenieure‹ bei ihren kriminellen Machenschaften einen Kollateralschaden ein Mehrfaches dieses Betrags verschuldet. Nun sind wir auch schon beim anzunehmenden ›Schaden‹ angekommen. Wohl 5000 Milliarden Dollar; genau weiß man es nicht, man wird es nie wissen.«[34]

Selbst in dieser Finanzkrise des Jahres 2008, als alle Staaten mit Steuergeldern für die von Investmentbankern verursachten Schäden einspringen sollten, wurden weiterhin gigantische Boni an die Investmentbanker ausgezahlt. Die Agentur Reuters berichtete damals: »Die Banker und Broker in New York konnten sich 2008 trotz Finanzkrise über üppige Bonuszahlungen in Höhe von 18,4 Milliarden Dollar freuen. Gegenüber 2007 war das zwar ein Rückgang um 44 Prozent. Seinerzeit arbeiteten aber auch noch deutlich mehr als die gegenwärtig etwa 170.000 Leute an der Wall Street.«[35] Dieser Raubzug kann jederzeit wieder geschehen, da echte Regulierungen politisch offenbar an Lobbymauern abprallen.

Das Bewusstsein der Börsenhändler war im Jahre 2011 Inhalt einer Studie der Universität Sankt Gallen. Man wollte Aktienhändler und Psychopathen über einen mit beiden Gruppen durchgeführten Test vergleichen. *Spiegel Online* berichtete damals darüber, dass selbst die Experten vom Ergebnis überrascht waren. Sie bescheinigen den Börsenprofis einen immensen Hang zur Zerstörung. Warum verzocken Aktienhändler bisweilen Milliarden? Die Aktienhändler verhielten sich offenbar noch rücksichtsloser und manipulativer als Psychopathen. Untersucht wurden 2011 Kooperationsbereitschaft und Egoismus von 28 Profi-Tradern. Die Probanden mussten Computersimulationen durchspielen und sich Intelligenztests unterziehen. Das Ergebnis übertraf die Erwartungen des Teams um Pascal Scherrer und Thomas Noll, Forensiker und Vollzugsleiter des Schweizer Gefängnisses Pöschwies nördlich von Zürich. »Natürlich kann man die Händler nicht als geistesgestört bezeichnen«, sagt Noll, »aber sie verhielten sich zum Beispiel noch egoistischer und risikobereiter als eine Gruppe von Psychopathen, die den gleichen Test absolvierten.« Besonders schockierend für Noll: Insgesamt erzielten die Banker gar nicht mehr Gewinn als die Vergleichsgruppen. Statt sachlich und nüchtern auf den höchsten Profit hinzuarbeiten, »ging es den Händlern vor allem darum, mehr zu bekommen als ihr Gegenspieler. Und sie brachten viel Energie auf, diesen zu schädigen«.

Diese materialistische Egomanie ist ein Motivator der Akteure der Finanzmärkte. Es wird jedenfalls deutlich, warum von solchen Leuten keine sinnvollen Impulse für die Weiterentwicklung der Gesellschaft zu erwarten sind. Es sollte uns daran auch deutlich werden, dass Intelligenz ohne Weisheit in den Untergang führt. Damit wird klar, dass die ungehemmte Betätigung dieser Finanzspekulation unsere Gesellschaften ins Chaos führen.

Die Lenkungswirkung dieser Finanzspekulation auf die Gesellschaft ist enorm. Die gesellschaftliche Orientierung auf die Zukunft wird also scheinbar von Leuten mit völlig uferlosen Boni-Erwartungen und einem starken Anteil psychopathologischer Neigungen vollzogen. Sind wir als Gesellschaft noch zu retten? Was kann eine am spekulativen Finanzsystem orientierte Gesellschaft bei einer ernsten globalen Krise für Lösungen erwarten?

Finanzkapitalismus fördert Ungleichheit

Zusätzlich zur gesellschaftlichen Orientierungslosigkeit verstärkt der Finanzkapitalismus wirtschaftliche Ungleichheit. Die Folge ist gesellschaftlicher Sprengstoff. Die reichsten 300 Menschen, die in einem Flugzeug Platz hätten, besitzen genauso viel wie die ärmsten 3 Milliarden Menschen. Das reichste 1 Prozent besitzt nach UN-Angaben 34 Prozent des Vermögens der Welt, die reichsten 2 Prozent mehr als die Hälfte des Vermögens. Die ärmsten 80 Prozent der Menschheit verfügen über 6 Prozent des Vermögens. Eine Studie des Deutschen Instituts für Wirtschaftsforschung (DIW) hat ergeben, dass das reichste 1 Prozent der Menschen in Deutschland 35,3 Prozent des Gesamtvermögens besitzt. Die reichere Hälfte der Bevölkerung besitzt sogar 98,6 Prozent. Das bedeutet, für die ärmere Hälfte bleibt gerade einmal 1,4 Prozent des Gesamtvermögens übrig. Das Vermögen der 80 Reichsten habe sich zwischen 2009 und 2014 verdoppelt. Das Ausmaß der globalen Ungleichheit ist erschütternd.

Diese Schere der Vermögensverteilung driftet seit den 1980ern immer stärker auseinander. So veröffentlichte die FAZ im Juni 2021 den Bericht eines Recherchenetzwerks, nach dem die 25 reichsten Milliardäre der USA – unter anderem Bezos, Musk, Bloomberg, Soros – von 2014 bis 2018 um 400 Milliarden US-Dollar reicher geworden sind, aber dafür nur 3,4 Prozent Steuer bezahlt haben. Die Kluft zwischen Arm und Reich wächst also durch Finanzkapitalismus dramatisch weiter, wobei die Superreichen durch Steuern fast nichts zum Gemeinwesen beitragen. Deutschland und die USA haben in ähnlicher Weise eine stetig schärfer werdende extreme Ungleichverteilung der Vermögen. Diese wäre nicht möglich, wenn nicht technische, politische und juristische Rahmenbedingungen durch geschickte Lobbyarbeit dafür geschaffen worden wären. Wie konnte es dazu kommen, dass unser Weltwirtschaftssystem insbesondere seit den 1980ern zu dieser Umverteilung von unten nach oben führt?

Investmentbanking als Umverteilungswerkzeug

Die Finanzwirtschaft hat durch die neoliberale Politik internationaler Notenbanken wie der Europäischen Zentralbank und der Federal Reserve der USA enorme Geldmengen mit Niedrigzinsen zur Verfügung gestellt. Es werden damit riskante Spekulationen an den Finanzmärkten und anderen volatilen Märkten für Metalle, Energie, Lebensmittel oder Immobilien durchgeführt. Das zentrale Instrument des Finanzkapitalismus ist das Investmentbanking, welches zum Beispiel durch BlackRock als größtem Investmenthaus und größtem Investor des DAX für ein weltumspannendes Netz von Beteiligungen und gegenseitigen Einflusssphären sorgt. Die verwalteten Wertpapiere (laut Wikipedia über 9 Billionen US-Dollar) übersteigen die Haushalte von Staaten. Werkzeuge des Investmentbankings sind Computer mit komplexen Handelsalgorithmen, sogenannte »Algotrading Systeme«.

Diese Handelssysteme sind direkt an verschiedenste internationale deregulierte Finanzmärkte angeschlossen. Solche Algotrader enthalten also Börsenschnittstellen, mit denen Handelsgeschäfte im Millisekunden-Raster (1.000 Deals pro Sekunde) automatisch getätigt werden. Inzwischen reden Experten hier sogar von Algotrading im Mikrosekunden-Raster (1 Millionen Deals pro Sekunde). Dabei werden die vom Investmentbanking vorgegebenen Geschäftsvolumen von Hochleistungsalgorithmen in entsprechende Angebote oder Gegengeschäfte automatisch umgesetzt und an den Börsen platziert. Diese extrem schnelle Handelstätigkeit führt dazu, dass Investmentbanker oft auch die räumliche Nähe zur Infrastruktur der Handelsplätze suchen, um die Laufzeiten der Signale, die immerhin mit Lichtgeschwindigkeit unterwegs sind, zu minimieren. Es werden heute zunehmend Handelsprogramme unter Nutzung sogenannter Künstlichen Intelligenz (KI-Algorithmen) entwickelt, die Scheingeschäfte, Gegengeschäfte und komplexe Handelsstrategien in dieser Geschwindigkeit mit abbilden. Mit Scheingeschäften werden zum Beispiel Preismanipulationen erzeugt. Leider wurde das bisher nicht verboten, obwohl dem EU-Parlament ein entsprechender Antrag vorlag – Lobbyarbeit wirkt auch hier.

Internationale Handelsplätze werden von Algotradern mit enormen Geldmengen geflutet, um Margen auszunutzen. Da diese Handelsoperationen in Millisekunden ablaufen, können Schwankungen und Kurseinbrüche von Menschen nur noch nachträglich analysiert werden. Inzwischen wickeln diese Computer etwa 80–90 Prozent aller Börsengeschäfte ab. Der Einsatz von immer mehr Kapital erzeugt immer höhere spekulative Gewinne. Man sagt zum Beispiel von BlackRock, dass ihr finanzieller Erfolg wesentlich von einem höchst innovativen Handels- und Analysesystem bestimmt wird, mit dem sie ihre Finanzströme an den Börsen steuern.

Selbst vorher noch stabile Versorgungssysteme, wie beispielsweise die Stromversorgung, werden heute über den automatisierten Hochfrequenzhandel gesteuert. Nach der Deregulierung der Energiemärkte im Jahr 2000 sind Forward-, Spot- und Intraday-Märkte für Gas und Strom die Grundlage aller wirtschaftlichen Entscheidungen der Energiewirtschaft. Wir werden dieses Beispiel später noch vertiefen.

Neoliberale Märkte als Wirtschaftsmodell

Die Durchdringung aller Lebensbereiche mit dem mentalen neoliberalen marktwirtschaftlichen Modell ist allenthalben spürbar. Das gilt für Unternehmen, die öffentliche Versorgung oder sogar für Krankenhäuser, Altenheime und Schulen. Dabei wird der Mythos des sogenannten freien Marktes als Argument für die Deregulierung und als Lösung aller Probleme angepriesen. Staatliche Vorsorge und Versorgungsaufgaben sollen durch die Märkte ersetzt werden. In diesem Kontext wird oft das Wesen des freien Marktes als effizient für eine faire Preisbildung zur Versorgung mit allen Gütern postuliert. Angenommen wird dabei das zentrale theoretische Konstrukt eines Homo oeconomikus, der objektiven Marktüberblick haben solle und von dem die optimierte und faire Marktpreisbildung ausgehen würde. Solch ein rationaler, objektiver »Händler« führe automatisch zu echtem Wettbewerb um die beste Lösung. In der Praxis ist ein solcher rationaler Überblick eines Händlers am Markt nur sehr begrenzt möglich. Diese Vorstellung entspricht vor allem nicht der Realität heutiger Handelsgeschäfte an Aktienmärkten, Strommärkten und Ressourcenmärkten. Spekulation sucht Vorteile durch Informationsvorsprünge.

Auch im physischen Welthandel sind Handelsströme nach starken Unterschieden in der verfügbaren Information über Preise und Bedürfnisse ausgerichtet. Die persönlich unterschiedlichen Einschätzungen des Bedarfs und der Preise ist wesentlich. Der Handel selbst führt dann zu einem Ausgleich, der sich dämpfend auf die Preise auswirken kann. Ein Händler würde verhindern wollen, dass seinen Kunden und Wettbewerbern seine Einkaufskonditionen offengelegt werden. Der Informationsunterschied wird ständig aufrechtzuerhalten versucht. Bei Spekulation an den Finanzmärkten zeigt die Preisbildung an jeder Börse, dass für jedes Aktiengeschäft eines Anbieters am Markt (der zum Beispiel verkauft, weil er mit fallenden Preisen rechnet) ein Gegenpartner notwendig ist (der zum Beispiel kauft, weil er steigende Preise erwartet).

Der Homo oeconomikus existiert nicht. Der Kern des Neoliberalismus – der effiziente freie Markt – existiert nicht. Er ist nur eine geschickt platzierte Erzählung. Für die Finanzwirtschaft ist jede Privatisierung eine neue Chance zu spekulativen Profiten. Das Handelsgut selbst ist dabei zweitrangig.

Scheinwahrheiten neoliberaler Märkte

Im Ergebnis führt diese Erzählung des neoliberalen freien Marktes zur finanzwirtschaftlichen Umverteilung des Wohlstandes von unten nach oben und ermöglicht die Konzentration der Vermögen in wenigen Händen. Diese Umverteilung wird im Nachhinein – als scheinbar naturgesetzlich – durch den Marktliberalismus gerechtfertigt. Philipp Blom schreibt dazu: »Der Marktliberalismus ist sozusagen die intellektuelle Sparversion der Ideale der Aufklärung […] Der Markt eignet sich perfekt, um Gott, den Weltgeist und den Fortschritt in unseren Köpfen zu ersetzen. Einerseits vermitteln Statistiken und Umsatzzahlen einen Eindruck von Tatsachen basierter wissenschaftlicher Neutralität jenseits aller Ideologie. Andererseits ist der Markt undurchschaubar genug, um eine dramatische Inszenierung zu ermöglichen. Seine geheimnisvollen Launen müssen interpretiert werden. […] Auch in anderen Aspekten der Religion des freien Marktes lassen sich religiöse Denkweisen erkennen, zuallererst in der Annahme, ein freier Markt würde aus seiner Eigendynamik heraus Freiheit schaffen und schützen.«[36]

Der Marktliberalismus als »intellektuelle Sparversion« der Aufklärung führt also weder zur Freiheit noch zu fairen Preisen. Der freie Markt ist auch keine moralische Instanz, die eine Wertebindung ersetzen kann. Grundsätzlich unterscheidet der mehr oder weniger freie Markt keineswegs zwischen demokratischen liberalen Gesellschaften und autoritären Systemen, wie die enorme wirtschaftliche Entwicklung Chinas demonstriert. Blom zeigt, dass der Ausgang des Konfliktes zwischen idealistischen liberalen Gesellschaftsmodellen des Westens und autoritären Modellen Chinas oder Russlands völlig offen ist.

Sedlácek und Blom kommen beide zu dem Schluss, dass Moralität oder Menschenrechte und ethische Werte in keiner Weise Ergebnisse einer liberalen Marktwirtschaft nach gängigen neoliberalen Wirtschaftsmodellen sind. Die Orientierungslosigkeit und Hilflosigkeit bei weiterer Anwendung dieser materialistischen Heilslehre kommt auch in der tiefen Skepsis der genannten Autoren bezüglich der Bewältigung der globalen Krisen mit neoliberalen Vorstellungen zum Ausdruck. Offenbar müssen wir wieder lernen, sinnvolle Ziele wirtschaftlich zu verfolgen.

In diesem Sinne ist sinnvolle Zukunftsplanung und optimale Nutzung knapper Ressourcen durch freie Märkte nur begrenzt möglich. Sie verhindern in keinem Fall katastrophale Fehlentwicklungen, wie Meadows in seinen Szenarien feststellte. Das wird auch gerade im Umfeld der Ukraine-Krise an den Energiemärkten und bei der Gasbevorratung deutlich, die am freien Markt zu Preisspitzen und in eine ernste Preis- und Vorratskrise führten.

Die Wirtschaft neu denken

Zusammengefasst hat unser materialistisches gesellschaftliches Bewusstsein uns in eine spekulative und egoistische Einbahnstraße geführt. Der vermeintliche neoliberale freie Markt ist dabei nur eine Werbebotschaft für dieses auf persönlichen Profit und Egoismus verengte Verhalten. Die vom realen Warenhandel und von realen Kundenbedürfnissen abgespaltete Spekulation auf maximalen Profit ist fatal für unsere Welt. Intelligenz ohne Weisheit zeigt sich gerade auch im Hightech-Investmentbanking.

Gemeinsinn und sorgsamer Umgang mit immer knapperen Ressourcen sind nicht kompatibel mit der finanzwirtschaftlichen Spekulation an neoliberalen freien Märkten.

Kreislaufwirtschaft führt dagegen zu Haushaltsplanung und trocknet Spekulation aus. Wie in der Natur praktiziert, ist sie nachhaltig und integrierend. Kreislaufwirtschaft erfordert aber schon in der Produktplanung eine ressourcenschonende, langlebige, nutzungsorientierte und recyclinggerechte Konstruktion und Herstellung. Folglich hat auch die Organisation für wirtschaftliche Zusammenarbeit und Entwicklung (OECD) als Gralshüter der Weltwirtschaft ein Unbehagen erfasst hinsichtlich der Zukunftsfähigkeit des heutigen auf unbegrenztes Wachstum fokussierten neoliberalen Wirtschaftssystems. Die *VDI nachrichten* berichtet dazu am 26.2.2021: »Angesichts von Klimawandel, wachsender sozialer Ungleichheit und den Erfahrungen der globalen Finanzkrise rief OECD Generalsekretär Angel Gurria im Mai 2015 dazu auf, das Wachstumsnarrativ neu zu definieren und das Wohlbefinden des Menschen ins Zentrum unserer Bemühungen zu rücken. Gurria beauftragte eine Gruppe von Wissenschaftlern, Reformvorschläge für eine zeitgemäße Wirtschaftspolitik zu entwickeln. Der Leitgedanke: Wachstum darf nicht als Selbstzweck verstanden werden, sondern als Mittel zum Erreichen gesellschaftlicher Ziele wie ökologischer Nachhaltigkeit, Chancengleichheit sowie des individuellen und globalen Wohlergehens. Herausgekommen ist die Studie ›Jenseits des Wachstums – auf dem Weg zu einem neuen ökonomischen Ansatz‹. Die Wissenschaftler stellen darin fest, dass der in den letzten 40 Jahren vorherrschende wirtschaftspolitische Ansatz, der auf der neoklassischen Wirtschaftstheorie beruht, nicht geeignet ist, die aktuellen Herausforderungen zu bewältigen. Es sei ein Irrweg zu glauben, mit dem Wirtschaftswachstum erfüllten sich auch andere Ziele wie von selbst. Es müsse zu einem die Gesellschaft umfassenden Wandel kommen, der in vielen Köpfen bereits Gestalt annehme, aber nicht gelebt werde. Das Wachstum des Bruttoinlandsprodukts wird häufig mit zunehmender Ungleichheit in Verbindung gebracht. Da sich das Kapitaleigentum zunehmend in den höchsten Einkommensgruppen konzentriert, ist sowohl die Einkommens- als auch die Vermögensungleichheit größer geworden.«[37]

Staaten müssten sich bemühen, die Märkte zu gestalten und zu steuern, statt nur auf Marktversagen zu reagieren. In den letzten Jahrzehnten sei im Vergleich zum Kapital ein immer kleinerer Anteil des Nationaleinkommens in Löhne und Gehälter geflossen. Dieses Arbeitseinkommen finanziere aber über Steuern mehrheitlich das Gemeinwesen. Dennis J. Snower, 2019 Präsident des Kieler Instituts für Weltwirtschaft, hinterfragt ebenfalls, wie Ökonomie den Menschen dienen kann. »Dazu müssen wir zu einem umfassenderen Menschenbild finden und zu einer neuen Definition von Ökonomie, die andere Bereiche wie Psychologie und Soziologie stärker berücksichtigt.« Politiker haben heute nur das Bruttoinlandsprodukt und die Arbeitslosenquote in ihrem Blick. »Wenn die Welt die tiefgreifenden Herausforderungen und Probleme, die uns heute beschäftigen, angehen will, dann ist ein ›Weiter-wie-bisher‹ keine Option [...] Wir glauben, dass ein radikaleres Umdenken nötig ist«,[38] meint selbst die OECD als zentrales Forum für den internationalen Welthandel.

Diese internationalen Experten formulieren also massive Kritik an der geeigneten Lenkungswirkung durch das heutige neoliberale Wirtschaftssystem. Ein radikales Umdenken wird gefordert. Solange wir allerdings mit Intelligenz ohne Weisheit agieren, sind wir orientierungslos.

Energiewirtschaft im Fadenkreuz des neoliberalen Marktes

In der Europäischen Union zeigt besonders die aktuelle Umsetzung des neoliberalen freien Marktes in der Energiewirtschaft das Versagen und die Ineffizienz von neoliberalem Denken und Handeln.

Daran wird auch die gedankliche Enge heutiger materialistischer Vorstellungen deutlich, die sich auf scheinbar allwissende Märkte stützen und keine belastbaren langfristigen Strategien verfolgen. In der praktischen Umsetzung der Energiewende wird mentale Komplexität mangels klarer Übersicht bis ins Extreme hinein betrieben und verhindert robuste und flexible Lösungen. Es wird mit enorm hohem Aufwand und einem Wust von Regeln ständig nachjustiert, um trotz aller Eingriffe den Schein neoliberaler Identität zu wahren.

Die Genialität des Einfachen weicht einer Hysterie der Datenkomplexität.

Sicherheitsmaßnahmen und Datenschutzbedingungen machen das Ergebnis überdies völlig ineffizient und undurchschaubar, selbst für viele Fachleute. Der Rote Faden der sicheren, preiswerten und robusten Energieversorgung einer auf Strom angewiesenen Industriegesellschaft verschwindet im Gestrüpp von überkomplexen Detailvorgaben.

Neoliberales Wunschdenken

Im Jahr 2000 wurde mit der Deregulierung der Energiewirtschaft nach Vorgaben der EU begonnen unter der Zielsetzung der Einführung freier Energiemärkte und damit niedrigerer Endpreise durch den Wettbewerb der Strom- und Gas-Anbieter. Man muss dazu wissen, dass die EU-Bürokratie einer der letzten großen Verfechter des Neoliberalismus ist, wie Stanislav Máselník 2011 in seiner Analyse feststellte. Es wurde von der EU als wettbewerbsfördernd für die Energiemärkte unterstellt, dass jeder Bürger Strom und Gas unabhängig vom Transport von verschiedenen Anbietern kaufen können solle. Der freie Markt würde dann schon günstige Preise erzeugen, quasi von selbst. Die Endpreise des Kunden in den festgelegten Netzen und Versorgungsgebieten wurden vor der Deregulierung in Deutschland einer Prüfbehörde zur Freigabe vorgelegt, was auch eine deutliche Preisdämpfung ermöglichte. Nach der Deregulierung sollte der bis zum Endkunden freie Strom- und Gas-Markt die günstigsten Preise erzeugen.

Deutschland hat diese EU-Vorgaben in Europa mit am weitestgehenden umgesetzt. Die Unternehmen wurden aufgeteilt (Deregulierung). Inzwischen ist von preiswerter Energie in Deutschland keine Rede mehr. Deutschland hat die höchsten Strompreise in Europa und seit 2020 auch in der Welt.

International haben viele Länder lediglich die Stromproduktion und nicht die Endkundenbelieferung dem Wettbewerb am Gas- und Strom-Markt ausgesetzt. Das schafft wesentlich einfachere und effizientere Strukturen. Es werden auch damit sowohl die CO_2-Bilanz wie auch die Marktpreise für Strom deutlich verbessert, ohne die Verteilung der Energie an den Endkunden so komplex umzustrukturieren. Der Preiswettbewerb der Stromerzeuger zum Beispiel in den USA findet auf einem Strommarkt des Netzbetreibers statt. Dort werden auch geplante langfristige Kapazitätsbedarfe neuer Kraftwerke auktioniert. Es werden in der Stromerzeugung regenerative Wind- und Solaranlagen über Vorgaben der maximalen CO_2-Emissionen eingeführt. Das schafft Planungssicherheit für den Aufbau neuer Stromerzeugungssysteme.

Die CO_2-Minimierung kann völlig unabhängig von heutigen EU-Regularien in allen genannten Energiewirtschaften durch vorgegebene Kosten oder Grenzen für CO_2-Zertifikate bei der Erzeugung des Stroms einfach erreicht werden. Auch die Umsetzung neuer Windparks oder Solarparks erfordert keine so komplexen Strukturen wie bei der Energiewende in Deutschland.

Ergebnis sind höchste Strompreise

Was ist schiefgegangen in Deutschland? Die bis zum Jahr 2000 integrierten Energieversorgungsunternehmen wurden wegen der EU-Liberalisierung bis zum Endkunden in ihre einzelnen Bereiche »unbundled«, also in Einzelunternehmen zerlegt. So wurden Netz, Erzeugung und Vertrieb beziehungsweise Endkundenanbindung in verschiedene Unternehmen aufgeteilt, um den Wettbewerb zu steigern. Dann wurde ein hochkomplexes System der Datenströme, Rollen und Märkte definiert, die den eigentlichen Stromfluss über die jetzt getrennten Rollen erst planbar und beherrschbar machen. Damit ist heute eine sehr enge Verzahnung der physischen Stromversorgung mit den laufenden aktuellen Datenströmen der zugehörigen Informationstechnik zwingend erforderlich. War bis zum Jahr 2000 die Stromversorgung ein hauptsächlich physisch gesteuerter Prozess, bei dem Kraftwerke den aktuellen Bedarf an Strom in Sekundenbruchteilen automatisiert nachregeln konnten, ist es heute unmöglich, ohne die komplexen Datenströme des Energie-Daten-Managements den Strom zu bilanzieren und zu leiten. Es werden hochkomplexe Vertriebsprognosen erstellt, nach Versorgungsbereichen aggregiert und bilanziert und schließlich abgerechnet. Verschiedene Kraftwerke oder Energieparks werden nach verschiedenen Verfahren abgerechnet und schließlich in verschiedene Bilanzkreise pro Regelzone der Netze bilanziert. Die Messung der Einspeisung und Abnahme wiederum wurde einer neuen Marktrolle übergeben.

Wenn die Informationstechnik ausfällt, ist die Stromversorgung unkontrollierbar.

Das hat zunächst nichts mit dem wichtigen CO_2-Minderungsziel zur Vermeidung der Klimaerwärmung zu tun, die allein durch geänderte Stromerzeugung in neuen Kraftwerkstypen überall auf der Welt erreicht werden kann. Das Problem entsteht aus den überbordenden und nicht effizienten EU-Anforderungen der kompletten Liberalisierung bis zum Endkundenanschluss, die ein überreguliertes und technisch hochkomplexes Versorgungssystem erzeugen. Man kann diese so in Zentraleuropa geschaffene Struktur ohne Übertreibung als mental defizient bezeichnen, also weit jenseits der Effizienz – oder auch Resilienz – eines Systems. Die Stromversorgung, als das Rückgrat der modernen Industriegesellschaft, sollte eher einfach, effizient und möglichst robust aufgesetzt sein. Sie sollte jedenfalls nicht hochkomplex und durch korrupte Datenströme oder Hackerangriffe leicht verwundbar sein, was sie jetzt leider zunehmend geworden ist.

Es wurden zusätzlich neoliberale Strom- und Gas-Märkte eingeführt für den Langfristhandel, den Mittelfristhandel, den Day

Ahead-Handel und den Intra Day-Handel. Die mehrfach beobachteten Marktmanipulationen durch einzelne Handelsorganisationen sollten eine Anzahl von zusätzlich eingeführten Transparenzregeln und Korrekturvorgaben verhindern, die auch über Datenflüsse nachgehalten werden müssen. Die Netzstabilität sollte weiterhin durch Regelleistung gewährleistet werden, die ebenfalls an Märkten auktioniert wird. Dieser neoliberale marktwirtschaftliche Anspruch setzte jedoch in den ersten Jahren nach der Jahrtausendwende trotz wachsender Komplexität der Umsetzung genau die falschen Anreize bei der berechtigten Sorge um das Klima. Denn aus marktwirtschaftlicher Sicht hatte sich in den Jahren 2000–2008 immer mehr der Neubau von Kohlekraftwerken als wirtschaftlichste Lösung herausgeschält, in den auch marktwirtschaftlich korrekt von den neuen Erzeugungsunternehmen investiert wurde. Die ansteigenden CO_2-Preise wurden allerdings dabei unterschätzt, ebenso die Erzeugungskosten für Windstrom aus abgeschriebenen Anlagen bis vor wenigen Jahren. Die Agora Energiewende-Berater der Bundesregierung antworteten bei Fragen nach dem zukünftigen Strompreis von Windstrom noch 2014 mit »0 Euro«, da Wind ja kostenlos sei. Wenige Jahre später erkennen wir das krasse Missverhältnis zu den heute von Windenergielieferanten bekannten variablen Kosten für abgeschriebene Windparks auf dem Festland von 30–60 Euro/MWh.

Die Atomkraft wurde um 2008 in den Planungsszenarien als eine sehr günstige Basis-Stromerzeugung ohne CO_2-Belastung betrachtet, obwohl auch da die Subventionen ignoriert wurden. In der deutschen Energiewende sind politisches missionarisches Wunschdenken und neoliberaler EU-Mythos eine moderne Paarbeziehung eingegangen.

Die Märkte reagieren allerdings auf Verknappung unerwünscht mit Höchstpreisen, wie im Jahr 2021 bei Strom und Gas. So ist es auch teilweise der Kündigung der langfristigen festen Lieferverträge mit den Gaslieferanten in den Jahren nach der Marktliberalisierung geschuldet, dass 2021 die Gaspreise auf den liberalisierten Gasmärkten auf das mehr als Fünffache von 2020 angestiegen sind und 2022 weiter anstiegen. Auch die Insolvenz vieler der vor wenigen Jahren neu gegründeten Strom- und Gashändler im Herbst 2021 war eine Folge spekulativer Fehleinschätzung der beteiligten Händler.

Es war aber auch die Schnäppchenjagd der Kunden, die in den Jahren vor 2021 Start-Ups als Energiehändler an den Märkten erst ermöglichten. Ohne langfristige Verträge und Planungen, nur auf kurzfristige Profite eingestellt, konnten sie später bei den hohen Preisen nicht mehr liefern. Die früher mit den Lieferanten abgeschlossenen langfristigen Lieferverträge wurden im neoliberalen Modell der freien Bewegung der Preise geopfert.

Der Stop russischer Gaslieferungen im Jahr 2022 erzeugte einen enormen Energieengpass, der Spekulation und Höchstpreise für Strom und Gas an den Märkten anheizte.

Die Marktreaktionen führen bei Verknappung global zu enormen Preissteigerungen, was vielen Geringverdienern enorme Schwierigkeiten macht. Die weiter steigenden Energiepreise auf den Strom- und Gasmärkten haben das Potenzial, vielen Menschen die Energiewende als Fehlsteuerung der »Politiker da oben« erscheinen zu lassen.

Zusätzlich wird seit 2014 die Gasversorgung nicht mehr als Zukunftsthema angesehen, sondern als Brückenthema. Mit der beharrlichen Weigerung, eine grüne Gasversorgung überhaupt nur zu diskutieren, hat man den russischen Lieferanten das Feld überlassen. Aber auch die seit dem Ukrainekrieg 2022 schmerzlich erkennbare Abhängigkeit von russischem Gas wird noch weitgehend als Übergangsproblem in eine goldene Zukunft des Nur-Strom-Zeitalters angesehen. Dann würden Wind und Sonne alle Energien bereitstellen. Die Wasserstoffwirtschaft ist eine schon seit den 1980ern in der Energiewirtschaft diskutierte Vision und diese wird auch heute wieder politisch vorgetragen. Jedes Argument für die Gasversorgung mit Biomethan oder synthetischem Methan für die nächsten Jahre wird damit zur Seite gewischt. Ist das vielleicht der Grund, weshalb das *Wallstreet Journal* die deutsche Energiepolitik als die dümmste der Welt bezeichnete? Statt sich endlich zu bemühen, die unglaublich umfangreiche Gasinfrastruktur mit grünem Biogas, synthetischem Methan oder einem Biogas-Wasserstoffgemisch zu betreiben, werden ständig gebetsmühlenartige Zukunftsvisionen einer grünen Stromwelt beschworen. Leider ist die Umsetzungsgeschwindigkeit der oft beschworenen Transformation der Energiewende gering. Preise für Gas spielen scheinbar bei der Diskussion über die Gasversorgung ohne russisches Erdgas heute keine Rolle mehr. Das könnte allerdings vielen energieintensiven Unternehmen existenzielle Probleme verursachen. Wirtschaftswissenschaftler sehen in der Folge die Gefahr einer Deindustrialisierung Deutschlands, falls die Höchstpreise für Strom und Gas anhalten.

Verwundbare Komplexität der Energiewende

Um die damals hohen CO_2-Emissionen in den Griff zu bekommen, wurde ab dem Jahr 2000 das Erneuerbare-Energien-Gesetz (EEG) geschaffen und in immer kürzerer Frequenz (2004, 2009, 2012, 2014, 2016, 2017, 2018, 2019, 2020 ff.) nach Fehlentwicklungen korrigiert und nachgearbeitet. Die Vergütungsregelungen für Strom aus erneuerbaren Energien wurden stets komplexer und nur noch für Spezialisten durchschaubar. Diese Vergütung des Stromes durch EEG war um ein Mehrfaches höher als der jeweils an den oben genannten liberalisierten Strommärkten erzielbare Marktpreis. Der so sehr beschworene freie Marktpreis wurde also durch die Hintertür manipuliert und umgangen. Um trotzdem den Schein eines neoliberalen Marktes zu wahren, wurde eine Zwangseinspeisung des mit überhöhten EEG-Vergütungen subventionierten Stromes geschaffen. Die EEG-Vergütung wurde direkt an den Verbraucher umgewälzt und fand sich auf jeder Stromrechnung eines Endkunden. Insofern wurde sie von der EU nicht als im neoliberalen Mythos verbotene Subvention gesehen, sondern als eine interne Umverteilung, die aber vom normalen Endkunden her nicht abwählbar war.

Die EEG-Vergütungslogik wurde so aufgesetzt, dass der komplette Strom aus erneuerbaren Energien zu dem mehrfachen Preis des Strommarktes abgenommen werden musste und mit diesem deutlich höheren Preis (nach Verrechnung der Erlöse aus dem Stromverkauf am Strommarkt) vergütet wurde. In der Praxis zeigte sich auch dadurch ein gewünschter Verdrängungseffekt von neuen Windkraftanlagen und Solaranlagen gegenüber den bisherigen Kraftwerken, der allerdings nicht die CO_2-intensiven Kohlekraftwerke, sondern die wesentlich umweltfreundlicheren Gaskraftwerke vom freien Markt verdrängte. Heute werden zunehmend Eingriffe (redispatch) nötig, um die Netzstabilität zu erhalten. Große Windparks im Norden werden zum Beispiel abgeschaltet, wenn das Netz durch die Einspeisung sonst überlastet würde. Das geschieht inzwischen Hunderte Male im Jahr. Der nicht lieferbare Strom wurde auch weiterhin, trotz Abschaltung, vergütet, wenn das Netz die Leistung nicht mehr aufnehmen konnte.

Die Kosten für dieses sogenannte Einspeisemanagement (redispatch), umgewälzt auf die Allgemeinheit der Netzkunden, betrugen 2020 etwa 1,4 Milliarden Euro. Das zeigt auch die hohe Belastung des Stromnetzes. »Das deutsche Stromnetz ist an der Leistungsgrenze. Es gibt im Netz praktisch keine Reserven mehr. Es hat den Zuwachs von erneuerbaren Energien in den vergangenen zehn Jahren noch verkraften können«, sagte der E.ON-Chef Leonhard Birnbaum im November 2021 dem *Handelsblatt*. Er warnte ausdrücklich vor Engpässen im Stromnetz und vor Cyberattacken. Bedauerlicherweise wurde im EEG statt einer technologieneutralen Förderung entsprechend der CO_2-Minderung eine starke Technologiefokussierung auf Windkraft und Photovoltaik durchgeführt. Grünes Gas wurde weniger gefördert und eher begrenzt. Der angeblich freie Markt wurde auch hier zum Phantom, zum Mythos.

Der neoliberale Strommarkt selbst hat in diesem hochkomplexen und selbst von Experten kaum noch durchschaubaren System keine geeignete Steuerung in Richtung Nachhaltigkeit bewirkt. Man hätte statt dieser hochkomplexen Lösung das CO_2-Minderungsziel direkt durch regulatorisch erhöhte CO_2-Zertifikatepreise erreichen können. Eine technologieneutrale Steuerung in Richtung CO_2-Minimierung wäre als einfache EU-CO_2 -Preis-Regulation erreichbar gewesen. Heute ist die Komplexität der Energiewendelandschaft scheinbar nicht mehr zu ändern und wird von den heutigen Akteuren notwendigerweise eher frustriert akzeptiert.

Man muss also zu dem Schluss kommen, dass, um diesen neoliberalen Anspruch des freien Marktes für Endkunden durchzusetzen, die erneuerbaren Energien nach äußerem Anschein in einen überkomplexen Prozess integriert wurden. Es wurde ein hochkomplexes Subventionssystem des EEG mit ständig neuem erweiterten Regelsatz geschaffen, das von den Lobbygruppen gerne zum Dauerzustand gemacht würde. Damit entstünde dann unter dem Mäntelchen des »freien Marktes« eine Dauersubvention, was jegliche Eigeninitiative und Kreativität ausschaltet. Da jenseits jeder freien Marktlogik die erneuerbaren Energien zunächst mit dem fünf- bis zehnfachen Preis subventioniert wurden, entstand der Zustand eines scheinbar neoliberalen, aber real höchst regulierten künstlichen Preisgefüges. Heute sind vom Marktpreis keine sinnvollen langfristigen Entscheidungen in neue notwendige Investitionen als Unternehmensentscheidung mehr ableitbar. Eine sinnvolle Lenkungswirkung des Marktes in Richtung einer nachhaltigen Energieversorgung findet also heute in Deutschland nicht mehr statt. Die überbordende Komplexität ist das Ergebnis des mentalen Versagens vor der Aufgabe, ein effizientes, transparentes und nachhaltiges Gesamtsystem der Energieversorgung zu schaffen.

Gesetzesflut statt Projektmanagement

Viele Probleme der Energiewende wären durch ein professionelles, lösungsoffenes Projektmanagement mit breit gestreuter energiewirtschaftlicher Fachkompetenz vermeidbar gewesen. Dazu hätten Politiker ihren Einfluss begrenzen müssen – das ist aber nicht erfolgt.

Politische Vorgaben werden über Gesetze, Regeln und Verordnungen – fast jeden April und Oktober jedes Jahres – auf die frustrierten Betreiber der Energiesysteme losgelassen. Noch verschlimmernd sind technologische Detailvorgaben durch die politische Ebene in Gesetzesform ins EEG eingeflossen. Dies alles führt zu suboptimalen Lösungen. Technische Details gehören nicht zu sinnvollen politischen Rahmenvorgaben. Zum Verständnis: Im Vergleich wäre beispielsweise unser Gehirn heillos überfordert, wenn wir ständig den Blutdruck, die Schilddrüsenfunktion und den Herzschlag bewusst vorgeben müssten.

Einzelne Parameter wie der genannte CO_2-Preis können sehr stark wirken, wenn sie klar konstruiert sind. So ist im Jahr 2020 frühzeitig eine Abschaltung von Kohlekraftwerken in der Einsatzoptimierung der Anlagenparks der Unternehmen nach Erhöhung der CO_2-Kosten erfolgt. Parallel dazu wurden hochkomplexe Verhandlungen über Kraftwerksabschaltungen bis 2038 geführt, die im Grunde bei adäquater Erhöhung der CO_2-Kosten schon überholt wurden von der Realität. Auch die Vorgabe von Emissionsgrenzen für Verkehrsträger dient einem solchen Zweck, ohne direkt die technologische Lösung vorzugeben. Eine Vorgabe einer Technologie und deren Übersubventionierung als politische Willensbildung kann im Gegenbeispiel zum Verlust der langfristigen Wettbewerbsfähigkeit dieser Technologie führen.

Der Untergang der Photovoltaikindustrie in Deutschland aufgrund der Übersubventionierung durch das EEG hat gezeigt, dass erfolgreiche Technologieentwicklung nicht automatisch zu Wettbewerbsfähigkeit führt. Die hohen Erlöse durch die Übersubvention über 20 Jahre führten zu einer Massenproduktion technologisch noch nicht vollständig wettbewerbsfähiger Systeme. Gerade die in diesem Boom in Deutschland optimierten Maschinen zur Herstellung der Photovoltaikmodule wurden dann aber nach China verkauft, wo man erst später auf den Zug aufgesprungen war. Damit hatte man den Zeitpunkt verpasst, um im richtigen Moment die

Produktionskosten der Photovoltaiksysteme zu senken. Der ursprüngliche Vorsprung der Technologieentwicklung der Photovoltaik für den folgenden Massenmarkt ging verloren.

Eine hohe garantierte Subvention spezieller Technologie verhindert nach der Anschubphase die effektive ganzheitliche Weiterentwicklung der Wettbewerbsfähigkeit.

Die entscheidende Rolle einer ständigen Innovation und Investition am jeweiligen technologischen Bestpunkt zeigte sich 2021 am Wiedererstarken der Firma Solarwatt. Nach Bericht der *VDI nachrichten* vom Oktober 2021 will Solarwatt aus Dresden in den nächsten drei Jahren 100 Millionen Euro in die technologisch führenden Fertigungslinien für Module und Batteriespeicher stecken. Der Standort Deutschland ist bei richtigem Vorgehen absolut wettbewerbsfähig, auch in der Solarindustrie. Die Erkenntnis des realen Entwicklungszyklus und der dafür relevanten Parameter ist also wesentlich, um nachhaltige Entwicklungen durchzuführen. Es wird leider heute auch hier zu wenig in kompletten Lebens- und Entwicklungszyklen gedacht. Politisch gedachte fixierte Lösungen setzen die kommerziellen Anreize und technologischen Vorgaben oft falsch.

Fragmentiertes Bewusstsein verhindert ganzheitliche Lösungen.

Bewertungskriterien für die Energiewende

Fassen wir zusammen, was die bisherige Energiewende zu einem überkomplexen und wenig zukunftsfähigen Modell, also einer mental defizienten Lösung macht. Die Konsequenzen des Missmanagements bei der deutschen Energiewende sind heute mangelnde internationale Wettbewerbsfähigkeit, geringe Robustheit, mangelnde Planungsqualität, Ressourcenvergeudung und institutioneller Verantwortungsverlust der beteiligten Akteure. Das fragmentierte Denken aller Akteure nach der Deregulierung zeigt sich auch im unabhängigen Nebeneinanderher-Planen von Erzeugung und Netzen. Forderungen nach Beschleunigung der Umsetzung werden stets kombiniert mit höheren Anforderungen nach Detailkontrollen.

Der Sumpf der Verordnungen wird immer unübersichtlicher trotz ständiger Forderung nach dessen Austrocknung.

Belege für diese Misere sind die folgenden Zahlen und Fakten aus der Zeit – schon vor dem Ukrainekrieg –, die die hausgemachte Problematik zeigen:

Die Höhe der deutschen Strompreise sind Weltspitze und markieren die mangelnde Wettbewerbsfähigkeit. Die enorm hohe Anzahl überlastungsbedingter Umstellungen (redispatch) der Stromnetze und die ungeklärte technische Möglichkeit bei einem zukünftigen Neustart der Windstrom- und Solarstrom-Versorgung nach einem Ausfall (»kein Schwarzstart möglich«) markieren die heutige geringe Robustheit der Energiewende. Die meisten gutgläubigen Forderungen nach 80+ Prozent Windenergie haben sich nie mit den Erfahrungen der Netzbetreiber beschäftigt, die die Stromversorgung in einem sehr engen Frequenzband um 50 Hz gewährleisten müssen.

Dunkelflaute

Es gibt keine einfache Lösung der Dunkelflaute ohne Backup-Kraftwerke. Alle bisherigen Stromspeicher zusammen (Batterien, Pumpspeicher) können nur maximal 2–3 Stunden eine Dunkelflaute, also wenig Wind und Dunkelheit bei durchschnittlichem Strombedarf, überbrücken. Zusätzlich treten bei reiner Windstrom- und Solarstrom-Versorgung wegen des Fehlens von stabilisierenden drehenden Generatoren der Kraftwerke Frequenzprobleme im Netz auf. Diese wurden bei Versorgungssituationen in echten Inselnetzen erkannt.

Juristisch wird durch ständige »Reparaturarbeiten« an den verschiedenen Rahmengesetzen der Energiewende ständig umgebaut, was alle Akteure zu ständigem Improvisationsverhalten zwingt.

Mangelnde Planungsqualität zeigt sich auch in der von der Ampelkoalition verfolgten Idee der 80 Prozent erneuerbaren Energien bis 2030. Bis vor wenigen Jahren galt die Reduktion der CO_2-

Emmission um 80 Prozent für das Planungsszenarium für 2050 als noch erreichbarer Zielzustand der wissenschaftlichen Langfristuntersuchungen. Nach Wegfall von CO_2-neutralem Strom aus der Atomkraft (von 12 Prozent im Jahr 2020) muss dieser Anteil durch Neuausbau der erneuerbaren Energien bei der CO_2-Bilanz ausgeglichen werden. Der Ersatz der Kohlekraftwerke (24 Prozent) führt zu erwartbaren zusätzlichen Versorgungsproblemen. Praktisch muss die gesamte regenerative Stromerzeugung von 44 Prozent der Jahresmenge im Jahr 2020, die in mehr als 20 Jahren aufgebaut und mit Hunderten Milliarden Euro EEG-Subvention finanziert wurde, in acht Jahren bis 2030 verdoppelt werden. Der dazu erforderliche Ausbau der Stromnetze stockt seit Jahren. (Manche Bauvorhaben dauern 15 Jahre!) Jetzt also müsste bis 2035 ein enormer Netzausbau mit Zusatzkosten von 115 Milliarden Euro (nach Berechnungen Dirk Biermann, GF Netzbetreiber 50 Hz)[39] durchgeführt werden, um überhaupt die erneuerbaren Stromerzeuger nutzen zu können.

Die *VDI nachrichten* titeln im Februar 2022 »Zerreißprobe für Stromnetze« und dokumentieren damit das weitverbreitete Unbehagen der Experten zu diesen Ausbauszenarien. Bis 2050 verdoppelt sich nach den Langfriststudien des Bundesministeriums für Wirtschaft und Klimaschutz zusätzlich noch der Verbrauch an Strom. Damit müsste der insgesamt vierfache (!) Ausbau der Stromerzeugung aus Windparks und Photovoltaik bis 2050 erfolgen, um das Ziel 80 Prozent erneuerbare Energien beizubehalten.

Die Erwartung, mit immer noch mehr Windparks mit höherer Geschwindigkeit diesen Bedarf abdecken zu können, scheint eher Wunschdenken als realistische Planung. Das gilt insbesondere, weil die gewollte Ausbaugeschwindigkeit der Windkraft der Ampelkoalition doppelt so hoch ist wie die historisch höchste Produktionsrate der deutschen Windenergieanlagenbauer im Jahr 2017. Seit damals wurden aber wegen mangelnder Aufträge 40.000 Beschäftigte in der Windenergiebranche abgebaut, wie Enercon als bedeutender Windkraftproduzent vorrechnet. Es kann demnach heute nicht einmal die damalige Geschwindigkeit des Ausbaus erreicht werden, viel weniger eine Verdopplung. Absurd wird das alles, wenn man sich für die deutsche Energiewende jetzt auch hier von chinesischen Wind- und Solarparks abhängig machen muss, weil die deutschen Zulieferer wegen vorheriger politischer Vorgaben nicht mehr liefern können.

Ressourcenvergeudung zeigt sich in der ideologischen Ablehnung von Lösungen unter Berücksichtigung der vorhandenen bestausgebauten Ressourcen und Infrastrukturen im Gasbereich. Stattdessen werden Forderungen nach komplett neu zu entwickelnden Infrastrukturen für Strom oder Wasserstoff als Energieträger wie ein Glaubensbekenntnis wiederholt. Die gewaltigen Vorteile eines 2-Säulen-Modells (Strom und grünes Gas) in der bestehenden Infrastruktur sollte Ausgangspunkt der Überlegungen sein. Für eine CO_2-Neutralität der Chemie, der Stahlwerke und der Schwerindustrie könnten synthetisches Gas (CH_4, H_2, Biomethan) aus Überschussstrom und

Grünes Biomethan

Man könnte meinen, die Gasversorgung kommt als psychologisch verdrängter Inhalt auf einmal mit Macht an die Oberfläche unseres kollektiven Bewusstseins. Es wurde im April 2022 auf einmal deutlich, dass wir unsere Abhängigkeit von Gas völlig ausgeblendet hatten, weil die Diskussionen in Deutschland seit einigen Jahren ausschließlich auf grünen Strom fokussiert waren. Dabei ist seit vielen Jahren Biogas und Biomethan in Deutschland in etwa 9.000 Anlagen im Einsatz. Chemisch ist Biogas und das daraus noch veredelte Biomethan mit Erdgas identisch. Biomethan ist hochangereichertes Methan aus biologischen Abfällen und nachwachsenden Rohstoffen – also sind nur die Methan-Quellen unterschiedlich. Statt mit Erdgas aus dem Boden die Zerfallsprodukte von Organismen von vor Jahrmillionen zu nutzen, wird Biomethan im selben Jahr in dem Pflanzenwachstum gebunden, in dem es auch freigesetzt wird. Dadurch wird CO_2 im Kreis gefahren.

Bilanziell entsteht kein neues CO_2 durch Biogas oder Biomethan.

biologischer Fermentierung dienen. Speziell seit dem Februar 2022 und der Abschaltung der Gasversorgung durch Russland rückt die von der Politik ständig als Übergangstechnologie bezeichnete Gasversorgung in den Fokus, ohne sie in eine grüne Langfriststrategie einzubeziehen.

Biomethan, als grüne Energie, ist nachhaltig, weil es aus ständig neu entstehenden Bioabfällen gewonnen wird. Laut dem Statistischen Bundesamt gab es 2016 ein Aufkommen an Bioabfällen von 4.446.000 Tonnen pro Jahr in Deutschland, von denen lediglich 89.000 Tonnen pro Jahr als Biogas genutzt wurden.[40] Also werden mit abnehmender Tendenz bei uns gerade einmal 2 Prozent des möglichen Potenzials zu grünem Biogas genutzt! Die Einspeisekosten für das aus diesen 2 Prozent bisher gewonnene Biomethan lagen bei etwa 6–7 Cent/kWh und damit deutlich unter dem heutigen Marktpreis des Erdgases. Nach dem Ende des günstigen russischen Gasimports wird das Erdgas der Ersatzlieferungen als LNG eingekauft werden. LNG wird zum Beispiel in den USA häufig als Fracking-Gas hergestellt und ist teuer. Der Ersatz von russischem Erdgas durch teures und ökologisch bedenkliches Fracking-Gas kann nicht die Lösung für eine grüne Energiewende sein!

Die größere Unabhängigkeit von Erdgasimporten aus Russland und anderen politisch instabilen Ländern sollte ebenso für lokale grüne Gasquellen sprechen. Dies ermöglicht auch den geregelten Neustart des angestrebten Stromsystems der erfolgten Energiewende nach einem Blackout. Dieser sogenannte Schwarzstart ist ein komplexer Vorgang und erfordert eine regelbare Erzeugung und Verbrauchszuschaltung. Heutige Windparks und Solarparks sind nicht schwarzstartfähig, bieten also keinen Weg zurück aus dem Blackout.

Die chemische Speicherung überschüssiger Windenergie in der Gasinfrastruktur löst die oft beschworenen Speicher- und Transportprobleme der Energiewende. So ist die Speicherkapazität in der bestehenden Gasinfrastruktur in Deutschland etwa 1.000 mal größer als die aller Batterien und Pumpspeicher zusammen. Die

Ökologisch beste Gasmotoren

Der ADAC EcoTest 2021 stellte erneut fest, dass von 112 geprüften Neuwagen die beiden ökologisch besten mit Gasmotoren betrieben wurden. Gas wird seit 1979 als Kraftstoff für Kraftfahrzeuge weltweit eingesetzt. In Korea, Russland, Thailand, Mexiko und der Türkei fahren 28 Millionen Fahrzeuge mit Autogas. Wenn man das Gesamtsystem vom Lebenszyklus her betrachtet, haben klassische Verbrennungskraftwagen 2019 eine Recyclingquote von 86 Prozent und eine Altfahrzeugverwertungsquote von 94 Prozent erreicht. Die Recyclingquoten für Batterien von Elektrofahrzeugen als teuerste Komponente sind heute noch Forschungsgegenstand und liegen 2020 bei etwa 60 Prozent. In Deutschland kann mit Überschüssen aus ansonsten abgeregelten Windparks im Norden Synthesegas (grüner Wasserstoff oder grünes Methan) mit hohen Wirkungsgraden erzeugt und als Gas an der Tankstelle getankt werden. Synthesegas wird wie Biogas in das Gasnetz eingespeist. Zusätzlich kann Wasserstoff bis zu 10 Prozent in das Erdgasnetz eingespeist und wie heute das Erdgas genutzt werden. Es ist zu erwarten, dass gerade in Südamerika, Südeuropa und Asien eine Lösung mit grünem Biomethan aus vorhandenen Biomassen und Abfällen aus der Landwirtschaft effektiv und preiswert ist. Ein Ausstieg aus dem Verbrennungsmotor in Deutschland wird auch diese Zukunftsmärkte der Mobilität auf der Südhalbkugel für Deutschland abschneiden.

Transportleitungen existieren und haben keine Engpässe wie die Strominfrastruktur. Das Management der Gasnetze ist robuster als das der Stromnetze.

Eine grüne Energieerzeugung in Deutschland ist so möglich.

Auch die E-Mobilität wird politisch als Nur-Strom-Lösung gewollt. Die grüne Alternative zum Elektromotor ist flüssiges Biomethan oder Autogas. Die Technologie ist ausgereift, jahrelang in 100.000 Fahrzeugen in Deutschland ohne Prämienmitnahme im Einsatz und preiswert. Es wird eine Kopie des Konzeptes »Elektroauto für alle« überall auf der Welt als Lösung propagiert. Intelligenz ohne Weisheit:

Verbrennungsmotoren werden verboten, statt CO_2-neutrale Brennstoffe zu fordern.

Ebenfalls sehr negativ wirkte sich die hohe Komplexität der deutschen Energiewende in der Umstellung auf intelligente Netze als Rückgrat der neuen flexiblen Stromversorgung aus. Der sogenannte Smart Meter Rollout der intelligenten Messsysteme (iMSYS) wurde wegen hoher Sicherheitsanforderungen des Bundesamtes für Sicherheit in der Informationstechnik (BSI) um mehrere Jahre verschoben. Deutschland war über Jahre nicht in der Lage, neue BSI-konforme Stromzähler einzubauen. Länder wie Österreich, Schweiz und Italien sind uns dabei schon um Jahre voraus, natürlich ohne die hochkomplexen BSI-Vorgaben. Die vom BSI erlassenen Regeln für den Smart Meter Rollout wurden am 4. März 2021 vom Oberverwaltungsgericht NRW wieder gestoppt. Die danach gebauten iMSYS seien nicht geeignet, die grundlegenden ursprünglichen Ziele des Smart Meter Rollout zu erfüllen. (Andererseits gibt es eine gesetzliche Pflicht zum Ausrollen der iMSYS für die zuständigen Betreiber. Die Unternehmen müssen einbauen, können aber nicht sicher sein, ob die Geräte nicht wieder ausgebaut werden müssen). »Es ist schade, dass erst ein Gerichtsurteil knapp fünf Jahre nach Inkrafttreten des Gesetzes zur Digitalisierung der Energiewende den von an Anfang an verkorksten Prozess stoppen muss. Der im Messstellenbetriebsgesetz (MsbG) angelegte Zertifizierungsprozess ist ein strukturell überfrachtetes Desaster – er ist zeitraubend und erstickt Innovationen«, kommentierte der GF des Bundesverbandes Neue Energiewirtschaft, Robert Busch, das Urteil.[41]

Der institutionelle Verantwortungsverlust entsteht durch die von der EU geforderte Aufspaltung der Akteure in verschiedenste komplexe Rollen und Zuständigkeiten, bei der es keine Gesamtverantwortung für das Funktionieren der Energieversorgung in einem Bereich des deutschen Stromnetzes mehr gibt. So gibt es weder übergreifende Zuständigkeiten noch erprobte technische Lösungen für Schwarzstart-Situationen des Stromnetzes. Die improvisierte Verantwortungsklärung zwischen den vielen Akteuren und

Marktrollen bei einem Ausfall der gesamten Kommunikation in einem Blackout will man sich lieber nicht ausmalen.

Strategisch zeigen sich schon heute deutliche Ressourcenengpässe bei der Beschaffung von Rohstoffen. Einer neuen Studie des Instituts der deutschen Wirtschaft (IW) zufolge steht die Versorgungssicherheit der Industrie mit mehr als 20 wichtigen Rohstoffen in den nächsten Jahrzehnten infrage. Es werden für heute gängige Batterien Ressourcenverknappungen erwartet, bspw. wird Lithium nur noch maximal bis 2050 verfügbar sein. Die Kobaltvorräte reichen maximal noch bis 2042,[42] Graphit ist in ähnlichem Zeitrahmen betroffen. (Diese drei Rohstoffe werden für die Batterien von Elektroautos gebraucht.) Vorher werden die Preise dieser Metalle wegen der zunehmenden Verknappung steil ansteigen. Ist eine langfristige Strategie der Umstellung der Energiewirtschaft auf solche Rahmenbedingungen sinnvoll? Ohne strategische Sicherung von Ressourcen und nur mit dem blinden Vertrauen auf liberalisierte Märkte produzieren wir bald große Halden Autos ohne Chips und Batterien ohne Elektroden. Die eingeengte Sicht auf die Welt führt in Sackgassen.

Energiewende als mentale Einbahnstraße

Was könnten wir tun, um aus der Sackgasse der verengten Vorstellungen herauszukommen?

- Fachlich kompetentes, ganzheitliches Projektmanagement statt fragmentierte Gesetzesflut.
- Robustheit durch Nutzung erprobter und investierter Infrastrukturen.
- Lösungsoffenheit (CO_2-neutral) und Erhaltung von Alternativen (2-Säulen-Modell der Energieversorgung statt Nur-Strom-Lösung), Verkehrsträger verschiedener Technologien mit Strom und Gas (Wasserstoff, Biomethan und Synthesegas) als Säulen einer integrierten und sich damit ergänzenden Gesamtlösung.
- Koordinierter Ausbau der Infrastruktur Strom statt unkoordinierte Einzelpläne von Netz und Erzeugung.

- Chemische Speicherung überschüssiger Windenergie als Wasserstoff und grünem Methan in der bestehenden Infrastruktur der Gasnetze und Kavernenspeicher.
- Kreislauffähigkeit der neuen Lösungskomponenten als Teil der ökologischen Bewertung.
- Nutzung der mathematischen Simulation und Optimierung für Planung und Betrieb.
- Ressourcenverfügbarkeit der wichtigsten Basisstoffe als Basis bis mindestens 2100.
- Regelbare grüne Gaskraftwerke der zukünftigen grünen Energiewelt (mit Unabhängigkeit von russischem Erdgas).

Am Beispiel der Energiewende kann man den Unterschied von Gut-Wollen und Gut-Machen also sehr klar erkennen. Es geht nicht darum, die notwendige CO_2-Einsparung wegzudiskutieren, allerdings sollte aus dem dargestellten Beispiel der schon von Meadows erkannte Zusammenhang erkennbar sein, dass uns Märkte und Technologie bei Ressourcenversagen nicht retten können. Wenn zusätzlich der Zusammenhang und die klare Übersicht im Dschungel der Details verlorengeht, ist jede Anstrengung ein Schritt in die falsche Richtung. Nur wenn Intelligenz mit Weisheit kombiniert wird, gibt es die Übersicht und Klarheit einer sinnvollen Richtung. Gedankliche Verengung erzeugt gestrandete Entwicklungen und Fehlinvestitionen. Im schlimmsten Fall ist ein solches System nicht mehr zu reparieren. Macht also Deutschland die »dümmste Energiepolitik der Welt«, wie das *Wall Street Journal* schrieb? Wenn ja, ist das ein substanzielles Risiko des Standorts im weltweiten Wettbewerb, ganz zu schweigen von ausbleibenden Exportchancen der deutschen Energiewirtschaft.

Rückblickend steht fest, dass die ursprüngliche Innovationskraft der Energieversorgungsunternehmen auf Basis eigener lokaler Expertisen in einem dichten Netz von Verordnungen und Vorgaben vertrocknet. Wurden vor dem Jahr 2000 von Ingenieuren die Argumente bestimmt, so wurden ab 2002 immer mehr Händler eingestellt.

Die Kultur der Händler, die zum Beispiel Kraftwerke als Optionen betrachten und handeln, war zunächst für Ingenieure und für die technische Belegschaft völlig fremdartig. Es gab damals regelrechte Kämpfe innerhalb der Unternehmen, wer die Entscheidungen – beispielsweise über den Betrieb der Kraftwerke – wie zu treffen hätte. Die Händler, die den Strom am Markt verkaufen, haben heute überall die dominierende Stellung bei Einsatzentscheidungen der Stromerzeuger in den Unternehmen. Nach mehrfachen Umstrukturierungen und ständig geänderten juristischen Regeln sind die bunt gemischten Führungskräfte heute im Alltag getrieben vom ständigen Hantieren mit hochkomplexen Datenströmen, Gesetzesänderungen und politisch ständig schwankenden Kompromisslösungen.

Vom internationalen Standpunkt aus ist die deutsche Energiewirtschaft mit dem auch internationalen Begriff der »Energiewende« in vielen Unternehmen Asiens oder Amerikas ein Studienobjekt. Die hohe Komplexität der deutschen Lösung und die wenig stringente Umsetzung dieses richtigen Ziels einer CO_2-minimierten preiswerten Energieversorgung wird aber von Unternehmen aus Asien oft als für ihre Umsetzung ungeeignet angesehen. Man hat wohl im Ausland öfter den Eindruck, die Deutschen würden die Übersicht verlieren und sich verrennen. »Von Asien aus betrachtet erscheint der einseitige Fokus der europäischen Politik und weiter Teile der Medien auf Klimaneutralität häufig wie ein masochistischer Wahn«, kommentierte Georg Stieler aus Sicht der Technologiehochburg Singapur unser Verhalten.[43] Nordamerika geht ebenfalls einen anderen Weg. Überbordende Komplexität ist eben kein Wert an sich, sondern vor allem ein Hindernis für die Verbreitung. Der komplette Ausstieg aus der Kraftwerkstechnik in Deutschland wird im Ausland generell als Fehler angesehen.

Sind Windräder und Fahrräder die Zukunft eines Hightech-Landes oder eher eine romantische Zurück-zur-Natur-Lösung? Braucht es erst den Crash unserer Nur-Strom-Vorstellungen, damit wir »in einer anderen Welt aufwachen«, jenseits unserer verengten Vorstellungen?

Die missionarisch geführte Diskussion der deutschen Energiewende spielt auf der Klaviatur von a priori ideologisch geführten Lösungsdiskussionen, die mit Denkverboten durchsetzt werden. Glaubenssätze der eigenen Informationsblase werden als absolut wahr gesetzt, zumal deren Zustandekommen den meisten nicht nachvollziehbar ist. Gleichwohl wird in der Welt das Motiv einer CO_2-freien Energieversorgung als Motivation der deutschen Energiewende mit Sympathie und Interesse gewürdigt.

Weltweite Energiewende tickt anders

In Ländern Asiens oder Afrikas ist der Weg der Transformation zur CO_2-Freiheit der Energieerzeugung über Hybridkraftwerke wesentlich sinnvoller. Hybridkraftwerke integrieren Windparks, Solarparks, Wasserkraftwerke, Biogaskraftwerke und Wasserspeicher in einem virtuellen Kraftwerk am Einspeisepunkt ins Netz zu einer nachhaltigen und stabilen Lösung. Das Netz und die Verbraucherseite kann so bleiben wie sie ist. Das Hybridkraftwerk kann bedarfsgerecht CO_2-freien Strom anbieten und geregelt liefern. Ein reiner Windpark in unserer deutschen Versorgungsstruktur ist dagegen eine Windkrafterntemaschine, die unabhängig vom Bedarf einfach das liefert, was gerade vom Wetter her möglich ist. Ein ungeregelter Windpark ist kein Kraftwerk. Virtuelle Kraftwerke, auch als Hybridkraftwerke installierbar, ermöglichen automatisch die ständige notwendige Balance zwischen Erzeugung und Verbrauch, zwischen Speicherung und Zukauf oder Verkauf. Sie tun das wirtschaftlich und ökologisch optimal, sofern die beteiligten Anlagen und Komponenten zentral regelbar sind. Mit Hybridkraftwerken könnten auch *redispatch*-Aufwände wie in Deutschland vermieden werden, weil das Hybridkraftwerk die Erzeugung über gesicherte Einspeisefahrpläne bedarfsgerecht ausregelt. Im Einspeiseförderungsgesetz Thailands zum Beispiel wird ausdrücklich die besondere Förderung von Hybridkraftwerken im Rahmen der Förderung erneuerbarer Energien festgeschrieben. Eine Diskussion eines solchen Systemansatzes ist in Deutschland nicht erfolgt.

Positiv ist zur deutschen Energiewende festzustellen, dass die Produkt- und Marktreife der Solaranlagen und Windräder entscheidend auf die finanzielle Förderung des deutschen EEG zurückzuführen ist. Der hohe Versorgungsanteil der erneuerbaren Energien an der Stromversorgung in Deutschland ist weltweit mit führend, auch wenn dies im Ergebnis für das Weltklima nicht genügt.

Die ganzheitliche Modellierung der komplexen Zusammenhänge des Energiesystems der Zukunft, wie bei der gründlichen BMWK-Langfriststudie des Bundesministeriums für Wirtschaft und Klimaschutz,[44] ist in der Betrachtung solcher komplexer Zusammenhänge kein Luxus, sondern eine Notwendigkeit. Es zeigt sich dabei ein vielschichtiges Geflecht von Wertschöpfungen in der Energielandschaft. Eine verengte Fokussierung führt in den Blackout. Gesellschaftlich ist die Stromversorgung kein Experimentierfeld für Wunschträume, sondern der Herzschlag der Gesellschaft. Ein Herzstillstand der Gesellschaft nach einem längeren Stromausfall wird in dem fachlich ungemein präzise geschriebenen Buch »Blackout«[45] von Marc Elsberg dargestellt. Elsberg zeigt mit erschütternder Detailtiefe, wie ein kompletter Stromausfall entstehen kann und welche gesellschaftliche Katastrophe schon nach einer Woche mit fatalen Folgen daraus erwächst. Ohne Strom keine Kommunikation, kein Internet, keine Kühlschränke, keine Heizung, kein Benzin, keine Toilettenspülung, kein Bargeldautomat, kein Licht, kein Trinkwasser, keine Versorgung. Nach drei Tagen entsteht Chaos, die moderne Gesellschaft bricht nach einer Woche zusammen.

Ohne schwarzstartfähige Kraftwerke gibt es aus einem Blackout kein Zurück.

In jedem Fall lohnt sich die Lektüre, wenn man annimmt, ein Stromausfall von ein paar Tagen sei eine Kleinigkeit. Unsere europäische liberale Gesellschaft wäre nach einer Woche Stromausfall nicht mehr wiederzuerkennen!

3
Säulen der modernen Welt

»Probleme kann man niemals mit derselben Denkweise lösen, durch die sie entstanden sind.«

Albert Einstein

Magie der Zahlen

Wirtschaft, Gesellschaft und Technologie basieren heute auf Mathematik, Geometrie und Schwingung. Zahlen und Algorithmen sind die geistige Basis unserer modernen Welt, das heißt sämtliche Computer in Verwaltung, Energieversorgung und Handel erzeugen und steuern die Welt über Zahlen.

Mathematik ist gegenwärtig die Basis der Macht jedes Konzerns und jedes Staates.

Speziell in der Energiewirtschaft ist die Verflechtung zwischen Daten und Energieflüssen untrennbar geworden, manchmal auch unentwirrbar. Wir benutzen die Mathematik auf den Fundamenten der klassischen Erkenntnisse des Kosmos eines Pythagoras, ohne es zu ahnen. Unser Werkzeug der Naturbeherrschung sind Formeln und Zahlen, die wir anwenden, ohne ihre schöpferische Tiefe zu erkennen. Auch deshalb konnten wir vergessen, wie sich unsere Schöpfung harmonisch einfügen sollte ins Ganze. Erstaunlich genug ist, dass wir die Komplexität unserer Welt noch mittels weiterer Digitalisierung, Algorithmisierung und immer leistungsfähigerer Datenverarbeitung steigern wollen. Alarmrufe nach immer mehr Digitalisierung sind hörbar. Ist die steigende Komplexität so zu bewältigen? Fakt ist jedenfalls, dass wir die Zahlen, Modelle und Algorithmen zum Überleben in unserem selbstgeschaffenen modernen Datendschungel brauchen.

Zahlen steuern die moderne Welt

Mathematische Modelle der beobachteten Naturvorgänge helfen uns heute aber auch, zu immer weiteren wesentlichen Erkenntnissen zu kommen. So werden Jahrmillionen des Weltklimas mittels Computersimulation untersucht, um Zusammenhänge zu erkennen und die Zukunft vorauszusagen. Jede moderne Wetterprognose oder Energieverbrauchsprognose basiert auf mathematischen Computermodellen, verknüpft mit großen Datenmengen und aktuellen

Messwerten. Mathematik ist die perfekte Sprache, in der heutige naturwissenschaftliche Forschung und Erkenntnis voranschreiten.

Zahlen und darauf basierende Erkenntnisse sind Ergebnisse einer langen kulturellen Entwicklung. Alle modernen Anlagen, Maschinen, Computer, Geräte, Prozesse und Kommunikationseinrichtungen um uns herum sind Ergebnisse oder »Inkarnationen« mathematischer Planungsmodelle und Programme. Die moderne Welt würde sofort zusammenbrechen, wenn man ihr die Zahlen und die Mathematik durch Zauberhand wegnähme. Selbst die Künstliche Intelligenz ist nichts anderes als die Anwendung mathematischer Algorithmen der künstlich-neuronalen Netze. Gerade die digitale Maschine »Computer« ist das Ergebnis und das Werkzeug der Automatisierung der Mathematik, die über mehrere Entwicklungsstufen – Rechenschieber, Analogrechner und Generationen von digitalen Mikroprozessoren bis hin zum Quantencomputer – vorangetrieben wurde.

Heute werden die hochkomplexen Software- und Hardware-Systemlandschaften für Wettervoraussagen, Planungssimulationen, Aktienhandel, Bildverarbeitung, Energieversorgung und zur Kontrolle aller öffentlichen Netze, also für praktisch alles und jedes genutzt. Mit hoher Entwicklungsgeschwindigkeit werden dafür technologische Innovationen und leistungsfähige mathematische Algorithmen geschaffen und vermarktet. Frühere Generationen von Ingenieuren wären sprachlos, wenn man ihnen zeigte, dass hochbezahlte Entwicklungsarbeit heute scheinbar größtenteils aus Denken, Reden und Drücken von Plastiktastaturen besteht.

Strukturwandel folgt wachsender Erkenntnisfähigkeit

Blicken wir zunächst etwas zurück auf unserem technologischen Entwicklungsweg: Nachdem Ingenieure Schritt für Schritt die mechanische Arbeit automatisiert, also auf Dampfmaschinen, Motoren und Getriebe übertragen hatten, wird nun die einfache mental-rationale Arbeit auf die vernetzten Computersysteme übertragen.

Was kommt morgen, wenn dieser Schritt zum Abschluss des mentalen Zeitalters vollzogen ist? Welche nächste Aufgabe steht dem ständig wachsenden Heer der Menschen ins Haus, wenn anspruchsvolle mechanische und mentale Arbeit vollständig automatisiert ist? Daraus entsteht für unsere und nachfolgende Generationen die nächste Herausforderung der menschlichen Bewusstseinsentwicklung: Es geht darum, Kreativität wiederzuentdecken, die nicht von der Maschine leistbar ist! Im Unterschied zu der auf Anwendung bisheriger Fakten basierenden sogenannten Künstlichen Intelligenz ist echte Kreativität das Lebenselixier im unbekannten Land unseres menschlichen Bewusstseins. Viele Reden darüber entlarven sich bei genauem Hinsehen als einseitige intellektuelle verengte Vorstellungen. Was ist Kreativität? Kann Kreativität durch Computer erfolgen? Eindeutig nein! Diese Träume der IT-Gurus sind Wahnvorstellungen einer Blase in ihrer fragmentierten Weltsicht. Kann jeder Mensch kreativ sein? Eindeutig ja! Wir haben uns das kreative Wirken bloß abtrainiert im Dschungel oft unnützen Faktenwissens.

Algorithmen sind lebendige Mathematik

Eine weitere Reaktion auf die Erkenntnis über die Macht der Zahlen sollte Verwunderung sein. Wie kann es sein, dass mathematische Zusammenhänge, die im Computerprogramm mit dem Algorithmus »zum Leben erweckt« werden, so genau die sonst unzugänglichen Vorgänge in einer glühend heißen Glasschmelze sichtbar machen oder unser globales Wetter voraussehen können? Wie kann es sein, dass die Energieeinsatzoptimierung bis ins Detail einen hochkomplexen Verbund von Erzeugern, Speichern, Märkten und Verbrauchern besser steuern kann als ein erfahrener Operator? Wie kann es sein, dass unsere gesamten Erkenntnisse über den Kosmos oder über das Atom erst über Mathematik sichtbar und transparent werden? Unsere Vorstellungen vom Urknall, von Atomen und deren innersten Gesetzen in der Quantenphysik sind ohne geeignete mathematische Methoden undenkbar. Kernspintomographie, Laseroperationen, Mikrooperationen oder Gen-Sequenziermaschinen für die DNA sind nur einige Beispiele für die Macht der Zahlen. Jedes Auto, jedes Smartphone ist Ausdruck dieser Zahlenmagie, die wir benutzen, ohne uns noch darüber zu wundern oder ins Staunen zu geraten.

Der Physiker Wolfgang Pauli schrieb dazu: »Als Teil der Mathematik gehört die Zahl auch einer abstrakten übersinnlichen ewigen Welt an, die nicht mit den Sinnen, sondern nur kontemplativ mit dem Intellekt erfasst werden kann. So sind bei den Pythagoreern Mathematik und kontemplative Meditation (die ursprüngliche Bedeutung von theoria) aufs engste verbunden. Mathematisches Wissen und Weisheit (sophia) sind für sie nicht zu trennen.«[46] Für Pythagoras waren die Zahlen 1 bis 9 universelle Archetypen, schöpferische Urkräfte. Gerade auch diese Verbindung zu den Qualitäten der Zahlen ging verloren. Die Gemeinschaft des Pythagoras schwor, ihre Erkenntnisse geheimzuhalten. Sie schwor auf die sogenannten »Tetraktys«. Auf uns heute wirkt die Darstellung dieses zentralen Schlüssels zu ihrer Welt verschleiert oder gar banal: »1+2+3+4=10«. Der Schwur dazu lautete: »Bei dem, der unserer Seele die Tetraktys überliefert hat, den Urquell und die Wurzel der ewigen Natur.« Im Kapitel über den Kosmos des Pythagoras im 5. Jahrhundert vor Christus wird genauer darauf eingegangen, um diesen Geist ein wenig wachzurufen.

Wir bewegen uns heute noch in der Magie der Zahlen und Algorithmen, die sich als universelle Sprache der Naturbeherrschung in der Nachfolge des Pythagoras als hochwirksam erwiesen hat. Gerade auch die Weiterentwicklung der Quantenphysik und der Kosmologie im letzten Jahrhundert ist untrennbar mit mathematischen Modellen der betrachteten Zusammenhänge verbunden.

Wir lernen auch, die Grenzen von mathematischen Modellen als die Grenzen unserer jeweiligen mentalen Erkenntnisse zu begreifen. Nachdem ein Modell geprüft ist und aus praktischer Sicht die gestellte Frage genau genug beantwortet, wird es als richtig oder geeignet angesehen. Das Modell ist niemals die Wahrheit an sich, sondern stets die Antwort auf eine Fragestellung mit dem dabei definierten Validierungsmaß. Hans-Peter Dürr verdeutlichte diese Grenze am Beispiel eines Fischers, der mit einem Netz mit Sechs-Zentimeter-Maschen aus seinem Fang folgert, dass es nur Fische größer als sechs Zentimeter gebe. Genauso verhält es sich mit unseren Vorstellungen, auf denen unser Alltagsbewusstsein basiert. Wir sind im Alltäglichen in einem materialistischen Weltmodell unterwegs, welches den aktuellen Erkenntnissen der modernen Physik über die Welt seit mehr als 100 Jahren nicht mehr entspricht – aber es ist bequem, es zu benutzen. Wir glauben an dieses überholte materialistische Modell und meinen, alles zu wissen. Der Glaube an die überholte klassische Naturwissenschaft hat in der Gesellschaft heute als materialistisches Bekenntnis die Religion abgelöst. Das wird sehr treffend von Hans-Peter Dürr – Quantenphysiker und Schüler Werner Heisenbergs – dargestellt, auf den wir später noch zurückkommen.

Singularity, die Angst vor der Computerdiktatur

Computersysteme könnten auch zu einer selbst von den IT-Pionieren gefürchteten Gefahr werden. Die drohende Übernahme der Macht durch die heute gehypte Künstliche Intelligenz wird in Filmen schon lange thematisiert. So glauben nach einer Bitcom-Umfrage 20 Prozent der Menschen in Deutschland, dass die KI demnächst die Weltherrschaft übernehmen werde. In den USA gibt es dafür den Begriff der »Singularity«, dessen Inhalte in der dafür geschaffenen Singularity University (Singularity Education Group) des Silicon Valley erforscht werden. Seit 2008 wird diese Forschung finanziert unter anderem von Google und IT-Pionieren wie Elon Musk. Musk meinte seinerzeit, KI werde die Welt in weniger als fünf Jahren übernehmen. Neil Jacobstein, ein Guru der Singularity University, rechnet im Jahre 2030 mit der Weltherrschaft durch eine KI-Superintelligenz. Wenn man allerdings 20 Jahre mit Systemen der KI, speziell mit künstlichen neuronalen Netzen (KNN), in vielen Projekten im Energiebereich gearbeitet hat, erscheint diese Angst eher überzogen. KNN sind immer noch lediglich für eine bestimmte Klasse von

Mustererkennungsproblemen wirklich effizient. Hier scheint etwas mehr Skepsis angebracht, wenn die KI in Seminaren und Werbebroschüren als universales Mittel beschworen und als allumfassende Wunderwaffe gepriesen wird. Immerhin zeigt sich im Thema Singularity selbst bei den Protagonisten der heutigen IT eine deutliche Sorge vor einem von ihnen selbst geschaffenen Golem, der als magische Gefahr an die innere Tür ihrer Psyche klopft.

Künstliche Intelligenz

Künstliche Intelligenz (KI) wird also oft mit diesen künstlichen neuronalen Netzen (KNN) gleichgesetzt, wenn man die Hochglanzprospekte genauer liest. Die KNN sind für spezielle Aufgaben der Bilderkennung und Prognosen mit ihrer Lernfähigkeit geeignet. Die Algorithmen der KNN sind lernfähig und inzwischen selbstadaptierend durch einen automatisierten Nachtrainingszyklus. Die Technologie wird beispielsweise seit über 20 Jahren für die Prognose von Wärme-, Strom-, Gas-, und Wasserverbräuche genutzt. Lernfähigkeit der KNN bedeutet, aus kompletten Datensätzen der Vergangenheit, bestehend aus dem vorauszusagenden Wert und den relevanten Einflussgrößen, mittels Training die Koeffizienten der zugrundeliegenden mathematischen KNN-Algorithmen abzuleiten. Mit diesem Training, das auch kurzfristig, also quasi online erfolgen kann, werden die trainierten Zusammenhänge genutzt, um aus einem neuen Satz von Einflussgrößen ein Prognoseergebnis bei diesen (zukünftigen) Einflussgrößen vorauszusagen. KNN-Modelle können also durch Adaption (Ersttraining) und zyklisches Nachtraining der Modellparameter lernfähig gemacht werden. Das gilt aber auch für eine Anzahl anderer Algorithmen, wie zum Beispiel statistische Modelle oder Kalman-Filter.

KNN eignen sich besonders zur Adaption grafischer Informationen oder spezieller Erfahrungswerte, wie zum Beispiel Wetter- oder Verbrauchsprognosen. Eine wirklich schöpferische »künstliche Intelligenz« im Wortsinn findet in den KNN aber nicht statt, sondern der Algorithmus lernt Erfahrungswerte und sucht genau in diesem Feld eine passende Lösung. Für dieses KI-Verfahren der Prognose müssen die Einflussgrößen für die vorauszusagenden Zeitbereiche komplett vorliegen oder als Basis für den zukünftigen Zeitraum vorausgesagt werden – zum Beispiel der Wochentag, die Uhrzeit, aber auch eine Wetterprognose mit Temperatur, Wind, Strahlung und so weiter. Die KNN-Methodik ermöglicht aber keineswegs, wirklich neue Zusammenhänge zu erkennen. Es werden explizit nur aus vorher trainierten Konstellationen mit jeweils aktuellen Datensätzen zukünftige Erwartungsdaten ableitbar.

Ironischerweise entspricht die Realität der KI als nur reproduzierender Intelligenz exakt dem gegenwärtigen verengten fragmentierten Denken. Ist es intelligent oder gar kreativ, eine spezielle enge Auswahl von mathematisch bestimmbaren Einflüssen und Zusammenhängen aus der Vergangenheit für die Zukunft fortzuschreiben? Einen schöpferischen – gänzlich neuen (!) – Zusammenhang kann man mit der KI auf Basis KNN nicht ermitteln.

Brücke zur schöpferischen Ganzheit

Kreativität ist unsere einzige Chance zum Überleben angesichts der von uns geschaffenen globalen Krisen. Weder stures Festhalten an alten Mustern noch Selbstverdummung durch verengte perspektivische Vorstellungen einer zukünftigen Paradieswelt werden uns dabei helfen. Darum sollten wir Ingenieure, Architekten und Systementwickler uns gerade jetzt mit unserem Bewusstsein beschäftigen. Vielleicht sind wir viel zu lange materialistischen oder finanzkapitalistischen Visionen gefolgt. Vielleicht haben wir unsere eigene Verantwortung für unser Tun und Handeln geleugnet. Vielleicht wollen wir auch der modernen Physik auf ihrem Weg in den integralen Kosmos folgen – in dem Bewusstsein eine zentrale Rolle spielt! Denn vielleicht haben wir bisher echte Kreativität und Sinnerfüllung gar nicht erlebt.

Das fragmentierte verengte Bewusstsein lässt keine belastbaren ganzheitlichen Lösungen unserer komplexen Probleme mehr zu. Zunehmend wird bisher Selbstverständliches in Kunst, Kultur und

Traditionen von dem aktuellen Umbruch des Mentalen erfasst und entwertet. Orientierungsverlust ist die Folge. Filme, Bücher und wissenschaftliche Positionspapiere sollen die überholte materialistische Bewusstseinswelt noch stützen, um die Ausbeutung der Natur, der Menschen – letztlich der ganzen Schöpfung – durch die Interessen einzelner Gruppen zu rechtfertigen. Die Sinnlosigkeit dieses Weges ist heute für jeden von uns mehr als offensichtlich. Es ist fast eine Binsenweisheit, dass ein Bewusstseinswandel nötig ist, um diese ausgetretenen Pfade zu verlassen, auf denen wir selbst die menschliche Zukunft auf diesem Planeten ernsthaft gefährden. Gerade darin liegt die Chance zum integralen Denken, denn jedes Weiter-So scheidet realistisch betrachtet aus.

Echte Intuition und Kreativität sind die Früchte des von uns vorangetriebenen Bewusstseinswandels. Haben wir den Mut, das ganzheitlich Sinnvolle zu tun und unsere Schöpfung in der Welt neu zu definieren als das Haushälterische, als das Ökonomische, das diese sinnvolle Ganzheit unterstützt? Haben wir den Mut, die kurzsichtige Ausbeutung der Bodenschätze für sinnlose Artefakte nicht als Fortschritt zu verkaufen, sondern als anachronistisch und nicht mehr zeitgemäß zu erkennen?

Die eingeschränkte materialistische Sicht der Welt ist nicht auf der Höhe der Zeit.

Pythagoras – Vater der klassischen Naturwissenschaft

Um den kreativen Säulen unserer technologischen Welt der Zahlen bis zur Basis zu folgen, müssen wir 2.500 Jahre zurückgehen zu den Quellen unserer Wissenschaft und Technologie. Pythagoras wird als Vater der abendländischen Naturwissenschaft bezeichnet. Pythagoras lebte im 5. Jahrhundert v. Chr., am Beginn unseres mentalen Zeitalters. Wolfgang Pauli, Nobelpreisträger 1945 und einer der größten Physiker des 20. Jahrhundert,, hat in seiner Arbeit »Die

Wissenschaft und das abendländische Denken« die besondere Rolle von Pythagoras für die moderne Naturwissenschaft hervorgehoben. Er schreibt: »Von den im Laufe der Geschichte auftretenden Versuchen, eine Synthese der Wissenschaftlichen und der Mystischen Grundhaltung zu erzielen, will ich zwei besonders hervorheben. Der eine beginnt mit Pythagoras im fünften Jahrhundert vor Christus, setzte sich dann in seinen Schülern fort, wird durch Plato weiterentwickelt und erscheint in der Spätantike als Neuplatonismus und Neupythagoreismus. Da vieles von dieser Philosophie in die frühchristliche Theologie übernommen wurde, begleitet sie sodann beständig das Christentum, um in der Renaissance eine neue Blüte zu erleben. Durch Verwerfung der anima mundi, der Weltseele, und Zurückgehen auf die Erkenntnislehre Platos bei Galilei, durch teilweise Wiederbelebung Pythagoräischer Elemente bei Keppler, entsteht im 17. Jahrhundert die Naturwissenschaft der Neuzeit, die wir heute die klassische nennen. Rasch spaltet sie sich nach Newton kritisch rational von ihren ursprünglichen mystischen Elementen ab. Der zweite Versuch ist derjenige der Alchemie und hermetischen Philosophie, die seit dem 17. Jahrhundert verfallen ist.«[47] Beide Grundlagen der europäischer Naturwissenschaft werden in den folgenden Kapiteln dargestellt.

Der französische Schriftsteller, Ingenieur und Philosoph Frédéric Lionel schreibt: »Durch das Erwachen der Wahrnehmungsfähigkeit gibt der erwachte Mensch nicht mehr nur der mentalen Analyse der Phänomene den Vorrang, sondern öffnet sich einer anderen Vision der Dinge des Lebens. Des Gesetzes der Rhythmen, also seines eigenen Gesetzes, bewusst, beachtet er es und er nimmt sich vor, zu wollen was gewollt wird. Er versteht, dass Weisheit zum Glück verhilft und Glück nicht mit Zufriedenheit verwechselt werden soll.«[48]

»Die Zahlenmystik spiegelt die sichtbaren und unsichtbaren Beziehungen wider, die alles mit allem einen. Sie verbildlicht die transzendente Wirklichkeit, die dem erwachten Menschen eine Vision der Ewigkeit erschließt.«[49]

»Ein wesentlicher Aspekt der Pythagoräischen Weltsicht betrifft die Schöpfung. [...] Die Seelen werden im Laufe der sich folgenden Zyklen wiedergeboren. Während der Zyklen der Palingenesis, also der Wiedergeburten, verfeinern sie sich, wenn auch ihr Ursprung göttlich ist. [...] Alle Seelen, auch die der Pflanzen und Tiere, entstammen der Weltseele. [...] Liebe ist das Band, das alle Schwesterseelen eint.«[50]

Wenn wir Wolfgang Pauli und Frédéric Lionel folgen und die Wurzeln und Quellen unserer abendländischen Wissenschaft und Technik betrachten, stoßen wir also im antiken Griechenland auf Pythagoras, der Mystik und Wissenschaft, bewusste Erkenntnis und Mathematik als Einheit lebte. Er hat das Weltbild seinerzeit und die abendländische Geistesentwicklung stark geprägt.

Pythagoras legte die Fundamente der Naturwissenschaft

Pythagoras wurde wahrscheinlich auf der Kleinasien vorgelagerten griechischen Insel Samos geboren. Eine der Hauptquellen der Überlieferung seiner Lebensgeschichte ist die von Jamblichos (gestorben 330 v. Chr.) verfasste Vita des Pythagoras. Als etwa 18-Jähriger sah Pythagoras die Diktatur des Polykrates voraus und verließ Samos. Zweiundzwanzig Jahre lang weilte er so in Ägypten in den allerheiligsten Gemächern bei Sternkunde und Geometrie und empfing die Einweihung in alle Göttermysterien. Dann wurde er von Kambyses gefangengenommen und nach Babylon verschleppt. Dort verkehrte er mit den babylonischen Magiern »[...] und gelangte bei ihnen in der Zahlenlehre, in der Musik und in den übrigen Wissenschaften an das höchste Ziel«.[51] Er kehrte im Alter von etwa 56 Jahren nach Samos zurück. Dort gründete er seine Schule, die eine Außenseite (Exotera) für die allgemeine Weltansicht und einen Innenhof (Esotera) für die Einweihung in die Geheimnisse enthielt. Es galt für die zur Esotera zugelassenen Schüler der Schwur der absoluten Geheimhaltung – auf die Tetraktys, die nach Pythagoras der Schlüssel war zum Verständnis des Kosmos und seiner Ordnung.

Pythagoras gab in der Regel (wie die Meister des Ostens) nur den dafür Zugelassenen die Einweihungen von Mund zu Ohr. Er schrieb praktisch nichts auf. Das Credo: »Nur mit Licht reden!« zeigt seine unbedingte Qualitätssicht. Er war überzeugt vom philosophischen Konzept der Seelenwanderung, was in den fernöstlichen Traditionen auch »Karma«, das Gesetz der Ursache und Wirkung genannt wird. Demnach wird im jeweils gegenwärtigen Leben die Ursache gelegt für das nächste Leben und auch die Konsequenz aus den Fehlern voriger Leben getragen. In Sizilien kam Pythagoras schließlich um bei einer Verfolgung seiner Anhänger durch Neider oder abgewiesene Schüler, bei der auch seine Schule verbrannt wurde, wie man sich erzählt. Wir kennen schriftliche Aufzeichnungen darüber nur von seinen vertriebenen Schülern, zum Beispiel die »Goldenen Verse des Pythagoras«. Über die Befähigung des Schülers entschied nicht so sehr das exakte Wissen, sondern der weise Umgang mit diesem Wissen, die Bereitschaft des Herzens und der Seele.

Harmonie als göttliches Maß der Schöpfung

Pythagoras schöpfte also in seiner Ausbildung aus dem Wissensschatz der Priester Ägyptens und Babylons. Er legte und verband die Grundlagen der Mathematik und Zahlenphilosophie, der Astrologie und Astronomie, der Geometrie und der Musik in einer Gesamtschau zur Wissenschaft von der Harmonie des Kosmos. Diese vier Säulen der Weltsicht des Mikro- und Makrokosmos des Pythagoras nannte man das Quadrivium. Dabei war Musik sein Experimentierfeld, denn Pythagoras prüfte seine Erkenntnisse mit dem Hören der Beziehungen und Harmonien. Darauf basierte seine Wahrnehmung für das Gute-Wahre-Schöne, was direkt die Wahrheit und die göttliche Essenz hinter dem Wahrgenommenen zeigen sollte. Er hörte so den »Gesang und die Harmonie der Sphären« und erkannte so die kosmische Harmonie in der Schöpfung. (Physiologisch ist unser Gehörgang so aufgebaut, dass das auditive Empfinden die harmonikalen Proportionen deutlich bevorzugt. Musik kann also direkt zur Wahrnehmung des »Guten-Schönen-Wahren«

führen, wie Pythagoras es vorlebte.) Für seine Sicht auf den Kosmos war Harmonie wesentlich.

Der Kulturphilosoph Egon Friedell schreibt dazu: »Die Griechen hatten einen anderen Harmoniebegriff als wir; er bedeutete für sie mehr, was wir Proportion nennen würden: Einklang der Teile mit dem Ganzen und mit sich selbst (Anmerkung: wie es ja auch der Goldene Schnitt als ideales Maß zeigt), mit ihrem Eigenmaß. Er war von ungeheurer Macht, denn er beherrschte das Weltbild vom Größten bis ins Kleinste. Harmonie in diesem Sinne war ein kosmischer und mathematischer, ein architektonischer und physiologischer, ein politischer und ethischer Begriff.«[52] Über dem Eingang des Apollontempels in Delphi stand: »Erkenne dich selbst (erkenne, was du bist).« Erkenntnis, Gnosis, als Weg führte für Pythagoras zu Gott, zur Schöpfung und zum Kosmos. Es gab für ihn nur ein kosmisches Gesetz, was sich in allem ausdrückt.

Die klassische Naturwissenschaft hat im 16. Jahrhundert auf dieser Basis die Aufklärung als echte fundamentale Suche nach Erkenntnis gestartet. Auch noch für Newton war Naturwissenschaft der Weg zur Gotteserkenntnis. Dabei waren die (ganzen) Zahlen und deren Verhältnisse die magischen Werkzeuge, die auf allen Ebenen die Erkenntnisse und die Machtausübung des Menschen ermöglicht haben. Zahlenmystik und Mathematik waren für Pythagoras Archetypen der Schöpfung, die aus der ursprünglichen Einheit in die Polarität unserer sinnlichen Wahrnehmung tritt. Pythagoras erkannte in der Geometrie das Maß des Raumes und der Proportionen. Astronomie und Astrologie waren für ihn Ausdruck des kosmischen Plans, der sich vor uns und mit uns entrollt. Es gibt nach Pythagoras einen Vier-Stufen-Prozess der Schöpfung. Er wurde symbolisch durch die Zahlen der Tetraktys 1+2+3+4=10 ausgedrückt. In der All-Einheit (1) entsteht die schöpferische Polarität (2) in der die geistigen Urbilder geschöpft werden (3), die sich in der physischen Welt (4) verkörpern. Damit ist die Summe 1+2+3+4 die (ständige) Neuschöpfung des Kosmos im Göttlichen Zyklus.[53]

Diese Zahlensymbolik der göttlichen Schöpfung finden wir auch im chinesischen Tao Te King. Die Zahlenphilosophie hat offenbar von Babylon aus auch China auf der Seidenstraße erreicht.

Die Philosophen Griechenlands, die Neuplatoniker Alexandriens, die Gnostiker und die frühen Kirchenväter führten Pythagoras als Autorität an. Angefangen von der Entwicklung des griechischen Weltbildes über die Renaissance bis zur Neuzeit haben seine geistigen Werkzeuge weitergewirkt, die sich als eine Summe der antiken priesterlichen Einweihung darstellten.

Ägyptische Quellen Pythagoräischer Erkenntnisse

Die Magie als höchste Stufe der Ausbildung in den Einweihungstempeln Ägyptens erforderte eine tiefgehende geistige Wandlung, von der wir uns heute kaum noch eine Vorstellung machen. Diese Wandlung folgt den Gesetzen des Kosmos und der menschlichen Bewusstseinsentwicklung. Sie wurden über Jahrhunderte unter der Bezeichnung »Hermetische Gnosis« meist von Mund zu Ohr weitergegeben. Die Quintessenz der dahinterstehenden Erkenntnis, die bis in die Neuzeit die Wissenschaft und Weltsicht mitbestimmt, wird mitgeteilt im ägyptischen »Kybalion«:»Es gibt sieben Prinzipien der Wahrheit. Der diese kennt mit vollem Verständnis besitzt den magischen Schlüssel, bei dessen Berührung sich alle Tore des Tempels öffnen.«[54]

1. Das All ist Geist, das Universum ist geistig.
2. Wie oben so unten, wie unten so oben.
3. Nichts ist in Ruhe, alles bewegt sich, alles ist in Schwingung.
4. Alles ist zweifach, alles hat zwei Pole, sein Paar von Gegensätzlichkeiten – identisch in der Natur, nur verschieden im Grad.
5. Alles fließt aus und ein, alles hat seine Gezeiten. Das Maß des Schwunges des Pendels nach rechts ist das Maß des Schwunges nach links.
6. Jede Ursache hat ihre Wirkung, jede Wirkung ihre Ursache. Alles geschieht gesetzmäßig. Zufall ist nur der Name für ein unbekanntes Gesetz.

7. Alles hat weibliche und männliche Prinzipien, Geschlecht offenbart sich auf allen Ebenen.

Im ersten Satz des Kybalion ist gemeint, dass der Geist die Materie schöpft. Das Bewusstsein ist die eigentliche primäre Tatsache im Universum. Das existierende Universum ist nicht Materie im materialistischen Sinn, es ist geistige Schöpfung. Auch in diesem Text zeigt sich uns eine erstaunlich wissenschaftlich anmutende Betrachtung der Welt als geordneter Kosmos. Die Tradition der »Hermetischen Gnosis« durchzieht die abendländische Geistesentwicklung wie ein Lichtfaden, der über Pythagoras, über Alchimisten, Templer und christliche Orden zu den frühen Wissenschaftlern und bis zu uns in die Forschung der Neuzeit führt.

Die Smaragdtafel der Alchemie

Die ägyptische priesterliche Tradition verkörperte sich auch in einem zentralen Dokument der Alchemie, der sogenannten »Smaragdtafel« des Thot-Hermes. Die ägyptische Zivilisation umfasste annähernd 3000 Jahre und kann mit Recht als eine der großen Errungenschaften der Menschheit gelten. Klemens von Alexandria bezeichnet um 230 n. Chr. die Werke des Thot (griechisch: Hermes, römisch: Merkurius) in der Bibliothek von Alexandria als einen Kodex des gesamten damaligen Priesterwissens.[55] Hermes Trismegistos ist der griechische Name für Thot, den kreativen magischen Schöpfergott der Ägypter, der auch beim Übergang ins Jenseits und bei der Bewertung der Lebensleistung nach dem Tod (in Ägypten) eine zentrale Rolle spielte.

Die Smaragdtafel enthält nach Helmut Gebelein symbolisch folgende wesentliche Prinzipien:[56]

- In Wahrheit gewiss und ohne Zweifel: das Untere gleicht dem Oberen, das Obere gleicht dem Unteren, um die Wunder des Einen zu wirken. Wie alle Dinge aus Einem und durch die Betrachtung eines Einzigen hervorgegangen sind, so werden auch alle Dinge aus diesem Einen durch Abwandlung geboren.
- Die Sonne ist sein Vater, der Mond ist seine Mutter. Der Wind trägt es in seinem Bauch und die Erde ist seine Amme.

- Es ist der Vater aller Wunderwerke der ganzen Welt.
- Seine Kraft ist vollkommen, wenn es in Erde verwandelt wird.
- Scheide die Erde vom Feuer und das Feine vom Groben, sanft und mit großer Vorsicht.
- Es steigt von der Erde zum Himmel empor und kehrt von dort zur Erde zurück. So empfängt es die Kraft des Oberen und des Unteren. So wirst du das Licht der ganzen Welt besitzen und alle Finsternis wird von dir weichen.
- Diese Kraft aller Kräfte siegt über alles Feine und durchdringt alles Feste.
- Die kleine Welt wurde so nach dem Vorbild der großen Welt erschaffen.
- Auf diese Weise werden wunderbare Anwendungen bewirkt.
- Und darum werde ich Hermes Trismegistos genannt, denn ich besitze die 3 Teile der Weisheit der ganzen Welt.
- Vollendet ist, was ich vom Werk der Sonne gesagt habe.

Dieser zentrale Text der Alchemie beschreibt über eine tiefgehende Symbolik den Prozess der Bewusstwerdung und die Anwendungsmöglichkeit dieses Wissens. Als »Werk der Sonne« ist die Smaragdtafel ein Symbol der Bewusstwerdung und des Weges dahin. Helmut Gebelein, Professor für Chemie an der Universität Gießen, erläutert die Hintergründe und die historische Entwicklung der Alchemie als Basis der modernen Naturwissenschaft, speziell der Chemie: »Die hermetische Philosophie oder Alchemie hatte einen großen Einfluss auf Kunst und Wissenschaft im europäischen Abendland. Bis ins 18. Jahrhundert fand sie das Interesse aller Gebildeten, dennoch ist sie heute nahezu vergessen. Es war die rationale Methode der Welterkenntnis, wie sie seit circa 300 Jahren vorherrscht, die sie ablöste. Die kapitalistische Rationalität, nach der die Vermehrung des Kapitals allein rational ist, führte zu unserer heutigen Wissenschaft und zum Ausgrenzen der Alchemie im Namen der Vernunft, da sie auf der Einheit von Erkenntnis und Moral beharrte. Das Ergebnis der Reduktion der Wissenschaften allein auf messbare Größen und wiederholbare Experimente, die deren Verwertbarkeit auch in der Produktion zur Herstellung identischer Waren sichern, ist nur allzu bekannt [...] Sie [die moderne Chemie] musste, um so zu werden, wie sie ist, die Qualitäten von den Quantitäten abtrennen. Das nur Quantitative ermöglichte erst unsere Wissenschaft und Technik und den wissenschaftlich-technischen Fortschritt. Inzwischen ist dieser Fortschritt selbst unser Problem geworden.«[57]

Das Quadrivium ist Grundlage der klassischen Naturwissenschaft

Das Trivium und das Quadrivium des Pythagoras waren Teil der akademischen Ausbildung im Rahmen der »sieben freien Künste« von der Antike bis ins Mittelalter. Vor den praktischen Künsten, wie Theologie oder Jura, wurden sie im Mittelalter als Grundlagen gelehrt. Die Klöster und Universitäten bildeten ihre Studenten darin im Grundstudium aus, zum Beispiel auch noch Martin Luther.

Auf dem Quadrivium als Fundament basiert die naturwissenschaftlich-technische Welt. Diese Sichtweise begründet unser perspektivisches Denken bis heute.

Das Bewusstsein der Perspektive in unserer Wahrnehmung und der Glaube an die Berechenbarkeit der Welt sind damals entstanden. Die weiter verfeinerte und von den mystischen Wurzeln abgeschnittene Mathematik und Geometrie sind die Säulen der modernen intellektuellen Beherrschung der Materie. Letztlich ist die Beherrschung der Zahl, der Schwingung (Strom, Laser, Schall usw.) und des geometrischen Raumes das Mittel unserer Herrschaft über und durch unsere Maschinen. So entstand die mentale Werkbank, an der unser perspektivisches mentales Denken heute noch arbeitet. Unser gegenwärtiges Weltverständnis ist so eine Frucht unserer Bewusstseinsentwicklung, hauptsächlich auf der Basis des Quadriviums.

In der Schwingung, die als mentales Modell die moderne Naturwissenschaft durchzieht, verknüpfen sich wiederum die »vier Säulen«: Musik ist hörbare Schwingung und unhörbare innere Wahrnehmung im Bereich der Sphären. Geometrie ist Proportion der

Schwingungssaiten und direkt proportional der Tonhöhe sowie Grundlage der Schwingungsausbreitung. Zahlen (Mathematik) sind das Maß der Schwingung als Frequenz. Astronomie ist der Ausdruck des großen Schöpfungsrhythmus im Kosmos.

Alles, was wir wahrnehmen, sind Schwingungen. Schwingungen sind immer Ergebnisse aus der Wechselwirkung zweier polarer Seiten, wie zum Beispiel dunkel–hell, plus–minus, kalt–warm. Unser Farbensehen basiert auf der Wahrnehmung von elektromagnetischen Schwingungen – im sichtbaren Bereich von 380.000–780.000 Milliarden Hz. Das entspricht dem Frequenzband einer Oktave. Darin sind die Farben als unterschiedlich hohe Schwingungen aufgereiht – von niedriger Frequenz (Infrarot, Rot) bis zu höchster Frequenz (Violett und Ultraviolett).

Wir hören (zum Beispiel bei Musik) Schallschwingungen in Frequenzbereichen von 16 Hz (tiefe Töne) bis 20.000 Hz (sehr hohe Töne), das sind etwa 10 Oktaven Auflösung dieses Frequenzbandes. Hierin zeigt sich die vorzügliche Auflösung der Schwingungen im hörbaren Bereich durch unser Gehör. Von großen Musikern, wie beispielsweise Mozart, wird berichtet, dass sie die Musik »innerlich« hörten und dann niederschrieben.

Aber auch die Wahrnehmung der »Weltseele«, der spirituellen schöpferischen Kraft, in Form ihres mystischen Klangs ist uralt und in vielen Traditionen dokumentiert: »Höre, so wird Deine Seele leben«, sagt der Prophet Jesaja im Alten Testament. »Wer Ohren hat zu hören, der höre!« fordert der Erlöser Jesus Christus. »Wer aus der Wahrheit ist, der höre meine Stimme«, verkündet der Evangelist Johannes im Neuen Testament. »Das Ohr ist der Weg«, steht in den hinduistischen Upanischaden. »Horche mit den Ohren der Seele den zahllosen Tönen«, lässt der persische Dichter Rumi verlauten. »Wenn du auslöschst Sinn und Ton, was hörst du dann?« fragt ein Zen-Koan aus dem 11. Jahrhundert.

Unsere Atmung, die Ernährung und das Zellwachstum sind rhythmische Schwingungen, wobei alle Zellen zyklisch erneuert werden. Geburt und Tod sind Zyklen.

Unser Tastsinn, Temperatursinn und Geruchssinn geben elektrochemische Impulse an die Nervenbahnen, diese wiederum leiten elektromagnetische Erregungspotenziale weiter, die wir als Schwingungen messen und zum Beispiel durch Akupunktur beeinflussen können. Diese Signale, die dann als Schwingungen geleitet werden, bestimmen unsere Wahrnehmungen im Gehirn. Unser Gehirn selbst schwingt – alle Gedanken und Gefühle zeigen sich als räumliche Schwingungsmuster der Gehirnwellen im EEG, die verschiedene Hirnregionen übergreifen und synchronisieren. Insofern können Gefühle, Gedanken und Vorstellungen auch als räumliche Schwingungen im EEG sichtbar gemacht werden wie Lichtspiele einer unbekannten Lichtquelle.[58]

Schwingung ist auch heute noch ein Archetyp des Weltverständnisses der Menschheit.

Die Welt ist Schwingung

Die Relevanz der von Pythagoras begründeten kosmischen Ordnung zeigt sich uns heute noch an vielen Stellen:

1. Die Welt, der Kosmos des Pythagoras, ist ein rhythmisches Ganzes. Die Welt ist Schwingung, ist Klang. Die Welt hat eine für unsere fünf Sinne (bei entsprechender Übung) wahrnehmbare Form. Aber sie hat auch auf subtileren Ebenen rhythmische Formen, wie sie beispielsweise zu allen Zeiten von Mystikern in innerer Stille und Versenkung (Kontemplation) wahrgenommen wurden und werden.

Die klassische Physik betrachtet die Welt ihrerseits als Wellenkontinuum, also als schwingendes rhythmisches Gebilde. Werner Heisenberg nimmt uns in seinem Buch »Der Teil und das Ganze« mit auf einen spannenden Erkenntnisprozess, den die Atomphysiker zu Beginn des zwanzigsten Jahrhunderts in vielen Diskussionen herausarbeiten mussten.[59] Das dabei entstandene Weltbild der Quantenphysik läuft darauf hinaus, dass alles untrennbar verbunden ist, jedes Teilchen besteht aus allen Teilchen. Die physische Welt wird von ihnen als Feld ähnlich einem Gedanken verstanden und nicht als ein festes Stück Materie. Was wir sehen, hören, mit Geräten erfassen, sind stets Ausschnitte dieser großen Symphonie der Welt – hörbare, sichtbare und unsichtbare Schwingungen, die in unserem Gehirn, unserem Körper und im Kosmos pulsieren.

2. Pythagoras nannte die ganze Zahl das Weltprinzip.
Max Planck: »Energie ist nur in ganzzahligen Vielfachen existent.« Albert Einstein: »Die Natur ist die Realisierung des mathematisch denkbar einfachsten.« Johannes Kepler: »Die Saite lässt sich harmonisch teilen, diese Zahlen sind Urbilder der Harmonie.«

Man kann die Schwingungen mit Zahlen als Frequenzen charakterisieren. Heisenberg bemühte sich intensiv um die pythagoräische Zahlenmystik, die Platon im Geiste des Pythagoras überliefert hat. Die Erbauer des Aachener Doms konstruierten in ganzzahligen Vielfachen eines Grundmaßes. Ihre Kenntnisse bezogen sie von einer Übersetzung des einzigen erhaltenen Buches der antiken Baukunst vom römischen Tempelbaumeister Vitruv. Albrecht Dürer, Johannes Keppler, René Descartes, Isaac Newton, Gottfried Wilhelm Leibniz und die Baumeister der gotischen Kathedralen benutzten die ganzen Zahlen und deren harmonische Proportionen unter anderem für ihre Bauten und Kunstwerke. Die Tradition der symbolischen Nutzung von Zahlenverhältnissen zur Konstruktion einer ganzheitlichen Schöpfung verkörperte sich über Jahrhunderte beispielsweise in Tempeln, die in der Antike als Wohnstatt Gottes angesehen wurden und in idealer Weise diesem einen Gesetz Ausdruck verleihen sollten: »Dieser Tempel ist wie der Himmel in all seinen Beziehungen«, ließ Pharao Ramses III um 1200 v. Chr. auf die Säulen seines Tempels in Karnak bei Luxor meißeln. Im Weihespruch zum Aachener Dom Karls des Großen aus dem 8. Jahrhundert lesen wir: »Sind die lebendigen Steine zur Einheit friedlich verbunden, stimmen in jeglichem Teil Maß und Zahl überein, so wird leuchten das Werk des Herrn, der die Halle geschaffen, frommen Volkes Bemühen krönt der vollendete Bau.«[60] Frédéric Lionel schrieb dazu: »Die Zahl wird zum Symbol der Beziehungen, die im Rhythmus des Lebens alles mit allem eint.«

3. Die Struktur des Raumes wirkt durch geometrische Beziehungen.
Jeder Körper, sei er Spiralnebel, Stern, Mensch, Tier, Tempel, Wohnhaus, Maschine, hat harmonische geometrische Grundproportionen, wenn er wahrhaftig, schön und richtig ist. Ansonsten ist er disharmonisch, verzerrt und nicht im Einklang mit der Welt. Diese harmonischen Grundproportionen suchten Albrecht Dürer und Leonardo da Vinci beim Menschen in Studien nachzuweisen. Aber auch die Ingenieure, wie der Brückenbauer Fritz Leonhardt, erkannten in der vollendeten Form Schönheit und Funktion auf das Beste vereint.

Die Harmonien der Zahlen, der Proportionen und räumlichen Verhältnisse machen nicht nur die Schönheit eines Bauwerkes aus, beziehungsweise fehlen in der Hässlichkeit unserer oft rein funktionalen Zweckbauten, sondern waren bei den Erbauern der klassischen Kathedralen auch direkte Konstruktionselemente zur Bestimmung der tragenden Teile. Insofern sind auch hier Schönheit und Wahrheit in der vollendeten Form direkt verbunden und Ausdruck eines gelebten, ganzheitlichen Weltverständnisses.

4. Der Kosmos ist von seiner Wirklichkeit her geistig.
Im Kosmos herrschen einheitliche, innen wie außen wirkende, geistige Gesetze. Materie besteht nicht aus Materie, sondern ist geronnene geistige Struktur. Werner Heisenberg schreibt dazu: »[…] dass es, wenn man bis zu den Atomen hinabsteigt, eine solch objektive Welt in Raum und Zeit gar nicht gibt.« Am Beginn der Schöpfung sieht er Entscheidungen, »die (gesetzmäßige) Symmetrien festlegen, das sind (geistige) Formen, die das nachfolgende Geschehen weitgehend bestimmen. Die Elementarteilchen verkörpern diese Symmetrien, sind also ihre Folgen.«[61]

Diese Erkenntnis der Quantenphysik formulierte Hans-Peter Dürr so: »So steht das Getrennte (etwa durch die Vorstellung isolierter Atome) nach neuer Sichtweise nicht am Anfang der Wirklichkeit […] die Beziehungen zwischen Teilen eines Ganzen ergeben sich also nicht nur […] sekundär, als Folge einer Wechselwirkung von ursprünglich Isoliertem, sondern sind in der neuen Betrachtung Ausdruck einer primären Identität von Allem mit Allem.«[62]

Damit haben wir die Quellen der klassischen Naturwissenschaft bis zum erneuten Umbruch zu Beginn des 20. Jahrhundert aufgezeigt. Dieser neue Umbruch rückt die Rolle unseres Bewusstseins für alles, was geschieht und von uns wahrgenommen wird, ins Zentrum des Interesses der innovativsten Physiker dieser Zeit. Sie stoßen dabei auch auf den uralten Weg der Hermetischen Gnosis, auf die untrennbare Einheit von Innen und Außen, von Intuition und Vernunft in unserem Bewusstsein. Ohne uns und unser Bewusstsein zu erkennen, können wir das Ganze nicht erkennen und schaffen sinnlos Unheil, statt unser Tun harmonisch ins Ganze zu integrieren.

Bewusstseinssprung in der modernen Physik

Das Raum-Zeit-Kontinuum Einsteins

Albert Einstein veröffentlichte 1908 seine berühmte Gleichung ($E = mc^2$) zwischen Energie, Materie und deren Bewegung. Damit löste er Materie aus der historischen Vorstellung von deren absoluter Beständigkeit und öffnete die Tür zum genaueren Verständnis von Energie und Schwingung. Die Atombombe – und die Atomenergie allgemein – zeigen sehr deutlich die ungeheuren Energien, die in der Struktur der Materie gebunden sind.

Seit 1915 spricht die Physik von einem Raum-Zeit-Kontinuum. Die Raumzeit in vier Dimensionen ist nach Einstein entsprechend der Materieverteilung gekrümmt. Daraus haben sich inzwischen Modelle eines n-dimensionalen Raum-Zeit-Kontinuums entwickelt. Diese für uns kaum noch vorstellbaren physikalischen Erkenntnisse über das unendlich Große und das unendlich Kleine sind heute nur noch über die Mathematik präzise genug auszudrücken. Eine Philosophie, ausgedrückt als Gedanke in Sprache und als symbolischer Ausdruck unseres Alltagsbewusstseins, gibt heute das Weltbild der

Physik nur noch verschwommen wieder. Darin ähnelt die Erkenntnis der modernen Physik den Aussagen der Mystiker über ihre Erfahrung des sogenannten »All-Einen«, die im Kern nicht mit Worten erfasst werden kann. Das war in der klassischen Physik noch einfacher. Als objektive Beschreibungssprache allein reichte aber auch die formale Mathematik der modernen Physik nicht mehr, da sie von einer objektiven Naturbeschreibung ausgeht. Diese klassische Grundannahme einer objektiven Weltsicht in der Physik unabhängig vom Beobachter oder Experimentator war aber in der Quantenphysik nicht mehr gültig.

Bewusstseinsdurchbruch in der Quantenphysik

Die Basis aller früheren Erkenntnisse, die Trennung von Subjekt und Objekt – Beobachter und Beobachtetes – war in der aufkommenden Quantenphysik zu Beginn des 20. Jahrhundert auf einmal nicht mehr haltbar. Die Physiker stellten nach langen Diskussionen in ihren Zirkeln fest, dass das Bewusstsein des Beobachters den Ausgang des Experiments mitbestimmt.[62] (Das war schon Jahrhunderte vorher eine experimentell begründete Überzeugung der Alchemisten gewesen.) Es kam dadurch zu einem von den neuen Erkenntnissen her angeregten Bewusstseinssprung beim Übergang der klassischen Physik zur modernen Physik, wobei dabei die Wissenschaftler auf das Heftigste erschüttert wurden. Hans-Peter Dürr, ehemals Direktor am Max-Plank-Institut für Physik, schrieb 1986 über diesen Bewusstseinssprung: »Hatte man ursprünglich vermutet, dass das Transzendente im Laufe der Entwicklung der Naturwissenschaften immer weiter zurückgedrängt werden würde, weil letztendlich alles einer rationalen Erklärung zugänglich sein sollte, so stellte sich nun das Gegenteil heraus, dass die uns so handgreiflich zugängliche materielle Welt sich immer mehr als Schein entpuppt und sich in eine Wirklichkeit verflüchtigt, in der nicht mehr Dinge und Materie sondern Form und Gestalt dominieren.«[63]

Auch David Bohm ging davon aus, dass das Bewusstsein »die versteckte Größe im Modell« sei und jedes »Geschehen bestimmt«.

Er hatte erkannt, dass sich das Ganze in der Quantenphysik nicht mehr reduzieren lässt, wie es noch in der klassischen Physik der Fall gewesen war.

Gehen wir diesem Erkenntnisweg etwas weiter nach, um die Brücke zwischen Religion und Naturwissenschaft, zwischen Mystik und Physik, der Erforschung der Innenwelt und der Außenwelt tiefer zu verstehen. Zunächst stehen wir mit diesem Anliegen heute im öffentlichen Diskurs vor einer Wand aus Denkgewohnheiten und materialistischen Haltungen. Hans-Peter Dürr schrieb dazu: »Durch eine pragmatisch positive Einstellung, die vorgibt, auf jegliche Ideologie [Anmerkung: Alles was über das Messbare hinausgeht], verzichten zu wollen und zu können [...] wird intellektuell der Weg geebnet die wesentlichen Aussagen der Quantenphysik zu ignorieren, ohne dabei auf die praktischen Folgerungen (und den enormen Nutzen) verzichten zu müssen.«[64]

Bis dahin galten Atome in der klassischen Physik als die materiell unveränderlichen Bestandteile der Welt, die sich lediglich neu kombinieren (zeitliche Kontinuität). Jede Gestalt war demnach eine Folge von sich wechselnd zusammensetzenden materiellen Inhalten. Die Gegenwart ist dabei ein Übergangszustand der materiellen »Vergangenheit« in die materielle »Zukunft«. Diese Vorstellungen eigneten sich auch gut für den Handel und für Besitzansprüche, wollte man ja materielle Güter erobern und dauerhaft besitzen. Die Raumwirklichkeit unterschied sich damals noch von der Zeitwirklichkeit.

Über die neue Weltsicht in der Physik, die sich in den Jahren 1920–1940 herausbildete als Ergebnis der genannten intensiven internationalen Forschertätigkeit, schreibt Hans Peter Dürr: »Die Vorstellungen der modernen Physik sind demgegenüber radikal anders. In der Quantenmechanik gibt es Teilchen im klassischen Sinne nicht mehr, d.h. es existieren keine kleinsten zeitlich mit sich selbst identischen Objekte [...] Das Primäre ist nicht mehr die reine Materie, die selbst gestaltlos, den Raum besetzt; es gilt nicht mehr ›Wirklichkeit ist Realität‹, sondern im Grunde genommen dominiert die immaterielle Beziehung, reine Verbundenheit, das Dazwischen, die Veränderung, das Prozesshafte, das Werde, eine Wirklichkeit als Potenzialität. [...] Die Grund-Wirklichkeit hat mehr Ähnlichkeit mit einem unfassbaren, lebendigen Geist als mit der uns geläufigen greifbaren stofflichen Materie. Die Materie erscheint mehr als eine Kruste des Geistes [...] Aber es ist bemerkenswert, dass wir eine Struktur vorfinden, die sich, wenn sie sich genügend verdichtet, wie Materie anfühlt und uns vorgaukelt, wir könnten sie vollständig greifen.«[65] Die neuen Grundelemente der physikalischen Wirklichkeit sind demnach reine Beziehungsstrukturen und keine materiellen Atome oder Elementarteilchen. Dürrs Lehrer Werner Heisenberg schreibt analog: »[...] dass es, wenn man bis zu den Atomen hinabsteigt, eine solch objektive Welt in Raum und Zeit gar nicht gibt«. Dürr erläutert diese Erkenntnis wie folgt: »Mit der Nichtexistenz von lokalisierbaren, abtrennbaren Objekten gibt es keine Möglichkeit mehr, von Teilen im Sinne von Bestandteilen zu sprechen. Die Welt ist ein nicht-auftrennbares Ganzes, ein nicht-zweihaftes [...] Gestalt ist also nicht eine Anordnung von Materie, sondern umgekehrt, Materie ist gewissermaßen eine Verklumpung von Gestalt oder eine Verknotung von Verbindungen [...] Materie ist nicht aus Materie aufgebaut.«[66] Er nannte Materie »gefrorenes Licht«.

Materie besteht nicht aus Materie

Entgegen der Annahme der materialistischen klassischen Physik und der heutigen Materialisten gibt es überhaupt keine feste dauerhafte Materie. Die scheinbar so festgefügte Idee, alles sei »nur materiell« ist ein fundamentaler Irrtum, eine hartnäckige Illusion. Die darauf aufgebaute materialistische Ideologie ist ebenso Illusion, auf Sand gebaut, ein Traum.

Materialismus ist Angst vor der Wahrheit des Geistigen.

Das Universum ist viel eher Geist als irgendetwas anderes. Unsere Vorstellung von fester Materie entsteht in unserem Bewusstsein, in dem die alles verbindende geistige Struktur hinter allem Existierenden als Materie erscheint. Die von den materialistischen Denkern aller Fakultäten, speziell auch von Neurologen, Psychiatern und Wirtschaftswissenschaftlern heute so oft als »Ersatzreligion« herbeizitierte materielle physikalische Realität als allgemeine Basis des Seins verweigert also klar ihren Dienst. Die von uns wahrgenommene Welt findet in unserem Bewusstsein als Wahrnehmungsorgan statt. Wenn wir unser Bewusstsein künstlich an überholte materialistische Vorstellungen fesseln, werden auch unsere Handlungen nur Scheinlösungen erzeugen – und das Chaos wird weiter anwachsen.

Können wir uns einen Augenblick vorstellen, dass diese ganze Welt aus einer Gestalt, einer geistigen Struktur, ständig neu entsteht? Können wir akzeptieren, dass unser Bewusstsein unsere Wahrnehmungen zusammenbaut aus geistigen Archetypen, die wir gemeinsam haben? Wie wäre es, wenn die Welt erst in unserem Bewusstsein diese scheinbare Kontinuität und diese bunte Schönheit annimmt? Es sollte uns heute leichter fallen, diese bereits hundertjährige Erkenntnis der Wirklichkeit anzuerkennen.

Bewusstsein zeigt sich als bestimmender Faktor, in der Quantenphysik genauso wie in der Mystik. Beide Traditionen menschlicher Suche nach der Wirklichkeit finden im selben menschlichen Bewusstsein statt. Innenwelt wie Außenwelt sind Projektionen auf der Leinwand unseres Bewusstseins. Insofern ist es nicht verwunderlich, dass sowohl hervorragende Quantenphysiker als auch selbsterfahrene Mystiker auf diese Grundlage des Bewusstseins höchsten Wert legen.

Das Naturgeschehen hat den Charakter einer fortwährenden kreativen Entfaltung.

Schöpfung ereigne sich jeden Augenblick neu, auch wenn uns die Welt als festes Ganzes erscheine. Während bestimmte Formen und Gestalten (Symmetrien) zeitlich beständig blieben, gründe alles Geschehen auf »kreativen Entstehungs- und Vernichtungsprozessen«, so Dürr, und Materie sei »geronnene Potenzialität« beziehungsweise »geronnene Gestalt«.[67]

Es ist nicht so, dass die moderne Naturwissenschaft mit den großen Mystikern und Religionsstiftern ein Problem hätte. Vielmehr hat unser materialistisches mentales Verständnis ein Problem mit der Wirklichkeit und dem Stand der heutigen Naturwissenschaft. Der französische Philosoph Prof. Raymond Ruyer verfasste 1974 ein Buch mit dem Titel »Gnosis of Princeton«. Seine Grundthese fasste er wie folgt zusammen: »Die Grundthese der neuen Gnosis ist die einer jeden Gnosis: Die Welt wird vom Geist regiert, wird vom Geist gemacht [...] Der Mensch kann durch die Wissenschaft, allerdings eine höhere Wissenschaft, zum kosmischen Geist vordringen und hier das Heil finden. Was ist ein Geist? Bewusstsein. Was ist der Geist an sich? Kosmisches Bewusstsein. Die neue Gnosis radikalisiert die gnostische These. Der Geist findet die Materie nicht als Gegenkraft vor, er bildet sie. Er ist ihr Stoff, ihr alleiniger Stoff. Das Universum ist in seiner Gesamtheit und in seiner Einheit sich selbst bewusst. Es ist nicht aus Dingen, aus materiellen Körpern gemacht, seine Energien sind nicht physikalisch; seine Informationen sind nicht blind.«[68]

Für unser modernes Verständnis heute ist damit explizit der alte Dualismus Geist versus Materie überwunden. (Dieser Dualismus und seine Auswüchse haben den Ruf der Gnosis seinerzeit beschädigt.) Im ganzheitlichen Bewusstsein ist die Schöpfungskraft des Bewusstseins eine ursprüngliche Tatsache des Kosmos und sollte auch aus heutiger Sicht als solche erkannt werden. Materie wird aus Struktur, aus Geist, ständig neu geschöpft. Das scheint mir auch der zeitgemäße Inhalt des 1. Satzes des Kybalion zu sein: »Das All ist Geist, das Universum ist geistig.« Damit kommen wir am Ende der mentalen Entwicklungsspirale unseres Bewusstseins in der Wissenschaft – nach 2500 Jahren – (zurück) zu der Erkenntnis des Pythagoras und der Gnosis.

Materie als fixe Vorstellung

Im Ergebnis der bisherigen Betrachtung sehen wir, dass die moderne Physik ebenso wie die Mystik Geist, Struktur und Bewusstsein als Grundlage des Kosmos (an)erkennt. Diese tiefere Einsicht in die wahre Beschaffenheit aller Existenz widerspricht dem gegenwärtig vorherrschenden Materialismus im heutigen Denken. Die Ausbildungssysteme verhärten allerdings dieses materialistische Weltbild weiterhin. Intelligenz ohne Weisheit ist das Markenzeichen unserer Gegenwart. Wir nutzen – mit einer oberflächlichen inneren Haltung – zwar die praktischen Vorteile der modernen Quantenphysik, beachten aber nicht deren tieferen Sinn und Erkenntnisgrund. Die Konsequenzen dieser mangelhaften Bewusstheit treten uns nun an vielen Stellen als ökologische, ökonomische und psychische Probleme entgegen, sodass das Bild des unfähigen »Zauberlehrlings« nach Goethe hier überaus passend erscheint.

Wir, als materialistisch fokussierte Gesellschaft, haben ein immenses Bewusstseins-Problem, und damit hat die Schöpfung im Umkehrschluss ein Problem mit uns! Wir benutzen raffinierte Formeln und hantieren mit ausgeklügelten Technologien, sind aber weit entfernt von der Klarheit und Weisheit, die uns eine solche (zunehmend riskante) Benutzung verantworten ließe. Der klar erkannten Wirklichkeit angemessen wäre daher der transformierende Sprung hin zu einem ganzheitlichen Bewusstsein, ohne das wir weder sinnvoll denken noch nachhaltig handeln können.

4
Schöpferische Wege der Ganzwerdung

»Der gesellschaftliche Wandel kann nicht verordnet werden, er kann nur gewollt werden von einer ausreichend großen Zahl aktiver und vernetzter Menschen.«

Günter Stock

Entwicklungsspirale des Bewusstseins

Das jetzt auslaufende mentale Zeitalter von 2.500 Jahren mit der Entwicklung der heutigen Wissenschaft stellt nur einen Ausschnitt aus der Bewusstseinsentwicklung des Homo sapiens dar. Über die Jahrtausende vorher hat sich in der Welt das menschliche Erleben schon im Bewusstsein abgespielt. Wer oder was sind wir also wirklich? Sind wir getrennte materielle »Maschinen«, deren Gehirn mittels Biochemie und Elektrizität Denken und ein kleines bisschen Seele simuliert, wie uns die neurologische Gehirnforschung heute glauben machen will? Der materialistische Ansatz, der Bewusstsein als reine biochemische Gehirnfunktion degradiert, versucht mit EEG-Messungen Gedanken und Bewusstsein aus Gehirnstromaktivitäten abzuleiten. Die Absurdität hinter diesem Ansatz wird erst klar, wenn man analog dazu die Funktionen eines Computerprogramms verstehen wollte, indem man Verdrahtung und Bauweise der Computerchips aufzeichnet und die Spannungspegel des Computers während der Programmabläufe (als Schwingungsfrequenzen) aufzeichnet. Falsche Annahmen führen zu sinnlosen Ergebnissen. Oder sind wir Mitträger und Geschöpfe der all-einen göttlichen Bewusstheit, die sich in uns erkennt und in allem, also auch in uns, ausdrückt? Wir kommen auf diese Frage zurück.

Die Epoche des Homo sapiens

Als vor etwa 300.000 Jahren der Homo sapiens im heutigen Afrika am Jebel Irhoud in Marokko auf Wanderungen durch die damaligen Steppen der Sahararegion seine ersten Spuren in der Landschaft hinterließ, war seine menschliche Wahrnehmung und Reflexion sicherlich nicht mit dem Denken im heutigen Sinne vergleichbar.

Erst vor etwa 37.000 Jahren hatte sich das Gehirn des Homo sapiens zu der Größe entwickelt, wie sie bei uns heute vorliegt. Gehirn und Körperbau, also unsere »Hardware«, sind beim Homo sapiens sapiens seither unverändert. Die menschliche Entwicklung ist also weniger eine Entwicklung der physischen Art als mehr eine Ausbildung des

Bewusstseins, zumindest in den letzten knapp 37.000 Jahren, in denen unser Gehirn so war, wie es heute noch ist. Wenn wir uns in die Höhlenbilder unserer Vorfahren einfühlen, erkennen wir dennoch ein Vertrautsein mit ihrer Wahrnehmung der Welt.

Eine Fledermaus, eine Biene oder ein Hund erfahren eine völlig andere Welt, andere Farben, andere Gerüche und andere Töne. Die Welt findet in jedem Augenblick, im Wachen, im Schlafen und im Sterben im jeweiligen Bewusstsein des jeweiligen Wesens statt. Alle Ängste, Gefühle, Gedanken, Wahrnehmungen und Erkenntnisse finden im jeweiligen Bewusstsein statt. Beispielsweise zeigen uns die Tierkörper der Höhlenbilder in der berühmten Chauvet Grotte in Frankreich auch ohne Worte, dass es Menschen wie wir waren, die diese Tier- und Symbolbilder über lange Zeiträume ab etwa 37.000 vor unserer Zeitrechnung geschaffen und benutzt haben. Ihr damaliges Bewusstsein mag wohl anders als bei uns heute gewesen sein, eher archaische Wahrnehmung, direkt, ganzheitlich und ohne »gedachte« Zukunft. Sie lebten in einer Welt der Gegenwart und des ahnungsvollen Gewahrseins. Jahrtausende später spüren wir in den Bildern und Artefakten noch die Magie, mit der sie als Schamanen und Jäger wie auf Traumpfaden in ihren Welten gewandert sind. Sie kommunizierten über ihre Bilder und Symbole mit Gazellen, Löwen und Bären. Totemtiere, beispielsweise Büffel, Hirsche oder Adler, waren vielleicht ihre »spirituellen Helfer« in einer Welt der lebendigen Magie, der Beschwörung und des Zaubers. Archaisches und später magisches Bewusstsein ermöglichte ihnen den notwendigen Schutz vor Dämonen und Zuflucht bei guten Geistern.

Die frühzeitlichen, tiefreligiösen Darstellungen verzaubern uns heute noch. Der Flug der Schamanen in die sogenannte »Anderswelt« – der Seelenflug – durchdrang wohl viele Jahrtausende das ganze Sein der Menschen, die als kleine Gemeinschaften von Nomaden und Jägern lebten. Obwohl es uns heute fremd erscheint, ist diese alte Kultur noch in indigenen Völkern als lebendige Gegenwart präsent und findet inzwischen auch in unserer westlichen Welt wieder eine große Anhängerschaft. Die Spuren des archaischen und magischen Bewusstseins finden wir tief in uns selbst, wenn wir in der Stille genauer in uns hineinhorchen und hineinfühlen.

Die Zivilisationsorte und ersten Städte im Nahen Osten vor 9000 Jahren und am Indus vor etwa 4000 Jahren scheinen uns heute merkwürdig nahe.[69] Wir erkennen uns selbst in den Gefäßen, Statuen, Symbolen und Riten. Das Megalithbauwerk in Stonehenge in England vor mehr als 5.000 Jahren zeigt eine feste Verwurzelung im Jahreszyklus, im Kreislauf von Leben und Sterben und die Verbindung zum kosmischen Rhythmus der göttlichen Schöpfung. Zeit wird gemessen am Jahreszyklus der ewigen Wiederkehr des Gleichen in jeweils neuer Gestalt. Hier sind Mythen eigentlicher Inhalt des menschlichen Wahrnehmens und Verstehens der Welt. Die Zivilisationen der Sumerer und Akkadier im Vorderen Orient vor 4.000 Jahren und später in Europa sind uns schon sehr vertraut. Vor allem ihr schöpferischer Umgang mit der Umwelt und ihre Leistungen in Metallverarbeitung, Schmuckherstellung, Kriegsführung, Wasserversorgung (inkl. Abwasser), Handel und Seefahrt bringen sie uns nahe.[70] Ihre Geschichten und Mythen wirken heute noch sinnstiftend auf uns. Schon vor 4000 Jahren gab es einen Welthandel von Gütern, Mythen und Religionen zwischen Griechenland, Ägypten und Persien bis nach Indien und China.

Mentale Reflexion über die Welt

Das heutige mentale Denken als Reflexion über die Welt löste erst ab etwa 500 v. Chr. Schritt für Schritt dieses mythische Bewusstsein ab. Besondere Lehrer, wie zum Beispiel Siddhartha Gautama (Buddha), Zoroaster, Pythagoras, Platon, Laotse und Konfuzius, vertraten damals ein neues Bewusstsein, das sie ihren Zeitgenossen über ihr klares Denken lehrend mitteilten. Dieses »erwachende« klare Denken reifte in den Philosophen der Antike weiter, speziell in Griechenland und Alexandria (Ägypten), bis zur damaligen ersten großen Blüte. Pythagoras, Sokrates, Platon, Aristoteles und viele andere brachten die Überlegenheit des neuen logischen Denkens brillant zum Ausdruck. Denken wurde zum Fortschritt, zur modernen Form der Auseinandersetzung mit der Welt. Die Suche nach Erkenntnis (Gnosis) wurde zum geistigen Impulsgeber der damaligen Welt. Die Alchemie wurde als ein Übungsweg der Gnosis entwickelt. In der Bibliothek von Alexandria mit ihren wohl damals 700.000 Schriftrollen und Bänden wurde der Wissensschatz der Antike zum lebendigen Zentrum der damaligen Weltkultur. Das mentale Bewusstsein zeigte in den folgenden Jahrhunderten immer wieder seine Überlegenheit, auch nach vielen Umbrüchen und dem Untergang vieler der damaligen Hochkulturen.

Nach der Völkerwanderung und einer Zeit des geistigen Niedergangs kam das mentale Denken in der Renaissance mit Kraft wieder nach Europa zurück. Die Aufklärung und das christliche Verständnis der Welt als einer göttlichen Schöpfung ermöglichten das Erblühen des modernen mentalen Weltverständnisses im Abendland. Die Perspektive, das sich abstrahierende mentale Bewusstsein und das rationale Weltbild entstanden nach und nach in dieser geistigen Wiedergeburt. Wissenschaft und Technologie sind die Töchter dieses mentalen Bewusstseinsstroms. Ihre vergessenen Taufpaten waren Pythagoras, die Alchemie und die Gnosis.

Mechanistisches Denken zur Erklärung der Naturgesetze war eine große mentale Leistung des 17. und 18. Jahrhunderts. Diese mechanistische Leistung zeigt sich noch heute unter anderem in der genauen Vorausberechnung der Bahnen der Satelliten um die Erde und der Planeten um die Sonne. Diese Erfolge schienen schließlich sogar die Berechenbarkeit von Vergangenheit und Zukunft der Welt insgesamt als mechanistische Überzeugung nahezulegen.

Zu Beginn des 20. Jahrhunderts wurde das mechanistische Weltmodell von der Physik abgelöst und philosophisch entkernt. In vielen Köpfen scheint es jedoch immer noch religiösen Status zu haben, sozusagen im Glauben an einen physikalisch begründeten Materialismus, der vermeintlich Sicherheit und Kontrolle bietet. Vor etwa 100 Jahren erneuerte sich das moderne Weltverständnis durch die

Einsichten der Quantenphysik, die im Innersten des ungetrennten Weltganzen nur noch Wahrscheinlichkeitswellen und Unschärferelationen des Beobachtbaren erkennt.

Seit vielleicht 50 Jahren werden nun in unserem vorherrschenden mentalen Weltbild zunehmend Verwerfungen und Risse größer. In Astrophysik und Kosmologie (Astronomie) werden Dunkle Energie und Dunkle Materie erforscht. Sie sind die derzeitigen Platzhalter für ein Überschreiten der Grenzen der mentalen Erklärbarkeit. Der durch unsere Physik mit komplexer Mathematik überhaupt erkannte und erklärbare Teil des Universums schrumpft gerade auf wenige Prozent (etwa 5 Prozent) des Universums zusammen! Dunkle Energie und Dunkle Materie sind die Platzhalter des von uns bisher nicht Erkannten.

Es herrscht Unschärfe im Kleinsten wie im Größten in Bezug auf unsere mentalen Weltmodelle. Wie können wir da glauben, wir wüssten über alles rational Bescheid?

Bewusstsein im Stufenprozess

Die Geschichte der Entwicklung unseres menschlichen Bewusstseins hat der kulturwissenschaftlich orientierte Bewusstseinsforscher Jean Gebser Mitte des 20. Jahrhunderts mit seinem mehrbändigen Werk »Ursprung und Gegenwart«[71] untersucht und als erster formuliert. Er macht darin im Detail die geschichtliche Entwicklung unseres gesellschaftlich sichtbaren Bewusstseins als Stufenprozess der Bewusstseinsentwicklung deutlich. Er markierte zeitlich und inhaltlich die »Bewusstseinsmutationen« (oder Quantensprünge), also die sprunghaften Übergänge von einer jeweils älteren, kraftlosen Form des gesellschaftlichen Bewusstseins zu einer neuen, wirksameren Form des vorherrschenden gesellschaftlichen Bewusstseins. Dabei werden ältere Phasen jeweils integriert und mit einer neuen, effizienteren Bewusstseinsform neu ausgerichtet. Er benannte nacheinander die Bewusstseinsepochen unserer menschlichen Entwicklung bisher als archaische, magische, mythische und mentale Perioden unserer Kulturgeschichte.

Gebser erkannte zudem einen schrittweisen Übergang zu einem neuen gesellschaftlichen Bewusstseinszustand in unserer Zeit. Er fand diesen Übergang zu einem neuen Bewusstsein in unserer westlichen Kultur am Anfang des 20. Jahrhunderts. Diese Bewusstseinsmutation führt demnach vom mentalen zum integralen Bewusstsein. Dieser von ihm als »Bewusstseinsmutation« bezeichnete Quantensprung von einer Stufe zur nächsten werde jeweils gesellschaftlich vorbereitet durch eine Phase der Abschwächung des bisherigen gesellschaftlichen Bewusstseins. Das heutige mentale Bewusstsein, das zum Beispiel charakteristisch für Europa und Nordamerika sei, wird nach Gebser in dieser heutigen Zeit zum »defizient mentalen Bewusstsein«. Er meinte damit einen nicht effizienten und für Problemlösungen weniger geeigneten Schwächezustand des Denkens. Dahinter öffne sich jedoch der Weg zu einem integralen, also ganzheitlichen Bewusstseinszustand als dominierend in der zukünftigen Gesellschaft.[72]

Verengter mentaler Korridor

Die in der Renaissance so innovative Entdeckung der »optischen Perspektive« verdeutlicht heute unser mentales Problem. Das mentale Bewusstsein ist gegenwärtig in verschiedenen Gruppen perspektivisch extrem verengt auf das, was sie für das jeweilige Ziel halten. Damit fördern diese Gruppen und Teildisziplinen die bereits beschriebene Fragmentierung der Welt in zahllose (intellektuelle) Spezialisierungen. Eine ganzheitliche Übersicht geht dabei mehr und mehr verloren, und Spezialisten vertreten immer aggressiver ihre eingeschränkten Perspektiven. Offener Diskurs und Suche nach übergreifender Erkenntnis werden als antiquiert angesehen. Das breite und flache Mündungsdelta des mentalen Stroms der Bewusstseinsentwicklung verästelt sich in zahllose Nebenarme zahlloser Spezialdisziplinen. Gräben zwischen ideologischen Lagern vertiefen sich, der ursprüngliche Blick auf das Ganze wird immer unmöglicher. Hinzu kommt eine anwachsende Intoleranz gegenüber anderen, fremden Sichtweisen. Der defizient mentale

Absolutheitsanspruch wird gestützt von einem perspektivischen Mantra:

»Real ist, was ich sehe.«

Die amerikanische Theologin und Mystikerin Cynthia Bourgeault beschäftigt sich seit Jahren intensiv mit den Inhalten von Gebsers Analyse der heutigen Bewusstseinsevolution. Sie schreibt in ihrem Blog zum defizient mentalen Bewusstsein: »In Gebsers Analyse können die turbulenten sozialen Umwälzungen, die im frühen zwanzigsten Jahrhundert mit voller Wucht ausbrachen und mehr oder weniger ungebrochen bis in unsere Zeit andauerten, zu einem großen Teil auf die Phase des Zyklus zurückgeführt werden, der sich jetzt abspielt: die mentale Struktur des Bewusstseins in seinem defizienten Modus. Die gute Nachricht ist, dass dieser Aufruhr in der Tat ein Geburtskanal ist, und die Kontraktionen, durch die wir uns kollektiv quälen, sind in der Tat die Geburtswehen der aufsteigenden aperspektivischen [integralen, Anm. d. Autors]) Struktur, die ihre Anwesenheit kraftvoll bekannt macht. Die schlechte Nachricht ist, dass diese Arbeit eine blutige Hölle ist. Wenn die mentale Struktur mangelhaft wird, zeigt sie zwei charakteristische – scheinbar gegensätzliche – Tendenzen. Nach der eigenen Richtungs-Konvention kann die eigene Perspektive sie nur einen Teil des Bildes sehen lassen. Wenn die mentale Struktur in einen mangelhaften Modus übergeht, wird diese inhärente Einschränkung vergessen (oder außer Kraft gesetzt) und die partielle Sichtweise beginnt, sich mit dem Ganzen zu verwechseln. Natürlich ist es ein bisschen so, als würde man die Liegestühle auf der Titanic neu anordnen, auch wenn das dunkle Wasser nach oben reicht, um uns zu verschlingen. Denn das ist es, was die mentale Struktur wirklich ist: einfach ein Deck auf dem großen Schiff des Seins. Die rasende mentale Manipulation der Realität bleibt auf der mentalen Ebene, fest gefangen in dem perspektivischen Sehen, das sie überhaupt erst hervorgebracht hat.«[73] (Gebser spricht von einer »universellen Intoleranz«.) In den Kommentaren zu diesem Artikel wird die dem zugrunde liegende psychische Qual sehr deutlich. Der endliche Ereignishorizont in einer materiellen Welt schürt natürlich die Angst vor der Vorstellung, dass man selbst oder gar die Welt endet. Als einzelner Mensch fühlen wir uns verloren und verteidigen unseren Standpunkt um so mehr, als wir fürchten, unsere Welt vollständig »aus den Augen« zu verlieren. Am Ende mündet das perspektivische Bewusstsein in eine schier unendliche Fragmentierung, die uns des ehemals geordneten und kohärenten Kosmos beraubt.

Gesellschaftlicher Materialismus

Im Ergebnis leben wir derzeit unter dem vorherrschenden und im allgemeinen unwidersprochenen Dogma: Nur, was wir sehen, existiert. Alles ist Materie. Geist und Seele gibt es nicht, es gibt nur chemische und elektrische Potenzialübergänge im Gehirn! Es wird behauptet, letztlich ließen sich alle inneren – beispielsweise geistigen und mystischen – Erfahrungen aus Jahrtausenden der Menschheitsgeschichte auf materiell-neurologische, also physikalisch-chemische Effekte zurückführen.

In diese Richtung argumentiert auch die KI-Forschung vehement im Verbund mit der Neurologie, die Bewusstsein als Ergebnis der Gehirntätigkeit postulieren. In vorigen Kapiteln wird die damit einhergehende Orientierungslosigkeit und abnehmende Lösungskompetenz der westlichen Zivilisation an entscheidenden Stellen auch als Phänomen aufgezeigt.

Der heute überall anzutreffende Materialismus ist Ausdruck des defizient mentalen Bewusstseins, welches sich und seine vereinfachte Weltsicht aggressiv verteidigt. Diese verengte Sicht hat allerdings, wie schon ausgeführt, praktische wirtschaftliche Vorteile für die Protagonisten und das an spekulativen Märkten interessierte Finanzkapital.

Man kann alles zu Geld machen, wenn alles Materie ist und alles seinen Preis hat.

Ganzheitliches Verständnis und ein klarer Blick für Zusammenhänge werden geringer bewertet als Detailwissen. Der Trend zur Fragmentierung führt überdies zur Vereinsamung und zur Isolation

(Social-Media-Blasen; anonyme Massenveranstaltungen). Einsamkeit ist ein wachsendes Problem, gerade auch bei jungen Menschen. In Deutschland wird Einsamkeit nach Studien im Jahr 2020[74] von 4–12 Prozent der Bevölkerung beklagt, das sind etwa 4–9 Millionen Menschen! Die Corona-Krise hat diese Entwicklung zusätzlich verstärkt, und die Betroffenen leiden körperlich wie psychisch. Die Isolation des Einzelnen ist ein direktes Ergebnis des defizient mentalen Denkens.

Die Probleme häufen sich, während die Lösungskompetenz schwindet und Ideologien echte gesamtheitliche Innovationen ersetzen. Doch an den Grenzen unserer materialistischen Vorstellungen bricht sich eine ganzheitliche Einsicht in der Gesellschaft erneut Bahn: Wir sind mehr als unser Körper. Der Kosmos – und damit auch wir – ist geistig!

Bewusstsein und Nahtoderfahrung

Materialismus meint auch, auf Bewusstseinserforschung verzichten zu können – das im Fernsehen, in den sozialen Medien und in den Schulen vermittelte Allgemeinwissen reiche aus. Aber was würde ein geistiger Kosmos statt einer materiellen Welt für unser Bewusstsein bedeuten? Wenn es keine feste Materie gibt, auf welcher Wirklichkeit beruht dann unser Bewusstsein? Mit diesen Fragen stoßen wir auch die Tür zur Kreativität auf.

Neurowissenschaften, Medizin und Biowissenschaften erklären das menschliche Bewusstsein als Folge der messbaren Gehirntätigkeit, also der elektrischen und biochemischen neurologischen Abläufe. Demgegenüber gibt es aber wissenschaftliche belastbare Erkenntnisse, die diese materialistische Hypothese widerlegen. Der niederländische Kardiologe Pim van Lommel zeigte anhand wissenschaftlich belastbarer Studien[75] (veröffentlicht 2001 in der medizinischen Fachzeitschrift *The Lancet*) zu einer großen Anzahl von Nahtoderfahrungen (NTE) von Patienten das Scheitern der materialistischen Erklärungsmodelle für das, was wir sind. Er und sein Team untersuchten Menschen mit Herzstillstand. Nach einem

Herzstillstand ist spätestens nach 20 Sekunden keine Aktivität im Gehirn der Betroffenen mehr messbar. Die Kardiologen hatten die modernste Messtechnik zur Durchblutungsmessung des Herzens, der Schlagadern und zur Messung der Aktivität der Hirnrinde mittels Elektroenzephalogramm (EEG) zur Verfügung. Van Lommel schrieb: »Die ersten Symptome eines Sauerstoffmangels in der Hirnrinde zeichnet das EEG im Durchschnitt bereits 6,5 Sekunden nach dem Einsetzen eines Herzstillstands auf. Wenn der Herzschlag nicht sofort wieder angeregt wird, ist nach 10–20 Sekunden in allen Fällen aufgrund des vollständigen Ausfalls aller elektrischen Aktivität der Hirnrinde auf dem EEG eine Nulllinie zu sehen.«[76] Der Mensch hat dann nach materialistischer Ansicht kein Bewusstsein mehr, er könnte also auch keine Leistungen des Bewusstseins wie Sehen, Hören, Erinnern mehr erbringen. Demgegenüber konnten von den in der Studie wissenschaftlich untersuchten 344 Patienten mit Herzstillstand nach der Reanimation 21 (6 Prozent) von geringfügigen Erinnerungen, 18 (5 Prozent) von mittleren NTE, 17 (5 Prozent) von tiefen NTE und 6 (2 Prozent) von sehr tiefen NTE berichten.[77] Die NTE dieser Patienten enthielten unterschiedlich häufig die Erkenntnis, tot zu sein; positive Gefühle; außerkörperliche Erfahrungen; Bewegungen durch einen (Licht-)Tunnel; Kommunikation mit dem Licht; Farbwahrnehmung; Wahrnehmung himmlischer Landschaften; Begegnung mit verstorbenen Freunden oder Angehörigen; Lebensrückblick; Wahrnehmungen ohne Grenzen.[78] Einige konnten auch von Einzelheiten der ärztlichen Bemühungen um ihre Reanimation im Detail berichten. All diese Erfahrungen wurden gemacht und erinnert bei nachweislich gemessener EEG-Nulllinie, also bei völlig erloschener Denkfunktion des Gehirns.[79]

Pim van Lommel forscht seit 1986 auf dem Gebiet der NTE und veröffentlicht seine Berichte in Fachzeitschriften. Als Reaktion auf die wissenschaftliche Veröffentlichung der oben zitierten Ergebnisse in der renommierten Fachzeitschrift *The Lancet* (2001) zogen Fachkollegen van Lommels folgendes Fazit seiner wissenschaftlich genau dokumentierten Ergebnisse:

Bruce Greyson: »Das Paradoxon, dass gerade in einer Phase, in der die Durchblutung des Gehirns vollkommen zum Erliegen kommt, ein erweitertes und klares Bewusstsein sowie logische Denkprozesse möglich sind, wirft besonders heikle Fragen zu unserem heutigen Verständnis von Bewusstsein und der Beziehung zwischen Bewusstsein und der Gehirntätigkeit auf. Wenn klare Wahrnehmungen und die damit verbundenen komplexen Wahrnehmungsprozesse in einer Phase möglich sind, in der der klinische Tod des Patienten eindeutig nachgewiesen ist, gerät die Vorstellung, das Bewusstsein sei ausschließlich im Gehirn lokalisiert, ins Wanken.«[80]

Sam Parnia und Peter Fenwick: »Die Daten legen nahe, dass die NTE in der Zeit der Bewusstlosigkeit entsteht. Das ist eine erstaunliche Schlussfolgerung, denn wenn die Gehirntätigkeit so weit ausgefallen ist, dass sich der Patient in einem tief komatösen Zustand befindet, müssen alle Gehirnstrukturen, die subjektive Erfahrungen und Erinnerungen ermöglichen, stark geschädigt sein. Komplexe Erfahrung, wie sie nach einer NTE beschrieben werden, können zu einem solchen Zeitpunkt entweder nicht zustande kommen oder nicht in Erinnerung bleiben. Man würde bei solchen Patienten auch keine subjektiven Erfahrungen erwarten, weil alle Gehirnzentren, die bewusste Erfahrung generieren, gerade wegen des aufgetretenen Sauerstoffmangels ausgefallen sind.«[81]

Penny Sartori: »Solange wir in der gängigen wissenschaftlichen Perspektive verharren, dass Bewusstsein eine Nebenerscheinung neurologische Prozesse ist, bleibt die NTE ein unerklärliches Phänomen. Die Tatsache, dass Menschen Bewusstseinserfahrungen aus einer Phase beschreiben, in der das Gehirn keine Aktivität mehr zeigt, lässt sich nicht ohne weiteres mit der derzeitigen wissenschaftlichen Auffassung in Einklang bringen.«[82]

Van Lommels Studien zu NTE erbrachten also wissenschaftlich fundierte Ergebnisse, die die materialistische Hypothese widerlegen, Bewusstsein sei eine Hirnfunktion. Bewusstsein ist demnach nicht im physischen Gehirn lokalisiert, da es auch bei komplettem Ausfall des Gehirns noch existiert. Bewusstsein ist viel mehr, aber wo kann man es verorten? Pim van Lommel untersuchte verschiedenste Hypothesen zur Erklärung dieses materialistisch nicht erklärbaren Sachverhaltes. Dabei ging er detailliert auf die aktuellen Ergebnisse und Prozesse der Quantenphysik ein, die ihm plausible Ansätze für Erklärungen der NTE aufzeigten. Er entwickelte in der Folge eine erweiterte Vorstellung des menschlichen Bewusstseins, das auf einer übermateriellen Basis verstanden werden muss. Er ging dabei von Erkenntnissen der Quantenphysik aus und schloss auf ein nicht-lokales Feld des Bewusstseins, das mit dem physischen Körper in ständiger Kommunikation steht, wobei Zeit und Raum keine Rolle spielen: »Meines Erachtens ist vor allem die aus der Quantentheorie hervorgegangene Vorstellung, dass das Bewusstsein bestimmt, ob und wie wir unsere Wirklichkeit erleben, für die weitere theoretische Fundierung diese Beziehung (zwischen Bewusstsein und Gehirn) bedeutsam […] Die größte Herausforderung liegt für mich jedoch in der Suche nach einer Erklärung dafür, wie die Wahrnehmung eines erweiterten Bewusstseins möglich ist, das unabhängig vom Körper während eines temporären Ausfalls aller Hirnfunktionen erfahren wird.«[83]

In Bezug auf den Sprung in das übermaterielle Bewusstsein durch eine NTE wies van Lommel darauf hin, dass es viele Wege zur Erfahrung dieses Einheitsbewusstseins gibt, zum Beispiel Meditation, Tiefenentspannung oder tiefes liebevolles Mitgefühl und vieles mehr. Vergleichbare Erkenntnisse fand er bei Mystikern des Ostens und des Westens. Das Einheitsbewusstsein sei seit alters her als Phänomen Gegenstand tiefer mystischer Erfahrung.

Buddhistische, gnostische, schamanische oder christliche Beispiele zeigen uns beispielsweise tatsächlich über Zeiten, Kulturen und Religionen hinweg inhaltlich sehr ähnliche All-Eins-Erfahrungen des Bewusstseins. Selbsterkenntnis als Grundlage unseres Bewusstseins ist ein Weg der inneren Entwicklung, der zu neuen schöpferischen Möglichkeiten führt. Es entsteht eine neue Lebendigkeit und Wachheit für die Großartigkeit und Kostbarkeit der Schöpfung.

Kreativität und Intuition werden nicht länger zwanghaft unterdrückt oder belächelt.

Die Wahrnehmung intuitiv erkannter Zusammenhänge wird danach erneut fester Bestandteil jeder schöpferischen Handlung. Dabei wird der Sinn für unsere Rolle in diesem Tanz des Lebens neu erfasst und erkannt. Aus der Erkenntnis des All-Einen erwächst eine Sinnstiftung und Motivation zur Bewahrung der Schöpfung und zur Unterstützung der Mitgeschöpfe. Eine solche innere Wandlung führt zu nachprüfbaren Veränderungen im Verhalten und in den Lebenszielen, wie van Lommel an Langzeituntersuchungen[84] darstellt. Damit wird nicht nur die Intuition und die Kreativität zu neuen Höhen geführt, sondern Mitgefühl, Liebe und die Bewahrung der Schöpfung werden im Bewusstsein stärker verankert. »Für wahr halten ist jetzt durch Wissen über die spirituelle Realität ersetzt«, wie es van Lommel in einem Interview beschreibt. Intuition und der Wunsch, anderen zu helfen, nehmen stark zu. Liebe und Mitgefühl nehmen stark zu. Die Bedeutung von Natur und Umwelt werden wichtiger, wohingegen die Bedeutung von Besitz, Geld und Lebensstandard deutlich abnehmen. Dieser Befund war deutlich anders als bei der Kontrollgruppe mit Herzstillstand, aber ohne NTE. Die Menschen mit NTE haben eine spirituelle Wandlung durchlaufen, die praktische Konsequenzen für ihr Leben und ihre Einstellungen hat.[85] Die obengenannten Änderungen der Wertmaßstäbe sind nach 2, 8 und 19 Jahren als dauerhaft festgestellt worden. Diese Ergebnisse sind insofern wichtig, weil eine tiefe spirituelle Erkenntnis der Wirklichkeit sich im Leben durch eine sinnvollere, liebevollere, dem Menschen und der Umwelt zugewandte Haltung nachhaltig auswirkt. Intelligenz und Weisheit werden vereint.

Die nächste Stufe

Bewusstsein war niemals für alle Menschen gleich, auch nicht in derselben Kultur. Trotzdem können wir, wie Gebser gezeigt hat, für ein gesellschaftlich mehrheitsfähiges Bewusstsein Zeugnisse in der Geschichte finden und daraus Rückschlüsse auf das vorherrschende

Bewusstsein der Menschen als Gemeinschaftswesen ziehen. Wir verstehen diesen Prozess der gesellschaftlichen Bewusstseinsentwicklung über verschiedene Kulturepochen als Entwicklungsspirale. Unser gesellschaftliches Sein, ausgedrückt als Kultur, Technologie, Ressourcennutzung und Erkenntnisfähigkeit für das Wesentliche, bestimmt unser gesellschaftliches Bewusstsein und dieses bestimmt wesentlich unser Sein, unsere Wahrnehmung, unsere Erkenntnisse durch unser gemeinschaftliches schöpferisches Handeln.

Schon in der abendländischen Weisheitstradition der Gnosis wird diese Entwicklung des Gesamtbewusstseins als Sinn der Evolution des Kosmos angesehen.[86] Auch Pierre Teilhard de Chardin war überzeugt, dass die Evolution die Bewusstwerdung des Menschen zum Ziel hat. Von zeitgenössischen Denkern wie zum Beispiel Ken Wilber wird diese Höherentwicklung des Bewusstseins ebenfalls als Kern der Evolution angesehen. Als Bild für diese individuelle und kollektive Höherentwicklung dient eine aufwärtsstrebende Spirale als zyklischer Prozess der Bewusstwerdung. Aktuelle Ausprägungen des sogenannten »Spiral Dynamics«- Ansatzes werden unter anderem als Managementmethode genutzt und ähneln Gebsers Evolutionsansatz (kombiniert mit dem aus der Alchemie stammenden Konzept einer Entwicklung über vier Quadranten eines Kreiszyklus). Während der Aufwärtsbewegung auf die nächsthöhere Ebene übersteigt man die bisherigen Ebenen. Das führt zum nächsten Entwicklungssprung.[87]

Unabhängig vom Stand des gesellschaftlichen Bewusstseins hat es zu allen Zeiten besonders bewusste schöpferische Menschen gegeben: Heilige, Künstler, spirituelle Führer, Wissenschaftler und Kulturschaffende im echten Sinne. Andererseits war individuelle Bewusstseinsentwicklung als Wachstumsprozess stets eine gesellschaftlich wenig verbreitete Aufgabe, die nur einem kleinen Teil der Menschen interessant genug erschien, um auf dem persönlichen Lebensweg aktiv verfolgt zu werden.

Bei unserer individuellen Entwicklung als Kleinkind bestimmen zunächst kollektive Archetypen unseres Unbewussten die Wahrnehmung der komplexen Umgebung. Gerade beim Kleinkind ist die Lernkurve für die Bedeutungen und Symbole der jeweiligen Kultur atemberaubend schnell und ganzheitlich. Wir lernen niemals mehr so schnell und so viel wie bis zum zehnten Lebensjahr. Die das Individuelle übergreifenden Archetypen des menschlichen Bewusstseins und individuelle Potenziale strukturieren die Wahrnehmung und unser Bewusstsein in einem lebenslangen Lernprozess.

Das von uns Wahrgenommene und Erkannte verändert direkt unser Bewusstsein, und mit diesem stetig wachsenden Bewusstwerden der Welt wiederum erforschen und gestalten wir diese dann selbst.

Unser Bewusstsein ist die Grundlage für die Wahrnehmung aller Einzelheiten der inneren und äußeren Welt.

Bewusstsein ist die Grundlage für schöpferische, innovative oder auch nur konventionelle Gesamtlösungen.

Unser Bewusstsein ist die Bühne für alle äußeren und inneren Eindrücke. So sind Pläne, Träume, meditative Erfahrungen oder rationale Analysen auf Basis gesammelter innerer und äußerer Fakten schöpferische Prozesse des Bewusstseins. Faktisch findet die komplette Welt mit allen inneren und äußeren Eindrücken in der von uns wahrgenommenen Weise in unserem Bewusstsein statt. Gesellschaftliches Bewusstsein ist dabei der gemeinsame Nenner unserer vielen individuellen Bewusstseinswelten. Wenn dieses gesellschaftliche Bewusstsein sich im Wandel befindet, wie Gebser festgestellt hat, sind damit auch gesellschaftliche Umbrüche verbunden. Für diejenigen, die den beginnenden Wandel im gesellschaftlichen Bewusstsein erkennen, geht es deshalb darum, möglichst frühzeitig die äußeren Veränderungen wahrzunehmen.

Denn durch jeden individuellen Wandel (im Kleinen) können wir auch gesellschaftlich (im Großen) eine neue Plattform für ein stabiles zukünftiges Leben schaffen.

Gebser bemerkte schon bei seiner Untersuchung kultureller Spuren früherer Übergänge, zum Beispiel vom mythischen zum mentalen Bewusstsein, kulturelle und machtpolitische Umbrüche innerhalb der Gesellschaften und Imperien. Es geht also bei dem kommenden grundsätzlichen Umbruch um nicht mehr und nicht weniger als den Wechsel des dominierenden kulturellen Betriebssystems in der Gesellschaft, um es einmal zeitgeistig auszudrücken. Das betrifft jeden (insbesondere schöpferisch) tätigen Menschen und besonders diejenigen im kreativ-technologischen Bereich. Mehr denn je kommt es darauf an, sich der gesamtheitlichen Bedeutung bewusst zu sein.

Die defizient-mentale Umbruchsphase zeigt sich auch im Zerbrechen kultureller Werte auf allen Ebenen. Moderne Musik, bildende Kunst und Literatur scheinen heute überzugehen in Abstraktionen, Formverluste und disharmonische Proportionen. Das Verschwinden mental tiefsinniger Inhalte, die zunehmend als scheinbar langweilig gelten, gehört dazu. Andererseits wird das Phänomen Zeit – oder das vierdimensionale Raum-Zeit-Kontinuum – als Kern der bewussten modernen Weltsicht immer auffälliger zum Gegenstand von Kunst und Musik. Dabei wird allerdings auch die alte hochkomplexe mentale Kunst des 19. Jahrhunderts von einer Welle beliebiger Hervorbringungen mit abnehmendem Anspruch auf mentale Wahrheit, Schönheit und Qualität hinweggespült.

So schien zum Beispiel die moderne Kunst von Joseph Beuys ein konstruierter Rückgriff auf magische Natursubstanzen und Totemtiere im Gewand eines vorgestellten Schamanen zu sein, nicht zuletzt auch als Ausbruch aus den gängigen gesellschaftlichen Wertesystemen. Mit der zeitgeistigen mentalen Interpretation durch den Kunstbetrieb wurden Fettecken und Filzstücke zur Kunst erklärt, Schönheit und Harmonie eher belächelt. Die Zerstörung klassischer Musikinstrumente beispielsweise, wie sie der Künstler Nam June Paik bei seinen Performances an Klavieren vollzog, machte das Verlassen alter Formen ebenso klar für die moderne Musik. Alles wurde zur Kunst erklärt, weil man dem Qualitätsmaßstab früherer Jahrzehnte misstraute. Das ironische Bonmot: »Ist das Kunst oder kann das weg?« ist sicherlich eine treffende Spitze gegen die Zerstörungswut und inhaltliche Sinnentleerung vieler moderner Kunstaktionen. Andererseits signalisiert diese Radikalisierung gegen das Alte auch einen konsequenten Neubeginn, echten Aufbruch und die wiedererwachte Suche nach einer sinnvollen Anbindung an die Wirklichkeit. So ist etwa in vielen Werken der Künstlerin Mary Bauermeister das neue Bewusstsein der Durchdringung mit der spirituellen Dimension deutlich spürbar.

Gesamtheit der Möglichkeiten

In unserem Bewusstsein wirkt etwas archaisch, magisch, mythisch oder mental faszinierend – je nachdem, wie weit wir bisher unsere Wahrnehmungsfähigkeit entwickelt haben. Leider bewirkt gerade die Verleugnung dieser differenzierten Anziehung die große Gefahr, ihrer magnetischen Kraft kritiklos zu folgen. Das allgegenwärtige Internet beispielsweise – als ein von Menschen geschaffener mentaler Raum – übt enorme Faszination auf Menschen aus, und diese Faszination hat in den letzten 20 Jahren eine komplette Umwälzung und Vernetzung verschiedenster Bereiche in einem zuvor nicht vorstellbaren Tempo bewirkt. Wir können im World Wide Web oder im Darknet das Beste und das Schlechteste finden. Soziale Medienplattformen werden von deren Protagonisten geradezu in mythischer Weise überhöht und massiv zur Manipulation genutzt. Digitalisierung wird als Allheilmittel propagiert und löst gleichzeitig eine archaische Angst vor der totalen Überwachung aus. Genau betrachtet, hat Digitalisierung als Schlagwort der Politik der letzten Jahre auch einen fragmentierten Charakter: Ganzheit wird zerlegt und in messbare Fakten zerschnitten.

Das Internet kann unbestritten süchtig machen, weil das Bewusstsein des Nutzers nach einer Ersatzerfahrung für das All-Eine süchtig werden kann. Das hat allerdings noch lange nichts mit Künstlicher Intelligenz zu tun. Die Art, wie das System auf uns wirkt, wie unser Bewusstsein mit den angebotenen Inhalten umgeht, wirkt zwar intelligent auf uns, wir müssen aber noch lernen, unsere (archaischen, magischen, mythischen und mentalen) Projektionen zurückzunehmen.

Unabhängig davon ist der prozesshafte Übergang vom mentalen zum integralen Bewusstsein schon voll im Gange und wird sich wohl über einige Generationen hinziehen. Die Integration der verschiedenen Entwicklungsstufen bedeutet dabei eine Wiederentdeckung dessen, was von Anbeginn zeitlos präsent ist – in uns: Intuitive Wahrnehmung und Sinn-Orientierung gehen dem Denken ja weit voraus, wie wir gesehen haben. Intuitive Wahrnehmung zusammen mit fachlicher Intelligenz führt zur Aufhebung der Vorstellung, Leben und Materie oder Energie seien voneinander getrennt.

Es geht darum, einzutauchen in die Gesamtheit unserer Möglichkeiten.

Zeit und Raum verlieren das Absolute ihrer mentalen Bedeutung. Die »Relativität der Zeit« ist heute fast sprichwörtlich geworden. Das Bewusstsein der Präsenz des Ewigen heißt in Zeitfreiheit zu leben und zu agieren – und wird damit zur echten Herausforderung auf diesem Wandlungsweg. Der Quantensprung in unserer gesellschaftlichen Entwicklung zum Integralen besteht in einer vertieften Bewusstwerdung dessen, was schon immer da ist.

Es gibt keine Erkenntnis außerhalb des jeweiligen Bewusstseins.

Unsere Kulturgeschichte und all unsere geistigen wie technischen Errungenschaften hängen untrennbar mit unserem Bewusstsein zusammen. Unsere individuell erreichten bewussten Fähigkeiten werden zu immateriellen Spuren im großen Bewusstseinsfeld. Die uralte Sinnfrage: »Woher? Wozu? Wohin?« wird im Hinblick auf langfristige Entscheidungen heute wieder als Orientierungshilfe gestellt. Sinn ist das Ergebnis einer inneren integralen Wahrnehmung, die eine Kultur des In-sich-Hineinhörens und des Respekts vor der Intuition erfordert.

Individuelle Erweckung

Die gesellschaftliche Entwicklungsspirale des menschlichen Bewusstseins in ständiger Anpassung lässt uns die Welt immer mehr als Ganzheit erkennen. Damit entsteht auch größere Verantwortung für uns einzelne, und es wachsen gleichzeitig die gesellschaftlichen Herausforderungen. In diesem Rahmen ist der gesellschaftliche Bewusstseinswandel ein Quantensprung beziehungsweise eine individuelle Erweckungserfahrung des Einzelnen. Die Mystik spricht schon zu allen Zeiten von Erleuchtung – und von da beginnend vom Weg in einer neuen Intensität des Bewusstseins. Es wird allerdings dabei kein neues Bewusstsein geschaffen, sondern das immer schon in uns vorhandene All-Eine wird uns überhaupt erst bewusst.

Individuelle Erweckung oder Erleuchtung ist heute für uns leichter zu erreichen als früher, zudem wird dieses »Ziel« als Gesellschaftsthema immer populärer. Im Übergang zum integralen Bewusstsein liegt ein solcher Durchbruch zu einer unverstellten Wahrnehmung für jeden und jede in der Luft. Im Alltag des einzelnen kann dieser Quantensprung – bei entsprechender Übung – erahnt oder wirklich vollzogen werden und bleibt nicht mehr nur hervorragenden Künstlern oder Mystikern mit ihren jeweiligen Fähigkeiten vorbehalten. Für jeden kreativen Menschen mündet dieser Sprung in neue ganzheitliche sinnvolle Schöpfungsprozesse – die eine echte Chance zur Überwindung der Krisen und zur Anpassung an das heutige Umfeld bieten.

Solche Durchbrüche zur Wirklichkeit werden auf verschiedene Arten erlebt. Sie sind oft mit dem Weg der Selbstfindung verbunden. Manche Menschen erkennen ihr eigenes Selbst vorzugsweise in der Natur, zum Beispiel in einer tiefen inneren Berührtheit beim Betrachten einer fantastischen Landschaft. Andere werden in einer Überwältigung von tiefen Gefühlen wie Liebe, Verzückung oder heftige Angst, zu einem inneren Zustand ohne Denken geführt. Wieder andere gelangen durch meditative Übungen in einen tiefen Zustand wortloser Präsenz und direkter Seins-Erfahrung.

Die Zugänge zum eigenen Selbst sind so vielfältig wie die Menschen.

Im Ergebnis können wir uns selbst als bewusste Wesen klar erkennen – als Wahrnehmende jenseits von Denken, Fühlen und Handeln, erst recht jenseits von Besitz, Titel oder Ansehen.

Wir sind mehr als unser Denken, Fühlen oder unser Körper.

Erst wenn wir aus unserer intellektuellen Enge befreit sind, erkennen wir uns als »seiende« Wesen. Das Erleben des reinen Bewusstseins ist ein Wendepunkt auf unserem individuellen Weg zur Ganzheit.

Pioniere des Integralen

Parallel zu Jean Gebser, der in den 1950ern das integrale Bewusstsein als ein kulturelles Phänomen unseres Zeitalters untersucht hat, präsentierte der berühmte indische Hindu-Mystiker und Rechtsanwalt Sri Aurobindo seinen Schülern den von ihm benannten »Integralen Yoga« als lebenspraktischen Übungsweg. Bis heute ist der ehemalige Sri Aurobindo Ashram in Pondicherry ein internationaler Schmelztiegel der Arbeit am neuen Bewusstsein, das dort in der faszinierenden Architektur des Zentrums sichtbar wird.

In den folgenden Jahrzehnten wirkten im Westen viele Lehrer in der sogenannten New Age-Bewegung, und der spirituelle Osten wurde zum Sehnsuchtsort vieler Sinnsucher aus dem Westen. Sie kamen in den 1970ern in bunten Bussen über Afghanistan nach Indien: Hippies, Musiker und Aussteiger. Mit Ritualen und Meditationspraxis näherten sie sich der Erweckung ihres verborgenen Innern. Die Ashrams zum Beispiel von Osho oder Maharishi wurden weltberühmt, deren Schüler importierten die östliche Weisheit in den Westen und gründeten Meditationszentren. Buddhistische Meditation und hinduistischer Yoga sind im Westen heute zu Lifestyle-Themen im Alltag geworden.

In Europa wurde zur selben Zeit die eigene, wenn auch verborgene Tradition der Sinnsuche und Kontemplation wiederentdeckt, zum Beispiel die christliche Mystik eines Meister Eckhart oder einer Hildegard von Bingen. Die abendländische Alchemie und Gnosis – Quelle der Naturwissenschaften – kam als Grundlage erneut in den Fokus im Bemühen um ein neues Bewusstsein, beispielsweise bei Frédéric Lionel, Karlfried Graf Dürckheim, Sir George Trevelyan und vielen anderen.

Zeitgenössische Autoren und Lehrer sind mit von diesen Strömungen geprägt und bauen auf Jean Gebsers Erkenntnissen der verschiedenen Bewusstseinsstufen menschlicher Entwicklung auf. Der US-amerikanische Philosoph Ken Wilber beispielsweise erläutert den Übergang zum integralen Bewusstsein mit komplexen Erweiterungen und neuen Aspekten, speziell aus dem Buddhismus. In den letzten Jahrzehnten ist der Einfluss tibetisch-buddhistischer Meister auf die spirituelle Entwicklung des Westens enorm gewachsen. Viele dieser von der chinesischen Invasion Tibets vertriebenen Mystiker und Yogis haben große Schulen gegründet, die Anlaufpunkte für spirituell Suchende sind. Übende verschiedenster Traditionen beschreiben integrales Bewusstsein als eine Erfahrung tiefer Einheit mit der Welt als physische und spirituelle Ganzheit.

Cynthia Bourgeault, christliche Theologin und Mystikerin, erläutert in ihrem Blog und ihren Seminaren den Bewusstseinswandel zum Integralen aus dem heutigen christlichen Kontext. Dabei verweist Bourgeault auf die besondere Bedeutung der Zeitfreiheit in Gebsers Sicht des integralen Bewusstseins, auf die wir im nächsten Kapitel noch eingehen. »Für die meisten gut ausgebildeten Westler wird dies (also die Zeitfreiheit) die härteste Nuss sein auf der Reise zum Herz des immer präsenten Ursprungs«, beschreibt sie ihre Erfahrung aus Seminaren zu Gebsers ganzheitlichem Verständnis der Wahrnehmung jenseits mentaler Zeitstrahl-Vorstellungen. Für Gebser ist der Ursprung zeitfrei und stets gegenwärtig. Die integrale Wahrnehmung erfasst den zeitfreien Ursprung.

Zeitfreies Bewusstsein

Im 20. Jahrhundert haben sich Naturwissenschaftler, Künstler und Literaten besonders intensiv mit der Zeit als Phänomen beschäftigt. In der Literatur und in Filmen wurden Zeitdehnung, Zeitsprünge, Zeitparadoxa und Zeitreisen ausgemalt. Albert Einstein mit seiner speziellen und allgemeinen Relativitätstheorie verkörperte als erster ein neues Bewusstsein in der Physik, bei dem Zeit keine universelle Größe mehr ist, sondern als Raum-Zeit dynamisch wird. Er sprengte seinerzeit eine riesige Kerbe in das kollektive mentale Bewusstsein, für viele allerdings unbemerkt. Bis dahin waren der Raum und die Zeit objektiv existent – Säulen des Bewusstseins – gewesen. Die allgemeine Relativitätstheorie schaffte die klassischen Begriffe von Raum und Zeit völlig ab.

Nicht nur alle Messungen von Raum und Zeit sind relativ und vom Bewegungszustand des Beobachters abhängig, sondern die ganze Struktur der Raum-Zeit hängt unauflöslich mit der Verteilung der Materie zusammen.

Der Raum ist verschieden stark gekrümmt, und die Zeit fließt an verschiedenen Orten des Universums unterschiedlich, je nach relativer verschiedener Geschwindigkeit. Aber auch die Zeitachse verschwindet. »Für jeden (subatomaren) Prozess gibt es einen äquivalenten Prozess mit umgekehrter Zeitrichtung, in dem die Teilchen durch Antiteilchen ersetzt werden.«[88] Der Atomphysiker Louis de Broglie beschreibt uns das Phänomen Zeit aus Sicht der heutigen Quantenphysik neu. »In der Raum-Zeit ist alles, was für jeden von uns Vergangenheit, Gegenwart und Zukunft darstellt, en bloc gegeben – jeder Beobachter entdeckt sozusagen beim Verstreichen seiner Zeit immer neue Schnitten der Raum-Zeit, welche ihm als aufeinanderfolgende Aspekte der materiellen Welt erscheinen, obwohl in Wirklichkeit die Gesamtheit der Ereignisse, die die Raum-Zeit darstellt, existiert, bevor er davon weiß.«[89]

Der indische Philosoph Jiddu Krishnamurti versuchte, uns den Prozess unserer mentalen Zeitwahrnehmung im Denken zu erklären: »Wissen Sie, was Zeit ist? Nicht die Uhrzeit, nicht die chronologische Zeit, sondern die psychologische Zeit. Sie ist das Intervall zwischen Idee und Handlung. [...] Da ist die Idee, das Intervall und die Handlung. Und in diesem Intervall liegt der ganze Bereich der Zeit. Dieses Intervall besteht im Wesentlichen aus dem Denken. Wenn Sie glauben, dass Sie morgen glücklich sein werden, dann haben Sie die Vorstellung, dass Sie diesen Zustand im Laufe der Zeit erreichen werden. Morgen werde ich glücklich sein, morgen werde ich schön sein, morgen werde ich Erfolg haben, morgen wird diese Welt schön sein. So erzeugt das Denken das Intervall, die Zeit.«[90]

Krishnamurti ordnete den von uns vorgestellten Zeitstrahl von der Vergangenheit zur Zukunft also direkt dem Denken zu, dem mentalen Bewusstsein. Die Griechen hatten am Übergang vom mythischen zum mentalen Bewusstsein etwa 500 v. Chr. die mythische kreisförmige Qualität der Zeit (Kairos) vom mentalen Zeitstrahl (Chronos) unterschieden. Auch hierdurch wird klar, dass Zeitwahrnehmung ein Teil der jeweils herrschenden Bewusstseinsstruktur ist.

Zeitfreie Wahrnehmung taucht in der Mystik aller Zeiten auf. Laotse schrieb zu Beginn des mentalen Zeitalters im Kapitel 16 des Tao Te King: »Erreicht man die höchste Leere, so bewahre man die völlige Stille. Lasse dein Selbst schauen, wie alle Dinge entstehen und wieder heimkehren.

Sie entfalten sich und alle kehren wieder um zu ihrem Ursprung [...] Wer die Ewigkeit nicht erkennt, schafft Unheil. Wer das Ewige erkennt, wird gerecht. Die Gerechtigkeit führt zur Herrschaft. Die Herrschaft führt zum Himmel. Der Himmel führt zum Tao (zum Sinn). Das Tao führt zur Ewigkeit. Der Körper stirbt, doch das Tao ist ewig«.[91]

Wahrnehmung geht vor Denken

Jean Gebser nannte den gesellschaftlichen Übergang vom mentalen zum integralen Bewusstsein den Übergang von perspektivisch zu aperspektivisch, von raumhaft-abstrakt-zeithaft zu raumfrei-zeitfrei. Er sah darin den Übergang von der mentalen Weltvorstellung zur integral wahrgenommenen und wahrgegebenen Welt. Symbolisch stellt sich diese Wahrnehmung als ein Quantensprung vom mentalen Dreieck zur integralen Kugel dar, bei der direkte Wahrnehmung des Ganzen die Systematik einer mentalen Denkweise integriert. Diese direkte zeitfreie Wahrnehmung ist zum Beispiel das Ergebnis der intensiven Übung der sogenannten »inneren

Stille« in der Meditation. Nur im inneren Schweigen (statt Denken) wächst die Fähigkeit der direkten inneren Wahrnehmung. Damit verändert sich der Satz von Descartes: »Ich denke, also bin ich«, für den Meditierenden in: »Ich bin und ich kann auch denken.«

Wahrnehmung geht vor Denken.

Der berühmte christliche Theologe und Hochschullehrer Meister Eckehart beschrieb den Weg zur direkten Wahrnehmung im 13. Jahrhundert so: »Drei Dinge hindern den Menschen, (so) dass er Gott auf keinerlei Weise erkennen kann. Das erste ist Zeit, das zweite Körperlichkeit, das dritte Vielheit. Solange diese drei in mir sind, ist Gott nicht in mir noch wirkt er in mir in eigentlicher Weise.«[92] Eckehart will uns damit sagen, dass in der Wahrnehmung des All-Einen, was er Gott oder Gottheit nennt, jede Unterscheidung über Zeit, materielle Existenz oder materielle Vielheit wegfällt. Die Wahrnehmung des All-Einen ist zeitfrei, raumfrei, geistig und Allumfassend. Dieses All-Eine zeigt sich uns in allem und durch alles in der Stille der offenen Wahrnehmung. Die von Eckehart genannten Hindernisse verhindern sowohl die Erkenntnis des All-Einen wie auch die Erkenntnis der echten Wirkungsweise der Schöpfung in uns und um uns.

Ungefähr ein Jahrhundert zuvor wurde in der Zen-Praxis in Japan das Koan-System zur Erlangung meditativer Erfahrung jenseits von Zeit und Raum eingesetzt. Eines der auch heute noch genutzten Koans ist das folgende von Meister Daiye, dessen Inhalt den Schüler in tiefer Meditation wie ein Erkenntnisblitz treffen soll: »Woher sind wir geboren? Wohin gehen wir? Wer dieses Woher und Wohin kennt, kann wahrhaft Buddhist genannt werden. Wer aber ist derjenige, der durch Geburt und Tod geht? Wer wiederum ist jener, der nichts vom Woher und Wohin des Lebens weiß? Wer ist derjenige, der plötzlich des Woher und Wohin gewahr wird? Wer wiederum ist jener, der seinen Blick nicht fest auf dieses Koan richten kann und da er es nicht zu verstehen vermag, seine Eingeweide durcheinander gerüttelt fühlt, als würde ein feuriger Ball, den er hinunterschluckt, nicht schnell genug ausgespien? Willst du diesen einen erkennen, dann musst du ihn dort erfassen, wo er nicht in den Bereich des Denkens gestellt werden kann.«[93]

Eckehart und Daiye stellen beide die intuitive und meditative Erkenntnis des All-Einen als ungetrenntes Ganzes in den Mittelpunkt. Diese Erkenntnis kann beliebige Auslöser haben, wie die Zen-Geschichten zeigen. Daisetz T. Suzuki beschreibt diese Erkenntnis des All-Einen, im Zen Satori genannt, so: »Es ergibt sich also, dass Satori, das Erfassen des Ganzen an sich ist, das keiner Unterscheidung und Bestimmtheit unterworfen ist. Dieses sozusagen als Ziel der Satori Erfahrung erfassbare Ganze steht aber nicht den einzelnen Gegenständen unserer täglichen Erfahrungen entgegen. [...] Es (Satori) wird zu einer Sinneserfahrung und schafft ein neues Ganzes über dem schon Vorhandenen.«[94]

Auch im Krieg unter Todesgefahr wird diese Erfahrung der Einheit, hier von Frédéric Lionel, gemacht: »Der Körper, die Erde, die Sterne, die Galaxien verschmolzen zu einer Einheit – und zu dieser Einheit gehörte ich. Grenzenlos, zeitlos schwebte mein Bewusstsein in einer pulsierenden Ewigkeit, in einem überweltlichen Licht, das einen Zustand völliger Überantwortung kennzeichnet.«[95] Lionel war damals im Krieg in einer fast aussichtslosen Lage, als er den Rat seines Lehrers Garcia als letzten Strohhalm ergriff und umsetzte. Oft sind Krisen Türöffner.

Es gibt verschiedene Zugänge zu dieser mystischen inneren Erfahrung der überzeitlichen und überräumlichen Einheit. Als kontemplativer Einstieg hilft uns vielleicht die stille Betrachtung der Sterne am Nachthimmel. Wenn wir den Sternenhimmel ansehen, sehen wir Raum und Zeit als Einheit. Das Licht eines dieser Sterne, als Photonenstrom oder als Welle, je nach Messmethode, ist von manchen Sternen Millionen Jahre unterwegs, bevor es auf unsere Netzhaut im Auge trifft. Daneben blinken Sterne, bei denen das Licht vielleicht nur Tausende Jahre unterwegs war, bis es in unser Auge fällt. Wir sehen die Millionen Jahre der Vergangenheit des einen Sterns neben der Vergangenheit weniger Jahre des anderen in unserer Wahrnehmung gleichzeitig. Der Lichtschein eines unserer

Nachbarplaneten, wie Mars oder Venus, leuchtet daneben am Abendhimmel als Reflexion unseres Sonnenlichts und erreicht unsere Netzhaut in Minuten nach seiner Emission von der Sonnenoberfläche.

Für alle diese Photonen, die von unterschiedlichen Quellen mit Lichtgeschwindigkeit die Tiefen des Kosmos durcheilen, sind Aussendung von der Sternenoberfläche und Ankunft auf unserer Netzhaut gleichzeitig – zeitlos. Das formuliert die Relativitätstheorie. Wir nehmen also ein Gesamtbild aus verschiedensten Zeiten und Räumen wahr, wenn wir den Sternenhimmel betrachten. Wir sehen da immer schon in die Tiefe von Raum und Zeit als Gesamtwahrnehmung. Dabei ist das Wesen der Wahrnehmung über den Photonenstrom zeitlos. Verstehen wir Einstein mit seiner Relativitätstheorie, die heute Stand der Wissenschaft ist, so ist für das Photon, welches sich von einer fernen Galaxis mit Lichtgeschwindigkeit über Millionen Jahre unserer Zeit zu uns hinbewegt, Entstehung in dieser fernen Galaxis und Auftreffen auf unserer Netzhaut gleichzeitig, weil es mit Lichtgeschwindigkeit unterwegs ist.

Zeit und Raum wird transparent für uns – durchscheinend.

Das gilt um so mehr, als Astronomen schon in den 1960ern die Hintergrundstrahlung des Urknalls, also den Beginn dieses Kosmos vor 14 Milliarden Jahren, messen konnten. Damit ist der Ursprung gegenwärtig, auch wenn wir nicht darauf achten.

Wir nehmen den Sternenhimmel zeitfrei und raumfrei wahr, ohne darauf zu achten.

Darauf kontemplativ zu achten, macht einen Unterschied.

Erkenne dich selbst!

Die Wahrnehmung jenseits von Raum und Zeit ist direkt erfahrbar, wie es die Meister seit jeher ihren Schülern vermitteln. Selbsterkenntnis ist dabei immer eine Kernaufgabe und ein Weg zur inneren Wahrnehmung. Sicherlich kann man nicht innerhalb von Monaten mit durchschlagenden Erfolgen rechnen. Die Ausbildung von Pythagoras dauerte über 30 Jahre, die eines Zen-Meisters oft Jahrzehnte, die eines keltischen Druiden in damaligen Ausbildungsorten Europas etwa 20 Jahre. Erst wenn eine Vertiefung der inneren Wahrnehmungsfähigkeiten etabliert ist, ist ein »Gedanke über etwas« nicht mehr so entscheidend, vielmehr hat ein Spüren und ein offenes rezeptives Wahrnehmen Vorrang. Und erst in diesem ganzheitlichen Wahrnehmungszustand – als Basis – kann das Denken entsprechend der mentalen Fähigkeiten integriert werden. Erst nach der Sinn-Wahrnehmung werden Analyse, Detailplanung oder operationale Logik angewendet. Die grundlegende Orientierung und der Sinn sind dann bereits erkannt.

Auf dem Weg der ganzheitlichen Erkenntnis ist die Erfahrung der Wahrnehmung des All-Einen jenseits des Denkens ein essenzieller Schritt. Dieser wichtige Schritt, im Zen Satori genannt, markiert den Beginn des Weges der ganzheitlichen Erkenntnis – nicht das Ende! Durch dieses Einheitserfahrung gewinnt das spirituelle Erleben an Bodenhaftung. Wir müssen auf diesem Weg das Laufen lernen, bevor wir einen Sprint durchführen können. Insofern geht es nicht um die Verfolgung eines Ziels, sondern um die Freiheit und das Glücksgefühl beim Laufen selbst im Feld der inneren und äußeren Wahrnehmungen.

»Erkenne dich selbst« – erkenne was wir sind – gerade heute wäre es wichtig zu erkennen, wer oder was wir wirklich sind und worin unsere schöpferische Aufgabe in der Welt besteht. Sinnvolle Gestaltung macht den entscheidenden Unterschied!

Quantenrealität und Quantenbewusstsein

Die Quantenphysiker waren die ersten, die sich von der gewohnten Vorstellung einer materiellen Realität verabschieden mussten. Ihre Erkenntnisse sind nicht mehr wegzudenken aus unserer Welt. Computer, Smartphones, Bildschirme, LED-Lampen, Satellitenkommunikation, Flugzeuge, Autos, praktisch kein technisches System oder intelligentes Produkt kommt heute ohne die Erkenntnisse der Quantenphysik aus. Die Nutzung dieser Erkenntnisse hat aber nicht automatisch zu einem neuen gesellschaftlichen Verständnis der

Welt als Ganzheit geführt. Das könnte möglicherweise jetzt anders werden: Am allseits bekannten Grundprinzip der digitalen Welt wird vom Quantencomputer gerüttelt. Die einfache mentale Aussage, etwas sei entweder Ja oder Nein, 0 oder 1, wahr oder falsch, ist die bisherige Basis der Digitalisierung aller Lebensbereiche. Dieser Kernsatz der mentalen Welt (die Unterscheidung in ja oder nein) wird beim Quantencomputer durchbrochen. Auf dieser neuen technischen Ebene ist immer das Ganze wirksam, in verschiedensten Mischungen oder Überlagerungen der Zustände von ja und nein. Das Prinzip der Überlagerung und ganzheitlichen Verbindung der Zustände der sogenannten »Quantenbits« (QuBits) ist die Grundlage des Quantencomputers.

Anders als beim heutigen Digitalrechner, wo jedes Bit eine abgetrennte Einheit darstellt, sind QuBits immer als Gesamtheit miteinander überlagert und verbunden.

Es gibt kein abgetrenntes QuBit. Gerade die Überlagerung schafft den algorithmischen Vorteil, den Quantencomputer gegenüber Digitalrechnern haben. Das »Mysteriöse« an der Verbindung von QuBits besteht darin, dass die Änderung eines QuBits auch eine Veränderung in allen anderen QuBits bewirkt. Diese Leistung der Überlagerung und Verschränkung von allen mit allen ist algorithmisch in vielen Fällen der Ja-nein-Entscheidung deutlich überlegen. Quantencomputer lösen prinzipiell viele Aufgaben effektiver als bisherige Digitalsysteme. Die damit erreichbaren hohen Rechenleistungen ermöglichen völlig neue Lösungen in der Simulation von Naturprozessen und in der ständigen blitzschnellen Optimierung komplexer Zusammenhänge. Die Deutsche Forschungsförderung sieht deshalb im Quantencomputer einen »game changer«.

Man kann sehr gut nachvollziehen, dass Verschränkung von Quantenbits und deren zeitlose und raumübergreifende Verbindung bisherige Denkgewohnheiten überfordern. Selbst Einstein meinte zu Anfang, diese Quanteneffekte seien »spukhaft«. Wenn zwei Quantenbits verschränkt sind, und das eine QuBit befindet sich in unserem Sonnensystem, das andere zum Beispiel in der 2,5 Millionen

Lichtjahre entfernten Nachbargalaxie Andromeda, so wird eine Veränderung des einen QuBits bei uns direkt den Zustand des anderen verändern. Dies erscheint mysteriös, ist jedoch Realität, wie die Nobelpreise für Physik des Jahres 2022 beweisen. Mystische Erkenntnis der Zeitlosigkeit als Hintergrund unserer Welt rückt uns damit unerwartet näher und wird uns an vielen Stellen ein neues integrales Verständnis aufzwingen. Unser Körper besteht aus sehr vielen Quanten, und wir sind dadurch natürlich mit allem Existierenden verbunden. Wenn wir im Kern unseres Wesens aber mit allem verbunden sind, können wir über Verschränkung innerhalb dieses All-Einen auch Verbindungen unabhängig von Zeit und Distanz aufnehmen – seien es spirituelle Verbindungen zu anderen Menschen oder auch zu anderen kosmischen Bewusstseinsebenen.

Unser Sein ist dann ein zeit- und raumübergreifender Zustand vieler möglicher Zustände, mit denen wir in der großen Symphonie des All-Einen mitschwingen.

In der Überlagerung aller Zustände entsteht unser kollektives Bewusstsein und das kollektive Unbewusste. Unsere künstliche materielle Auftrennung der Welt in Einzelwesen, Gruppen, Internetblasen, Interessen und Religionen wird als bloße Vorstellung erkannt. Ein erstauntes: »Aaah!« ersetzt langatmige Theorien.

Hemisphären des Gehirns

Zu tieferer Selbsterkenntnis kann uns auch das genauere Verständnis vom Zusammenspiel unserer beiden Gehirnhälften helfen. Wie Pim van Lommel gezeigt hat, ist das Gehirn nicht der Sitz des Bewusstseins, denn Bewusstsein geht über das Denken hinaus und ist gerade in der gedankenfreien Stille besonders intensiv. Kann man die festgestellte Enge und Einseitigkeit des nur mentalen Denkens auch am Gehirn festmachen? Neurowissenschaftler erforschen seit Jahrzehnten die rechte und die linke Hemisphäre unseres Gehirns, die durch einen Kanal von Nervensträngen verbunden sind. In den

1960iger Jahren wurden chirurgische Trennungen und Messungen der Leistungsfähigkeit der jeweiligen Hemisphären durchgeführt. Analytisches Denkvermögen galt damals per Definition als Intelligenz und bestimmte die Testaufgaben, insofern war man vom Ergebnis der Tests verblüfft. Die rechte Hemisphäre unseres Gehirns, die auch die linke Seite des Körpers steuert, schien praktisch wenige messbare Leistungsmerkmale zu erbringen. Alle Intelligenz schien demnach in der linken Hemisphäre zu stecken, meinten die Forscher. Das zeigt uns heute, wie falsche Grundannahmen über Intelligenz zu sinnlosen Ergebnissen führen. In den folgenden Kapiteln gehen wir auf die verschiedenen Facetten unserer Hemisphären ein. Die in den vorigen Kapiteln beschriebene Enge des Denkens und die einseitige Perspektive der Fragestellungen lässt sich sehr gut am Hemisphärenmodell unseres Gehirns verstehen.

Wir fördern Leistungen der linken Hemisphäre und unterdrükken die der rechten.

Das führt geradewegs in die verengte materialistische Sicht der Welt und ist ein sich selbst verstärkender Prozess, der zur Selbstbeschneidung durch Einseitigkeit führt. Die Rückgewinnung der Ganzheit basiert auf einer Wertschätzung der Fähigkeiten beider Hemisphären. Das wird daran deutlich, dass wir Raumklang, Tiefe, Orientierung und Richtungswahrnehmung unterdrücken, wenn wir nur mit einem Auge sehen oder mit nur einem Ohr hören.

Verengtes Bewusstsein durch Einseitigkeit

Die materialistische Weltsicht, die in unserer westlichen Zivilisation und davon ausgehend in der ganzen Welt heute herrscht, wird praktisch von der linken Hemisphäre dominiert – der analytischen Seite unseres Bewusstseins. Die Dominanz des rationalen Denkens ist offenkundig, wie die vorigen Kapitel gezeigt haben. Wir benutzen nur unser halbes Potenzial. (Das wurde zu Anfang der Hemisphären-Forschung nicht weiter problematisiert.) Die bei wissenschaftlichen Analysen wenig genutzte rechte Gehirnhälfte wird allerdings in der Meditation und in der ganzheitlichen Gestaltwahrnehmung eingesetzt und fördert die innere Wahrnehmung in den mystischen Traditionen.

Einseitigkeit und Enge im Denken ist schon vor 30 Jahren als Kreativitätslücke unserer Gesellschaft bewusstgeworden. So schrieb der US-amerikanische Wirtschaftsautor und Managementprofessor Michael LeBoeuf 1991 in seinem Buch über wirtschaftliche Innovationsfähigkeit: »Einen anderen Einblick in die Kreativitätslücke bietet ein Ergebnis der Gehirnforschung von Doktor Rogers Perry und seinen Studenten [...] am California Institute of Technology. Bei ihren klassischen Experimenten zur Hemisphärenforschung konnten sie die menschlichen Gehirnhälften chirurgisch trennen und die Denkfähigkeit jeder Hemisphäre einzeln testen. Sie fanden heraus, dass jede Gehirnhälfte ihre eigene Art zu denken und ihre eigene Erinnerung hat. Anscheinend haben wir – genau wie zwei Augen, zwei Ohren und zwei Hände – auch einen zweigeteilten Geist. Wir benutzen das linke Gehirn für die Logik, Bewertungen, das Sprechen, mathematische Fähigkeiten und Ähnliches, während das rechte Gehirn die Quelle von Träumen, Gefühlen, bildlicher Vorstellungskraft und Intuition ist. Das Erinnerungsvermögen an den Namen eines Menschen ist eine Funktion des Gedächtnisses der linken Gehirnhälfte, während die Erinnerung an sein Gesicht eine Funktion des Gedächtnisses der rechten Gehirnhälfte ist.«[96] LeBoeuf stellte tabellarisch die einzelnen Aspekte der messbaren Fähigkeiten der rechten und linken Gehirnhälfte gegenüber. In der rechten Hemisphäre sind zum Beispiel das Ganzheitsbewusstsein, die Gesamtheitswahrnehmung, Analogien, Intuition, Selbsteinsicht, Synthese, bildliches und räumliches Denken und das Erkennen von Strukturen verortet. Für LeBoeuf ist Kreativität, Intuition und Inspiration nur auf Basis des Zusammenwirkens beider Gehirnhälften möglich.

Wenn man bedenkt, dass der einzige echte Rohstoff zur Bewältigung der aufziehenden globalen Krisen unsere Kreativität ist, stellt diese Feststellung ein fatales Versagen des einseitig materialistischen Denkens bei der Krisenbewältigung dar. Die US-amerikanische Dozentin für Anglistik und Kunstpädagogin Gabriele L.

Rico untersuchte die Unterschiede und das Zusammenspiel beider Gehirnhälften ebenfalls, um das volle Potenzial beim kreativen Schreiben zu aktivieren. Hierfür entwickelte sie eine Methode zum kreativen Entwurf – Clustering –, was sich auch generell beim Entwurf komplexer Gesamtaufgaben sehr gut nutzen lässt. (Die heute gängige Mindmap benutzt eine ähnliche Methode.) Mit Clustering wird der Sinn und die Kernaussage hinter einer spontanen, in Clustern dargestellten Stoffsammlung intuitiv erkennbar. Gerade in der Darstellung des Clusters als Beziehungsnetzwerk von Einzelheiten wird unser intuitives Erkennen angeregt, wird der Sinn der Struktur, des Clusters, verstanden.

Rico fasste die Denkleistungen der Gehirnhälften zusammen zum »begrifflichen Denken« (linke Gehirnhälfte) und »bildlichen Denken« (rechte Gehirnhälfte). Auch sie stellte beides in Tabellen gegenüber. Beim bildlichen Denken der rechten Gehirnhälfte stellte sie folgende Eigenschaften der rechten Hemisphäre heraus: »Erfasst das Ganze, erfasst ein komplexes Bild, verbindet die Welt zu einem Gefüge von Ganzheiten, spricht auf qualitative nicht quantifizierbare Aspekte der Welt an, verzeichnet emotionale Aspekte des Denkens, transformative offene Ideenbildung, fügt zusammen – wichtig sind Verbindungen, kann komplexe Bilder erinnern, entdeckt das Was (anstatt das Wie beim Begrifflichen Denken).«[97] Diese Aufzählung klingt wie eine Ansammlung von Fähigkeiten, die an keiner unserer Technischen Universitäten erlernt werden. Dabei findet Rico, dass nicht Wiederholung und Vorhersagbarkeit die Stärke der rechten Hemisphäre seien, sondern die Auseinandersetzung mit dem Unbekannten, dem Neuen, dem Mehrdeutigen, dem Paradoxen, dem Unkonventionellen.

Interessanterweise schälte Rico damit heraus, dass die rechte Hemisphäre zuständig sei für die Auseinandersetzung mit einer Aufgabe, für die noch kein Bewältigungsschema angelegt ist. Sobald jedoch ein passendes System entdeckt würde, mache die linke Hälfte es sich zu eigen. Sie bezeichnete die neurologische Verbindung als »Kommunikationskanal zwischen zwei radikal verschiedenen

Denksystemen« und schlug vor, die spezifischen Fähigkeiten beider Hemisphären kooperativ zu nutzen, wenn es um Aufgabenstellungen oder Problemlösungen ginge. Sie stellte in Aussicht, damit »in der Tat Großes leisten« zu können.

Kreativität in unseren Handlungen entsteht explizit in der Verbindung beider Hemisphären, darin sind sich Experten längst einig. Deshalb ist es fatal für unsere Gesellschaft, nur einseitig auf fragmentiertes Faktenwissen zu setzen, wenn der globale Transformationsprozess der Klima- und Ressourcenkrise ein sinnvolles, nachhaltiges und ganzheitliches Reagieren auf völlig neue Aufgabenstellungen erfordert.

Die Erziehungswissenschaftlerin Birgit Habighorst-Sonnek stellte 2016 den aktuellen Stand der Hemisphärenforschung aus Sicht der Gestaltpsychologie dar: »Die linke Hälfte ist vorwiegend auf sprachlich-syntaktische und analytische Funktionen spezialisiert, während in der rechten Hälfte die assoziativen und ganzheitlich-synthetischen Funktionen der Gestaltbildung stattfinden. Gestaltbildung ist die einzigartige Fähigkeit des Menschen, Gegenstände des Denkens und Fühlens in ihren komplexen Beziehungen zu erkennen und zu einem neuen Ganzen zusammenzufügen. Beide Gehirnhälften arbeiten simultan und bringen unser bewusstes Selbst hervor. Es spricht, denkt rational und bedient sich der Intuition, um zu wissen […] Für die amerikanische Publizistin Marilyn Ferguson sind beide Hemisphären gleichermaßen für die Erkenntnisgewinnung erforderlich, sie gehen aber unterschiedlich vor. Das primäre Gehirn (die rechte Hirnhälfte) erkennt mit Hilfe der Intuition blitzschnell komplexe Zusammenhänge. Das sekundäre Gehirn (die linke Hemisphäre) erkennt sukzessive die Einzelheiten, eine nach der anderen. Diese schlussfolgernde Methode (»wenn … dann …«) dauert länger, ist aber genauer. Mit anderen Worten: Die Logik geht in die Tiefe, die Intuition in die Breite.«[98]

Das intuitive ganzheitliche Verstehen der rechten Hemisphäre wird aus dieser Sicht der Gestaltpsychologie eher dem weiblichen Fokus zugeordnet. (Das würde auch den überwiegenden Anteil der

Frauen in fast allen spirituellen Gruppen und religiösen Gemeinschaften erklären.) Andererseits ist eine klare gesellschaftliche, eher männliche rationale Dominanz der linken Hemisphäre feststellbar. Historisch gesehen werden dadurch Emotionen als unerwünscht unterdrückt beziehungsweise gemieden oder nicht zugelassen. Wir wissen aus der Psychotherapie, dass ins Unterbewusstsein verdrängte emotionale Inhalte nicht selten über körperliche Funktionsstörungen einen Weg zurück ins Bewusstsein suchen.

Die einseitige Ausbildung fragmentierten Denkens kann also als Folge der Unterdrückung der übergreifenden Wahrnehmungen der rechten Hemisphäre verstanden werden. Die linke Hemisphäre analysiert und diskutiert Fakten im engen Bereich ihrer jeweiligen Aufgabenstellung. Das führt zu Spezialisten mit fragmentierter Weltsicht und ist Kern unserer Probleme und Fehlentwicklungen. Das wird dadurch unterstrichen, dass eine spirituelle Orientierung bei führenden Wissenschaftlern scheinbar sehr gering ist. Materialismus ist die gängige Lehrmeinung, wie auch van Lommel bei seiner Studie feststellte.[99] Die Ablehnung und Zurückweisung von intuitiven und emotionalen Impulsen aus der rechten Hemisphäre bei starker Dominanz der linken Hemisphäre ist eine Erklärung für die festgestellte mentale Defizienz unserer Zeit.

Bewusstsein formt Kultur

Albert Einstein schrieb in einem Brief zu seinem eigenen kreativen Denkprozess: »Die psychischen Einheiten, die als Gedankenelemente zu dienen scheinen, sind bestimmte Signale und mehr oder minder klare Vorstellungsbilder, die willkürlich reproduziert und zusammengestellt werden können. Dieses kombinatorische Spiel scheint ein Wesenszug produktiven Denkens zu sein.«[100]

Gestaltwahrnehmung geht dem analytischen Denken voraus und gibt ihm Richtung.

Ein (defizientes) Übermaß von Analysen scheinbar gleichwertiger Fakten führt nicht zu besseren Entscheidungen als solchen, die aufgrund einer ganzheitlichen intuitiven Einsicht mit analytischer

Untermauerung getroffen werden. Im Gegenteil, beim defizienten Denken geht speziell in Krisen der Rote (Leit-)Faden in unüberschaubaren Faktendatenlagen unter. Orientierungslosigkeit und langsame Reaktionen sind wesentliche Kennzeichen unseres gegenwärtigen gesellschaftlichen Bewusstseins. Sie münden beim einzelnen und in der Gesellschaft häufig im Leiden am sogenannten »Gedankenkarussell«. Die zunehmend uneffektive und zeitfressende Verwaltung (auch die zeitfressende sogenannte Qualitätssicherung) ist gleichfalls Folge der Entscheidungsschwäche durch Orientierungsverlust. So dauern Planungsprozesse bei Windparks jetzt etwa sechs Jahre, 40 Prozent länger als noch vor einigen Jahren. Die Zunahme der Länge vieler Planungsprozesse verhindert eine effiziente Reaktion auf Krisen. Dieser Mangel wird von manchen erkannt, von den mentalen Eliten aber scheinbar als nicht korrigierbar angesehen.

Teillösungen werden als Gesamtlösungen präsentiert und nach kurzer Zeit wieder eingestampft. Globale Krisen lassen sich so aber nicht lösen.

Es ist auch kein Zufall, dass hinter unserer gehypten Vorstellung von Künstlicher Intelligenz ein sehr beschränktes Abbild der linken Hemisphäre unseres Gehirns steckt. Mit den entsprechend zugrundeliegenden Algorithmen (KNN) lässt sich lediglich die Vergangenheit fortschreiben, was sich als alles andere als kreativ erweist.

Aus historischer Sicht auf die Entwicklungsgeschichte des Bewusstseins fällt auf, dass im Westen das Denken mit der linken Hemisphäre in der Ausbildung dominant war und zunehmend noch ist. Im Osten wurde die ganzheitliche Sicht der dominierenden rechten Hemisphäre sehr viel stärker entwickelt. Während Spitzenleistungen der Physik und Technologie eine enorme Fähigkeit fragmentierten Denkens voraussetzen, stärken Meditation und Yoga die Fähigkeit, ganzheitliche Merkmale wahrzunehmen und zu erfassen. Die revolutionäre Erkenntnis eines neuen Weltbildes beispielsweise durch die oben zitierten Quantenphysiker konnte dementsprechend nur erlangt werden, weil beide Hemisphären zusammengearbeitet haben. Ebenso erfordern Hochleistungen von Mystikern einerseits ein extremes Training (beispielsweise Meditation) der rechten Gehirnhälfte und andererseits beispielsweise für das Studium philosophischer Texte das Zusammenspiel mit der linken Hemisphäre.

In der aktuellen Gehirnforschung liegt der Fokus auf dem x-dimensionalen Wellensystem der im EEG sichtbaren Gehirnwellen, das beide Hemisphären je nach vorhandener Vernetzung (Brücke) zusammen bilden. Man unterscheidet Alpha, Beta, Gamma, Delta, Theta und so weiter als Wellenfrequenzen des Gehirns in diesem Spektrum. Man kann so beispielsweise deutliche Unterschiede der Gehirntätigkeit von Meditierenden und Denkern am EEG direkt ablesen. Damit werden allerdings nicht die Inhalte der Wahrnehmungen oder des Bewusstseins unterscheidbar, wie der Verhaltenswissenschaftler B. Rael Cahn 2006 in einem Übersichtsartikel der American Psychological Association[101] zeigte. Bezogen etwa auf Meditierende machte er beim Vergleich und der Auswertung der verschiedensten Studien unterschiedliche Beobachtungen, je nach deren Voraussetzungen und der Art ihrer Meditationspraxis. Unabhängig von den Widersprüchen der Einzelergebnisse der EEG-Messungen der verschiedenen Forscherteams der Studien sind Alpha und Theta Wellen, manchmal auch Gamma-Wellen, besonders signifikant für meditative Zustände. Weiterhin ist bei tiefen Meditationserfahrungen die Dominanz der Aktivität der rechten Hemisphäre gegenüber der linken Hemisphäre im räumlichen Muster des EEG messbar. Je nach Praxis und Person sind jedoch die Unterschiede wesentlicher als diese Ähnlichkeiten. Die von den Forschenden gesuchte schematische Zuordnung von Wellenmustern zu Wahrnehmungen oder Mediationszuständen scheiterte. Der materialistische Denkansatz für die Gehirntätigkeit versagte auch hier.

Worin besteht aber nun der konkret erkennbare Unterschied zwischen den Kulturleistungen des Ostens und des Westens? Welche speziellen Eigenschaften haben Yogis und Meditationsmeister entwickelt und an ihre Schüler weitervermittelt?

Metaphysische und physische Kräfte

Der enorme weltweite Siegeszug der physischen Kräfte und Leistungen der westlichen kulturellen Entwicklungen ist uns hinlänglich bekannt. Aber vergleichsweise wenig bekannt sind die Kräfte der Meditationsmeister in der östlichen Mystik. Wir können erstaunt und verblüfft sein über deren Möglichkeiten der Wahrnehmung und Anwendung von Kräften und Phänomenen jenseits von Materie, Zeit und Raum. Sie zeigen uns die ungeheuren Potenziale der dominierenden rechten Gehirnhälfte in ihrer Wirksamkeit. Es lässt sich nur schwer vermitteln, welch ungeheures kreatives menschliches Potenzial zur Zeit aufgrund der Blockadehaltung der materialistischen Weltsicht bei uns brachliegt. Speziell der eklatante Mangel an Weisheit bei der Anwendung unserer Erkenntnisse ist sehr offensichtlich darauf zurückzuführen, dass intuitive und kreative Zugänge zur ganzheitlichen Erkenntnis blockiert werden.

Für die Meister des Ostens sind metaphysische und physische Wahrnehmungen gleichermaßen Realität. Insofern sind sie aus ihrer Praxiserfahrung beispielsweise davon überzeugt, dass wir auch ohne körperliche Sinnesorgane hören oder sehen können. Yogis, die sehr intensiv und viele Jahre mystische Meditation und Yoga üben, entwickeln sogenannte »Siddhis« – metaphysische Kräfte und Wahrnehmungen.

Zum ganzheitlichen Verständnis metaphysischer Kräfte gehört das im Buddhismus, im Hinduismus, aber auch in anderen Traditionen bekannte System der Chakrenlehre. Chakren sind Energiezentren des Körpers, die für die subtile Wahrnehmung eine entscheidende Rolle spielen. Sie können auf verschiedenen Ebenen des Körpers in verschiedenen Frequenzen Schwingungen empfangen und senden. Insofern sind wir als Ganzes – mit all unseren Erfahrungen und historischen Bewusstseinszuständen – ein Musikinstrument im Schwingungsorchester des All-Einen.

Die Positionen der sieben Hauptchakren werden ungefähr in der vertikalen Körpermitte an der Vorderseite an ausgezeichneten Stellen des physischen Körpers in der Anordnung vom Scheitel bis zu den Fußsohlen wahrgenommen. Wir können uns diese »Schwingungszonen« mit verschiedenen Strahlungsfrequenzen vorstellen. Sie werden oft mit den sieben Farben des Regenbogens assoziiert (Anteile von Weiß als Einheit des Lichtes und des reinen Bewusstseins). Der Ausdruck »Lichtkörper« ist deshalb für den durch aktivierte Chakren gekennzeichneten Energiekörper des Menschen geeignet. Farbe und Helligkeit eines Chakras, seine Öffnung oder sein Geschlossen-Sein sowie die Intensität seiner Aktivierung gelten

Betonte Chakren in der Evolutionsspirale

Jean Gebser hat aus seiner kulturhistorischen Analyse der Geschichte des Bewusstseins den verschiedenen Zyklen der kollektiven Bewusstseinsentwicklung einzelne Hauptzentren und Regionen des menschlichen Körpers zugeordnet. Gebser nannte diese Zentren »betonte Organe« der jeweiligen Kulturgeschichte, die er zum Beispiel in Kunstwerken und religiösen Überlieferungen erkannt hat. Diese Zentren des kollektiven Bewusstseinszustands einer Epoche lassen sich demnach sehr gut den verschiedenen Chakren zuordnen: Dem magischen Bewusstsein entsprechen die Eingeweide (Nabelchakra) sowie das Ohr. Beim mythischen Bewusstsein ist das betonte Organ das Herz (Herzchakra) und der Mund (Kehlkopfchakra). Beim mentalen Bewusstsein ist das Gehirn und das dritte Auge (Stirnchkara) das betonte geistige Wahrnehmungsorgan. Auch das Auge, also die perspektivische Wahrnehmung der Welt, spielt im mentalen Bewusstsein als Organ eine zentrale Rolle. Beim integralen Bewusstsein wird der Scheitel (Lotuschakra) zum betonten Organ, das mit dem gesamten Bewusstseinsstrom verbunden ist.

Der Weg der kollektiven Bewusstseinsentwicklung in den Jahrtausenden der Entwicklungsspirale entspräche dann dem Aufstieg des gesellschaftlichen Bewusstseins über verschiedene Chakren der verschiedenen Zentren vom Bauchraum zur Scheiteldecke aufwärts entlang der Wirbelsäule. Diese gesellschaftliche Entwicklungsspirale nimmt uns langsam mit zu höherer Erkenntnis, wenn wir als Individuen aktiv daran teilnehmen.

als Anzeichen für die Tiefe einzelner spiritueller Wahrnehmungsebenen beim jeweiligen Meditierenden.

Für die Yogis der Himalaya-Region waren ihre Erfahrungen die Grundlage ihrer Erkenntnisse und ihres Verwandlungsweges hin zur Erleuchtungserfahrung, zum All-Eins-Bewusstsein. Der wichtigste Begründer des tibetischen Buddhismus, Padmasambhava, wird noch heute in Tibet, Nepal, Bhutan und den umliegenden Regionen sehr verehrt. In den Höhlen, in denen er meditierte, sind oft »Eindrücke« seiner Füße, Hände oder seines Körpers im Fels für die Besucher sichtbar. Die scheinbar so feste Oberfläche der Felsen scheint an dieser Stelle wie geschmolzen durch die sichtbaren Abdrücke der Hände, Füße oder Körper im Stein. Es gibt zahlreiche solcher Pilgerorte der Buddhisten, denn auch andere Heilige, große Yogis und Bodhisattvas haben solche Eindrücke im Fels hinterlassen. Daran zeigt sich, wie sehr der Geist als Struktur die Materie bestimmen kann, wenn er wirklich bewusst ist.

Die Nyingma sind in der Nachfolge Padmasambhavas im tibetischen Buddhismus einer von vier Traditionsorden. Bei Yogis und Meistern der Nyingma sind auch noch umfassendere Phänomene und Wirkungen des geübten Geistes auf die offenbar wandlungsfähige Materie bis heute regelmäßig beobachtet worden. Speziell nach der Übung des Dzogchen, einer schon auf Padmasambhava zurückgehenden Übungsklasse, wird bei fortgeschrittenen Yogis ein Energiekörper, der sogenannte Regenbogenkörper, beobachtet. Dabei verwandelt sich der materielle physische Körper in einen Lichtkörper, entweder nach dem Tod oder sogar schon zu Lebzeiten.

Dieser Körper des Lichts zeigt uns, was wir im Kern sind: geistige Struktur und Licht als dynamische Energie. Es ist der Aufmerksamkeit des interreligiösen Dialogs des Benediktiners David Steindl-Rast und seines Schülers Pater Francis Tiso zwischen Christen und Buddhisten zu verdanken, dass sie dieses Phänomen des sogenannten »Regenbogenkörpers« anthropologisch untersucht haben.[102] Dr. Francis Tiso ist katholischer Priester, Anthropologe und Professor für Tibetischen Buddhismus an der Gregoriana Universität in Rom.

Er sieht in der Erscheinung des Regenbogenkörpers auch eine Parallele zur christlichen Auferstehung Jesu im geistigen Körper. Mit seinem Team von Ortskundigen machte er sich im Jahr 2000 zu einer Expedition nach Osttibet auf. Das Leben und der Tod des tibetischen Lama Khenpo A Chö, der 1998 in Khams gestorben war, sollte der Dreh- und Angelpunkt der Untersuchung sein. David Steindl-Rast hatte über einen tibetischen Arzt in der Schweiz davon gehört, dass sich der sichtbare Körper dieses Mönchs sieben Tage nach seinem Tod völlig aufgelöst hätte und verschwunden sei, und zwar unter kompletter Abschottung und Abdeckung des Leichnams durch seine Schüler und Freunde. Dabei seien (auch von anderen Zeugen) Regenbögen, hohe Lichtsäulen, unerklärliche Musik und andere Phänomene beobachtet worden.

Tiso konnte vor Ort in Tibet eine Anzahl Zeugen befragen und diese Licht-Phänomene durch verschiedenste Zeugen bestätigt finden. Wir sind offenbar »gefrorenes Licht«, wie Hans-Peter Dürr es aus Sicht der Quantenphysik nannte.

Nach heutigen wissenschaftlichen Befunden aus den sehr umfangreichen Untersuchungen des Grabtuchs von Turin deuten auch die eingebrannten Konturen im Grabtuch auf eine wie auch immer geartete Verwandlung des Körpers Jesu in einen Lichtkörper kohärenten Lichts hin. Das wirft auch ein neues Licht auf den christlichen Bericht der Lichterscheinung bei der Verklärung Jesu auf dem Berg Tabor. Die räumliche Kontur des sich verwandelnden Körpers ist als dreidimensionales Negativ durch Brandspuren in den obersten Fasern des Leinentuchs wiedergegeben.

Nach wie vor gibt es nur eine unvollständige wissenschaftliche Erklärung für die räumliche photographische Abbildungen eines Gekreuzigten und deren Entstehung auf diesem Grabtuch. Kann es sein, dass wir die offensichtliche Lösung einfach ausblenden?

Die genannten Phänomene der physischen Eindrücke im Fels oder des Lichtkörpers zeigen uns menschliche Möglichkeiten. Durch tiefe mystische Erfahrung des Übenden kann eine konkrete Verwandlung des scheinbar so verbindlichen materiellen Körpers oder der materiellen Umgebung erreicht werden. Diese Verwandlung ist nachhaltig auch über den physischen Tod hinaus. Es zeigt sich beim Regenbogenkörper auch eine unserem Alltagsbewusstsein schwer verständliche Ganzheit einer physischen und metaphysischen Wirklichkeit der über den körperlichen Tod hinausreichenden bewussten Existenz. Damit werden Dimensionen der Wirklichkeit sichtbar, die sich der engen materialistischen Deutung der Welt völlig entziehen.

Integrales Bewusstsein hält sich nicht an verengte Deutungen. Eine erneute echte Suche nach Erkenntnis jenseits fragmentierter Weltbilder ist heute zur Überwindung der Krisen notwendig und zugleich die Chance für einen faszinierenden Neubeginn. Was mit Hilfe der Mathematik durch die Fähigkeiten der dominierenden linken Gehirnhälfte an Verwandlungen des äußeren Umfeldes möglich ist, zeigen uns Flugzeuge, Computer und das Internet. Unsere moderne Welt ist das Ergebnis eines Schöpfungsvorganges, bei dem die Kräfte der Analyse, Mathematik und Logik der linken Gehirnhälfte wie bei Hochleistungsathleten durch die heutigen Hochschulen bestens trainiert werden. Was mit der Meditation als Erfahrungsweg schwingender verbundener Gehirnhälften mit Dominanz der rechten Hemisphäre an Verwandlungen möglich wird, zeigen uns Heilige, Buddhas, Friedensnobelpreisträger und andere Weise bester Qualitäten der Menschheit.

Phänomene jenseits unserer heutigen materialistischen Erklärungsversuche sind seit Jahrtausenden reale Erfahrungen.

Intelligenz mit Weisheit als Verbindung beider Hemisphären wird vor diesem Hintergrund zu einem faszinierenden neuen Abenteuer unseres gesellschaftlichen qualitativen Wachstums.

Bewusstsein transformiert die Gesellschaft

Der Dalai Lama – Friedensnobelpreisträger 1989 – verkörpert eine zutiefst ganzheitliche und menschliche Seite im tibetischen Buddhismus. Wie er in seinen vielen öffentlichen Auftritten und Büchern immer wieder betont, geht es in allem um Weisheit und Mitgefühl.

Im Sinne Jesu würden wir von der Verbindung von Weisheit und Liebe sprechen. Dieses Potenzial steckt in jedem von uns, wenn wir beide Hemisphären und die Zentren unseres Energiekörpers erkennen und im Leben bewusst integrieren. Das erfordert zwar ausdauernde Übung, ermöglicht aber jedem von uns, Sinnerfahrung, Klarheit und Weisheit im eigenen Leben umzusetzen und sich als Teil des lebendigen Ganzen wahrzunehmen. Dazu gehört, die eigene Lebensaufgabe, den Sinn des eigenen Lebens zu verfolgen. Darin steckt das größte Potenzial zur Rettung der Welt aus der mit Scheuklappen versehenen materialistischen Bewusstseinsfalle.

Der Begründer des tibetischen Buddhismus war Padmasambhava, der im 8. Jahrhundert von König Trisong Detsen nach Tibet gerufen wurde, um den Buddhismus von Indien nach Tibet zu übertragen. Tibet war damals die kriegerische expansive Regionalmacht in der Himalaya-Region. Der König wollte in Abgrenzung zum Nachbarn China den Buddhismus indischer Prägung mit indischen Meistern und Gelehrten einführen. Das erwies sich als sehr schwierig. Padmasambhava eilte der Ruf eines sehr überzeugenden und magisch hochwirksamen Yogis und Gelehrten voraus, dem er dann auch gerecht wurde.

Meditation war dabei sein Türöffner zur inneren Welt.

Padmasambhava und die von ihm ausgebildeten Schüler übersetzten Texte, führten Rituale ein, meditierten in verschiedenen Höhlen und integrierten die buddhistische Tradition mit der in Tibet vorherrschenden Bön-Tradition zu dem originär tibetischen Buddhismus, der bis heute lebendig geblieben ist. Die Dominanz der buddhistischen Erziehung und Bewusstwerdung machte damals über mehrere Jahrhunderte aus einem Kriegervolk die friedfertige spirituelle Zivilisation, wie sie in Tibet vor 1950 existiert hat. Spirituelles Wachstum kann eine Gesellschaft völlig neu ausrichten, von einem aggressiven zu einem friedfertigen Miteinander und mit der Welt.

C. G. Jungs Wiederentdeckung der Seele

Im Rausch der Epoche der Aufklärung ab dem 17. Jahrhundert verschwand auch das Gebiet der Seele von der Landkarte des gesellschaftlichen Bewusstseins. Ungefähr gleichzeitig mit der Wiederentdeckung des Geistigen als Struktur des Universums durch die Quantenphysik zu Beginn des 20. Jahrhunderts tauchte es wieder aus dem Unbewussten auf. Die Welt des Fühlens und des symbolischen Erkennens integriert die Bereiche unseres Bewusstseins. Archaisches, magisches und mythisches Bewusstsein wirkt symbolisch über Bilder, Archetypen und Symbole in uns, auch wenn wir uns dessen nicht bewusst sind. Träume, Instinkte, Gefühle, Ahnungen und blitzartige Erkenntnisse finden spontan statt, meist vor dem Denken. Die Integration dieser Welt der symbolischen Bedeutungen in unser Bewusstsein ist ein wesentlicher Teil des übergreifenden Bewusstseins.

Den ersten Aufbruch in diese vergessene Welt – heute Psyche genannt – verdanken wir dem Psychoanalytiker Sigmund Freud. Als einer seiner Schüler war es insbesondere Carl Gustav Jung, der sie selbst erkundete und nach alten Spuren darin forschte. Jung, Schweizer Arzt und Psychiater, ergründete auch das Gesunde, das Normale der Psyche. Er zeigte vor allem das, was der Mensch ist, oft genug, ohne dass es ihm bewusst wird. In einem sehr modernen Sinn war er sein eigenes Bewusstseinslabor. Sein Zugang war nicht philosophisch – wie heute, wo Gedanken über etwas schon für die Realität selbst gehalten werden.

Er machte sich vielmehr auf den Weg der realen Selbsterkenntnis durch direkte mystische Erfahrung und darauffolgende analytische Diagnose. Nachdem er viele Jahre mit diesem realen Experiment am eigenen Bewusstsein verbracht hatte, suchte Jung nach historischen Parallelen zu seinen Erkenntnissen und Entdeckungen: »Die Jahre, in denen ich den inneren Bildern nachging, waren die wichtigste Zeit meines Lebens, in der sich alles Wesentliche entschied. Damals begann es, und die späteren Einzelheiten sind nur

Ergänzungen und Verdeutlichung. Meine gesamte spätere Tätigkeit bestand darin, das auszuarbeiten, was in jenen Jahren aus dem Unbewussten aufgebrochen war und mich zunächst überflutete.«[103] Er musste allerdings historische Parallelen zu seiner eigenen Erfahrung suchen, um deren Gültigkeit wissenschaftlich darstellen zu können. Bei dieser Suche wurde er an unerwarteten Stellen fündig: »Von 1918–1926 hatte ich mich intensiv mit den Gnostikern beschäftigt, denn auch sie waren der Urwelt des Unbewussten begegnet [...] Erst als ich anfing die Alchemie zu verstehen, erkannte ich, dass sich durch sie die historische Verbindung zum Gnostizismus ergibt, dass durch die Alchemie die Kontinuität von der Vergangenheit zur Gegenwart hergestellt ist.«[104]

In Alexandria als einem Wissens- und Weisheitszentrum der Antike wurde in der Verschmelzung verschiedener Methoden die Alchemie entwickelt. Damit sollte die höchste Erkenntnis (Erleuchtung) für Wahrheitssucher leichter und klarer zu erreichen sein. Mit der Eroberung Ägyptens durch den Islam wurde daraus die Al-Chemie, die als Mutter der Naturwissenschaft den Leitsatz »Ora et Labora« zur europäischen Entwicklung beigetragen hat. Dieser Leitsatz, der das Abendland in den Klöstern der Benediktiner und Zisterzienser durchwirkte, unterscheidet sich von einer weltabgewandten Askese zurückgezogener östlicher Mystiker. Rückzug von einer »Illusion der Welt« und ihrer Begierden wurde bis in die Neuzeit im Buddhismus und Hinduismus als Loslösung gefordert. Damit wurde im Osten die Tür zu Labora nicht geöffnet, die die Renaissance im Westen jedoch wiederfand.

Symbolik der Träume

Die Verbindung zur Welt der Symbole wird am ehesten in Träumen deutlich, wenn wir uns ernsthaft damit beschäftigen. Dieser Zugang, der schon in der Antike bei Pythagoras, den Wüstenvätern sowie später bei den Sufis und christlichen Mystikern eine Rolle spielte, wurde von Jung wiederentdeckt und mündete in seiner Methode der Aufzeichnung eigener Träume und später deren Analyse. Dazu praktizierte er eine Aufteilung in Phasen, wie sie heute in abgewandelter Form bei vielen Kreativitäts-Workshops genutzt wird:

Zunächst wird der Traum in seiner intuitiven Wahrnehmung aufgeschrieben und als undifferenzierter Ideenfluss zugelassen. Später wird mit entsprechendem Abstand der Inhalt analysiert und damit integriert. Hierdurch wird im übrigen auch die kreative Nutzung beider Hemisphären erreicht – im ersten Schritt dominiert die rechte und im zweiten die linke Hemisphäre. Erst im Zusammenspiel beider Seiten unseres Bewusstseins ergibt sich der ganzheitliche Prozess, und aus diesem taucht dann eine sinnvolle Orientierung als Ausdruck einer inneren Entwicklung auf, die dann im Außen umgesetzt werden muss.

In einem solchen Prozess der Selbsterkenntnis träumte Jung beispielsweise die Beziehung zur Alchemie als einen Flügel seines Hauses, der ihm zunächst unbekannt war. Dieser Flügel enthielt Folianten, gefüllt mit alchemistischen Handschriften des 17. Jahrhunderts.[105] Jung musste erkennen, dass sich die Alchemie in einer symbolischen und rational unscharfen, mehrdeutigen Sprache ausdrückt. Insofern musste er sich diesen Symbolen, die ihm zunächst wie Unsinn erschienen, ähnlich einem fantastischen Traum nähern. Er legte sich dazu ein eigenes Begriffswörterbuch an und versuchte damit, die Symbolgehalte näher zu erfassen. Er sah in der klassischen Alchemie »naturwissenschaftliche Empirie und mystische Philosophie sozusagen ununterscheidbar« integriert.

Nach Jahren dieser inneren Experimente entstand im Jahr 1929 das mit Richard Wilhelm gemeinsam herausgegebene Buch »Die goldene Blüte« über die chinesische Alchemie. Damit erreichte Jung die Klarheit seiner Konzeption des Selbst und konnte mit diesem Material sozusagen zurückkommen in die Welt, um es in Vorträgen und als Psychologe für seine Patienten zu nutzen. Außerdem bereiste er die Kontinente Amerika und Afrika und gelangte schließlich nach Indien, wo er 1938 nach seinen tiefen Eindrücken der dortigen Kultur und Religiosität einen entscheidenden Traum hatte. Dieser erinnerte ihn an die Suche nach dem sogenannten »Heiligen Gral«

als Urbild europäischer Suche nach mystischer Erkenntnis und Heilung. Er fragte sich selbst im Traum: »Was tust du in Indien? Suche lieber für deinesgleichen das heilende Gefäß, den *salavtor mundi*, dessen ihr dringend bedürft. Ihr seid ja im Begriff, alles zu ruinieren, was Jahrhunderte aufgebaut haben.«[106]

Jungs Werk war ein Versuch, diesen Weg zur Heilung unserer Kultur aufzuzeigen. Dieser Weg der Erkenntnis des Sinnes und des Wesentlichen öffnet uns den Blick auf die verschiedenen Schichten (entsprechend den Stufen auf der Entwicklungsspirale) des uns Bewussten und Unbewussten. Inhalte dieser Schichten können sich in Symbolen der Alchemie und in Symbolen der Träume ausdrücken. C.G. Jung beschrieb noch einen weiteren für ihn selbst sehr bedeutsamen Traum, aus dem er später sehr viele Ansätze entwickelte und an dem sich einige seiner Vorstellungen sehr gut zeigen lassen: Er ist in einem unbekannten Haus. Das obere Stockwerk ist das Wohnzimmer im Stil des Rokokos (17. Jahrhundert). Die untere Etage ist im Stil des 15. und 16. Jahrhunderts ausgestattet. Nach dem Öffnen einer Falltür gelangt er in den Keller, einen gewölbten, altertümlichen Raum mit römischem Mauerwerk. Nach Abheben einer Steinplatte befindet er sich in einer Höhle und findet dort zwei Schädel und Knochen vor.[107]

Jung erkannte in der Analyse dieses Traums die Schichtenstruktur unseres Bewusstseins: Das Haus symbolisiert das Gesamtbewusstsein, während das Dach den Zugang zur Ebene des sogenannten »Überbewusstseins«, also den Zugang zur höheren Wahrnehmung (zum Beispiel über Meditation, Intuition und Inspiration) darstellt. Unser Alltagsbewusstsein wird im Wohnraum des Obergeschosses und in der bewohnten Atmosphäre der Einrichtung sichtbar. Das ist der von uns am meisten genutzte Bereich, den wir generell als »unser Bewusstsein« definieren würden. Das persönliche Unbewusste wird symbolisch im Erdgeschoß und im Keller ausgedrückt. Und schließlich findet sich noch ein kollektiver Teil der uns allen gemeinsamen Grundstruktur des menschlichen Bewusstseins als Höhle unter dem Keller. Dieses von Jung so benannte »kollektive

Unbewusste« enthält uns allen gemeinsame Instinktformen und Archetypen unseres Bewusstseins. Diese Archetypen reichen über jedes einzelne Individuum hinaus und verbinden uns mit allen Menschen der Gattung Homo sapiens sapiens in allen Zeitaltern.

Archetypen und Wandlungssymbole der Psyche

Auf dem Weg der Selbsterkenntnis in der Alchimie tritt eine Anzahl Wandlungssymbole auf, die wir auch in psychischen Prozessen und Träumen wiederfinden. Alle sind vieldeutig und eher widersprüchlich als rational klar. Der symbolische Gehalt – könnte man sagen – zerstört geradezu systematisch rationale Anschauungen und entwertet sie mit der Kraft der Doppel- beziehungsweise Mehrdeutigkeiten aller Inhalte. Dies entspricht dem psychischen Grundtatbestand, dass alle Begriffe eine gewisse Unschärfe (manchmal Doppeldeutigkeit) aufweisen. Diese Vielschichtigkeit zwingt uns zu unbewussten Assoziationen, bei denen in der Sphäre des Unbewussten die wahren Veränderungen konstelliert und durchgeführt werden.

Wir sind mit unserem Alltagsbewusstsein zwar meist auf einer konventionellen Ebene unseres Gesamtbewusstseins verortet, können (und müssen) aber auch mit den anderen Ebenen des Bewusstseins umgehen. Meditation oder Kontemplation können wir zur Innenschau nutzen oder wir können über eine Beschäftigung mit den eigenen Träumen Zugang zur Innenwelt finden. Verschiedene Symbole lassen dabei eine Tiefe in uns anklingen, die sich erst nach und nach für uns öffnet. Ein bekanntes Beispiel dafür und zentrales Bild aus der Alchemie ist der kreisförmige Ouroboros – eine Schlange, die sich selbst in den Schwanz beißt. Wir sehen darin das Prinzip, dass Anfang und Ende verbunden sind. »Alles kommt von dem Einen und kehrt zu dem Einen zurück, durch das Eine, für das Eine«, heißt der entsprechende Leitsatz, der das Gesetz des ungetrennten Ur-Einen ausdrückt. Im tibetischen Buddhismus stellt das runde Mahamudra-Zeichen (»Großes Siegel«) die tiefste Erkenntnis dar. Das Christusmonogramm wird ebenfalls als Kreis dargestellt. Es bezieht sich auf die Position des erhöhten Christus in der Offenbarung: »Ich bin das Alpha und das Omega, der Erste und der Letzte, der Anfang und das Ende.« Ein Kreis, der sich schließt, irritiert unsere Denkweise. Wir sind es gewohnt, mental in geraden Zeitstrahlen zu denken. Das entspricht aber eben nicht dem integralen Verständnis von Zeit – vor allem vor dem Hintergrund der Feststellung, dass sich unser Bewusstsein in einer kreisförmigen, zyklischen, als Spirale aufsteigenden Bewegung entwickelt.

Ähnlich ungewohnt sind auch viele andere Symbole, die die tieferen Schichten unseres Bewusstseins lebendig bevölkern. Um zu einer wahren Tiefe der Erkenntnis der Wirklichkeit vorzudringen (zum »Gold« der Alchemie), sind Prozesse nötig, die von Reinigungen, Klärungen, Läuterungen und Wandlungen geprägt sind. Es geht um »solve et coagula« (löse und verbinde!), um das Aufweichen und Auflösen von mentalen Verkrustungen einerseits und um die Neukonstellation bewusster Verbindungen als Folge von Erkenntnissen aus tieferen Bewusstseinsschichten. Destillation und Bewusstmachung der Quintessenz, also unserer geistigen Essenz, die in allem wirkt, und die Neubildung von inneren und äußeren Strukturen sind das Ziel des alchemistischen Wandlungsprozesses. Dieser Prozess läuft über eine Anzahl Stufen und Phasen und führt alchemisch vom Blei (dem unbewussten Anfangszustand) zum Gold (dem bewussten, erleuchteten Zustand).

Individuation und Selbstfindung

C.G. Jung reiste in die Tiefe seines Bewusstseins, um zu dessen innerer Ordnung vorzudringen. Er begründete auf der Basis seiner Erkenntnisse und Erlebnisse die Analytische Psychologie und nutzte das darin umgesetzte tiefe Verständnis als erfolgreicher Therapeut in der Praxis. Er erkannte, dass auch psychisch gesunde Menschen erstaunliche, vom Unbewussten ausgelöste Wandlungsprozesse durchmachen, die in Richtung Selbst(-Erkenntnis) und innerem Einheitsempfinden führten.

Er nannte diesen zentralen Prozess Individuation, den Weg der Selbstfindung.

»Erst als ich die Alchemie kennenlernte wurde mir klar, dass das Unbewusste ein Prozess ist und dass die Beziehung des Ich zu den Inhalten des Unbewussten eine eigentliche Wandlung oder Entwicklung der Psyche auslöst [...] Durch dieses Studium der individuellen und kollektiven Wandlungsvorgänge und durch das Verständnis der alchemistischen Symbolik kam ich zum zentralen Begriff meiner Psychologie, dem Individuationsprozess.«[108]

Der Weg der Selbstfindung wurde von C. G. Jung und den Alchemisten als *circulatio* (Kreisen) über die vier Quadranten beschrieben, in dem wir nach und nach die Schichten des Bewusstseins durchdringen und die Sektoren eines Themas bewusstmachen, welches auf diese Weise integriert wird. Es fängt damit an, dass in unseren Träumen die dunkle, unbewusste Seite aufsteigt. Diese muss verstanden, emotional durchdrungen und im Leben umgesetzt werden. Jung schreibt über seinen Umgang mit Träumen und Visionen: »Ich verwandte große Sorgfalt darauf, jedes einzelne Bild, jeden Inhalt, zu verstehen und ihn, soweit möglich, rational einzuordnen und vor allem im Leben zu realisieren. Das ist es, was man meistens versäumt. Man lässt die Bilder aufsteigen und wundert sich vielleicht über sie, aber lässt es dabei bewenden. Man gibt sich nicht die Mühe, sie zu verstehen, geschweige denn, die ethischen Konsequenzen zu ziehen. Damit beschwört man die negativen Konsequenzen des Unbewussten herauf. Auch wer die Bilder einigermaßen versteht, jedoch glaubt, es sei mit diesem Wissen getan, erliegt einem gefährlichen Irrtum. Denn wer seine Erkenntnisse nicht als ethische Verpflichtungen anschaut, verfällt dem Machtprinzip. Es können daraus destruktive Wirkungen entstehen, die nicht nur andere zerstören, sondern auch den Wirkenden selbst.«[109]

Der Individuationsprozess zeigt den in jedem von uns angelegten Weg zur Ganzheit an. Im Zusammenspiel von uns Bewusstem mit Impulsen und Bildern aus dem Unbewussten wirkt unsere Psyche auf uns ein. Wir sind jedoch heute von ständigen mentalen Vorurteilen so blockiert, dass wir diese Impulse viel zu selten beachten und der von innen kommenden sinnvollen Lebensfährte dann nicht folgen.

»Sie (die unbewusste Ganzheit) strebt nach totaler Verwirklichung, also totaler Bewusstwerdung im Fall des Menschen. Bewusstwerdung ist Kultur im weitesten Sinne und Selbsterkenntnis, daher Essenz und Herz dieses Vorgangs.«[110]

C. G. Jung formulierte gegen Ende seines Lebens (nach einer Nahtod-Erfahrung) Erkenntnisse zum Bewusstseinswandel als kollektivem Prozess der Menschheit:

»Das Bewusstsein der Menschheit hat jeweils scheinbar eine obere, aber verschiebbare Grenze. Es gibt viele Menschen, die im Augenblick ihres Todes nicht nur hinter ihren eigenen Möglichkeiten zurückgeblieben sind, sondern auch hinter dem, was zu ihren Lebzeiten schon von anderen Menschen bewusstgemacht worden war.«[111] Diese gesellschaftliche obere Grenze des Bewusstseins verschiebt sich gerade nach oben, auch wenn viele Menschen es noch nicht wahrnehmen und vielleicht ihre sinnvolle Lebensaufgabe vergeblich suchen.

Verbindung von Technik und Philosophie

> »Dass dieses Universum in all seiner unvorstellbaren Ordnung und Präzision das Ergebnis eines blinden Zufalls sein sollte, ist ebenso glaubhaft, als ginge eine Druckerei in die Luft und alle Lettern fielen in einer vollständigen fehlerlosen Form eines Wörterbuches herab.«
>
> Edwin Grant Conklin

Die mathematische Wahrscheinlichkeit für ein rein zufälliges Entstehen des hochkomplexen Lebens von Organismen auf unserer Erde innerhalb der verfügbaren höchstens fünf Milliarden Jahre ist vernachlässigbar gering, das in etwa wollte der US-amerikanische Zoologe und Entwicklungsbiologe Edwin Grant Conklin Mitte des 20. Jahrhunderts wohl mit diesem Satz ausdrücken. Vor allem kommt es darauf an, die Überheblichkeit gegenüber einer spirituellen Realität abzulegen, die viele Materialisten heutzutage pflegen.

Etwas nicht zu erkennen ist kein Beweis dafür, dass es nicht da ist.

Bewusstmachung beziehungsweise Bewusstwerdung ist kein abstraktes Geschehen, sondern unser Leben und unser Schicksal drängen uns dazu. Es geht auch nicht um einen weltabgewandten isolierten Prozess in privater Zurückgezogenheit, sondern dieser Wandel findet mitten in der Welt und im Leben statt. Das zeigt sich besonders an Beispielen wie dem Ingenieur und Unternehmer Frédéric Lionel. Er war nicht nur ein kreativer Kopf in seinem Beruf, sondern auch hochdekorierter Widerstandskämpfer im Zweiten Weltkrieg. Später widmete er sich der Philosophie und wurde ein Pionier des neuen Bewusstseins.

Frédéric Lionel wurde am 4. Juli 1908 geboren. Sein Vater war Ingenieur und Erdölexplorateur, der es bei seiner Suche nach Öl zu Wohlstand gebracht hatte. Lionel wuchs mit Französisch, Deutsch und Englisch als Sprachen in einem wunderschönen Haus am Genfer See auf. Er ging in Lausanne zum Lyzeum und studierte anschließend in Zürich an der Technischen Hochschule Maschinenbau, dann in Amerika Kybernetik. Anschließend gründete er in den 1930ern in Paris eine Firma zur Anwendung dieser neuen Technologie für Radar- und Elektronikentwicklungen. Er war damit auch ein Wegbereiter des kommenden Informationszeitalters. Schon damals beteiligte er seine Mitarbeiter am Gewinn des Unternehmens. Seine gelebte Kompetenz berechtigte ihn später wie kaum einen anderen Philosophen, die Gefahren und Perspektiven unserer technisch-wissenschaftlichen Gesellschaft zu hinterfragen und die notwendige Einbeziehung der Weisheitstraditionen einzufordern: »Wir müssen die uralten Weisheiten der Menschheit wieder in ihr Recht einsetzen und unsere wissenschaftlichen Strebungen und Forschungen dazu benutzen, die latenten (Wahrnehmungs-) Fähigkeiten unseres Gehirns zu entwickeln. In solcher Entfaltung käme dann auch der Genius des Menschen zum Vorschein und es könnte endlich das Wesentliche jenseits allen wechselnden Scheines erkannt werden.«[112]

Berufung kommt von innen

Beim Einmarsch der deutschen Truppen in Paris floh Frédéric Lionel zunächst mit seiner Familie nach England. Er entschied sich dort aber nicht für die scheinbare Sicherheit, sondern für die gefahrvolle Rückkehr ins besetzte Frankreich. Er beschrieb seinen inneren Kampf so: »Nimm dein Schicksal in deine Hand ! Habe den Mut – jetzt! Deine Entscheidung entspricht einer zutiefst inneren Berufung [...] In diesem Augenblick entschied sich mein Schicksal – ich überschritt eine Schwelle.«[113]

Im Zurücklassen jeglicher Sicherheit und in der Annahme seines Schicksals ging Lionel mit falschen Papieren in den Untergrund, um unter Einsatz seines Lebens für die Freiheit zu kämpfen. Scheinbar unzusammenhängende Fäden wurden vom »sogenannten Zufall«, der ihm Fügung war, in diesen Jahren geknüpft zu einem faszinierenden Gewebe seines Wirkens. Er rettete etwa 1.300 Menschen das Leben unter ständiger eigener Lebensgefahr, wurde Major des britischen Secret Service und schmuggelte Verfolgte aus der Festung Europa. Er sammelte als ständiger Grenzgänger zwischen den Fronten umfassende Erfahrungen des Menschseins in extremen existenziellen Lebenssituationen. Es wurden Schicksalsjahre, die sein Leben völlig veränderten. Nach dem Krieg wurde er von ehemals Freund und Feind, von Engländern, Franzosen und Deutschen gleichermaßen, mit höchsten Orden für seine Einsätze geehrt, was seine alles umfassende Menschlichkeit unter diesen außergewöhnlichen Umständen überzeugend nachwies.

In den Kriegsjahren traf Lionel in Spanien in einer scheinbar ausweglosen Situation seinen späteren geistigen Lehrer Garcia – scheinbar zufällig. Lionel war ohne Papiere und ohne Kontakte nachts in Jaca, einer fremden Stadt am Pilgerweg nach Compostella, unterwegs und musste jeden Moment mit Verhaftung durch eine Polizeistreife rechnen. Er öffnete um drei Uhr nachts die Tür einer Apotheke und traf dort Garcia, den Apotheker und Alchemisten, der ihn aufnahm. Garcia sagte, er habe ihn erwartet, obwohl Frédéric Lionel völlig spontan auf der Suche nach Unterschlupf nachts bei ihm anklopfte. Garcia wies ihm einen Weg, der ihm bis dahin unbekannt war – den zielfreien Weg der abendländischen Weisheitstradition, der Gnosis. Lionel erinnerte sich an Garcias Worte bei ihrem ersten Treffen: »An gewissen Wendepunkten der menschlichen Geschichte ist jeder von uns berufen, die Entwicklung im Sinne eines überweltlichen Plans zu fördern. Sie schreitet stetig voran und, von einem Verständnis geleitet, dem wir uns öffnen, handeln wir manches Mal, ohne genau zu wissen weshalb und warum. Wir treffen unbewusst Entscheidungen, die im Rahmen der Entwicklung notwendig sind.«[114] In der gefährlichen Kriegssituation des Widerstands gegen Nazi-Deutschland musste Lionel die praktische Brauchbarkeit der von Garcia vermittelten Erkenntnisse und Übungen für sich erproben und auf dessen Ratschläge vertrauen. Er überstieg dabei seine Angst und erlebte schließlich einen transformierenden Erleuchtungsmoment jenseits von Raum und Zeit: »Der Körper, die Erde, die Sterne, die Galaxien verschmolzen zu einer Einheit – und zu dieser Einheit gehörte ich. Grenzenlos, zeitlos schwebte mein Bewusstsein in einer pulsierenden Ewigkeit, in einem überweltlichen Licht, das einen Zustand völliger Überantwortung kennzeichnet.«[115]

Bewusstseinswandel fördert Verantwortungsübernahme

Nach dem Krieg lud Frédéric Lionel schon 1946 deutsche Kinder zu Ferienaufenthalten an den Genfer See in sein Vaterhaus ein. Seine geistig-seelische Wandlung während des Krieges trieb ihn zur Übernahme von Verantwortung für unsere Zukunft. Zusammen mit seiner Ehefrau Geneviève, seinem Schwiegervater André Karquel und mit Garcia engagierte er sich dafür, das neue Bewusstsein, welches er selbst in sich erfahren und etabliert hatte, auch in anderen Menschen zu wecken. Diese neue Weltsicht sollte die Menschen aus dem Wiederholungszwang ihrer Zerstörungssucht heraus zur inneren Freiheit führen. An Gesprächen und Treffen am Genfer See, in Todtmoos und in der Schweiz nahmen in jeweils verschiedenen Besetzungen sein Freund Graf Dürckheim, D.T. Suzuki, Pier Vilayat Inayat Khan, Teilhard de Chardin, Krishnamurti, Bernhard d´Oncieu (ein Freund Satprems), Gabriel Monod-Herzen (Physiklehrender in Auroville) und viele andere teil.

Frédéric Lionel sagte zum Sinn solcher Treffen: »Gehen wir davon aus, dass im Rahmen der Fortschrittsspirale jeweils andere Aspekte der menschlichen Entwicklung besonders betont werden. Sieht man sich die Entwicklung der Menschheit des 19. und 20. Jahrhunderts an, muss man zu dem Schluss kommen, dass das mentale Universum sich verfeinerte und zur neuzeitlichen Wissenschaft und Technologie führte. Gleichzeitig muss aber erwähnt werden, dass diese technologisch-wissenschaftliche Entwicklung die Bestätigung einer auf anderen Ebenen stattgefundenen Entwicklung darstellt und dass demnach der Fortschritt darin besteht, im anbrechenden neuen Zeitalter die überlieferte Wissenschaft [er meint die Gnosis, Anm.d.Verf] mit der modernen Wissenschaft zu verbinden, um so eine Plattform zu schaffen für einen ganz neuen Fortschritt.«[116]

Zeuge des Jahrhunderts

Im Alter von 60 Jahren verkaufte Lionel seinen Betrieb und ergriff den Pilgerstab, wie er es selbst nannte. Er sah seine Berufung darin, entsprechend seinen tiefgehenden Erlebnissen und Erfahrungen, die Botschaft, die diese Erlebnisse und Erfahrungen enthalten, weiterzuleiten. »Ich weiß, wie schwer es ist, speziell wenn man sich einbildet, geborgen und zufrieden zu leben, die Berufung zu erkennen, die jedem von uns zufällt.« Er war überzeugt, wenn alles mit allem verbunden ist, wie die moderne Wissenschaft es beweist, sind wir Menschen nicht nur untereinander, sondern auch mit unserer gesamten Um-Welt verbunden. Er sah die Welt als einen lebenden

Organismus, ein lebendes Ganzes. »In einem lebenden Organismus hat jede Zelle eine Funktion, die sie erfüllen muss, um dem Gesamt-Organismus Harmonie, also Gesundheit, zu verleihen.«[117]

Frédéric Lionel konnte die vielgestaltige historische und spirituelle Tradition Europas seinen Zuhörern vermitteln. Meditation, Yoga, Tarot, I Ging, Weisheitstraditionen, Traumdeutung und spirituelle Gruppenerfahrungen wurden in seinen Seminaren praktiziert. Für seine Seminarteilnehmer war das der Weg nach innen, war für viele wie die Entstehung einer Blüte und später einer Frucht. Zu einem solchen Weg gehören fast immer spirituelle Erfahrungen verschiedenster Art. Er verläuft als zyklischer Wachstumsprozess, meist über viele Jahre. Ähnlich dem berühmten Labyrinth in der Kathedrale von Chartres, das Lionel gerne in Seminaren direkt vor Ort erläuterte, vollzieht sich auch der innere Weg wie in einem wunderbaren Labyrinth der Erkenntnisse. Erst nach vielen Versuchen, Irrungen und überraschenden Wendungen wird das Zentrum des Ganzen erreicht und erkannt. Wie schon am Beispiel der Alchemie dargestellt, sind innere und äußere Entwicklungsschritte eng miteinander verbunden. Die innere Bildung und die zielfreie Suche müssen im Leben gleichermaßen mit Herz und Verstand durchgeführt werden.

In den 30 Jahren seines Wirkens in Frankreich, Deutschland, in der Schweiz, in England, Amerika und Irland hielt Lionel viele Seminare und Vorträge. Es sind von ihm etwa 20 Bücher in sechs Sprachen veröffentlicht worden. Er war Gast in einigen Radio- und Fernsehsendungen, etwa als »Zeuge des Jahrhunderts« im ZDF und in »Wortwechsel« im SWF. Frédéric Lionel sprach in Firmen, auf Friedensveranstaltungen, in Universitäten, Kirchen, Privathäusern und zahlreichen Tagungsstätten. Seine Einsichten laden uns ein, unsere Wurzeln zu verstehen, um uns selbst zu erkennen. Erst auf dieser Basis wird ein sinnvolles Handeln in der Gegenwart für eine glückliche Zukunft möglich. Lionel zeigt uns mit seinem Leben, wie Ingenieure ihre Verantwortung leben könnten.

5
Umsetzungsschritte im integralen Bewusstsein

»Der zündende Funke des Denkens, der aus einem einzelnen Geist entspringt, entfacht seinesgleichen in einem anderen Geist.«

Thomas Carlyle

Wahrnehmungen im Alltag

Mitgefühl und Liebe

Wir Menschen sind gerade in unseren vielfältigen Entwicklungsprozessen heute nur als Gruppenwesen erfolgreich. Dabei spielt die Harmonie zwischen uns nicht nur in den Partnerbeziehungen, sondern auch in unserem Beruf und in unseren verschiedenen sozialen Gemeinschaften eine zentrale Rolle. Das Bewusstsein für unsere positivsten Gemeinschaftsgefühle nennen wir Liebe und Mitgefühl. Erkenntnis wird eher als geistiges Phänomen erfahren, als Geistesblitz, Intuition oder in tiefer Stille als mystisches Erleben. Liebe, Mitgefühl und innerer Frieden haben dagegen weniger mit mentaler Aktivität und mehr mit energetischer Wahrnehmung und Ausstrahlung, speziell im Herzbereich, zu tun.

Erkenntnis und Mitgefühl sind zwei miteinander verflochtene Wege zu höherem Bewusstsein. Wir spüren in bewussten Momenten Mitgefühl, Liebe und Erkenntnis auch in einer energetischen Intensität in uns. Wir sind dann seelisch und geistig mit dem All-Einen verbunden, was sich uns in allem zeigt. Jedes gute Team realisiert im Kleinen einen Teil dieser gemeinsamen Verbindung mit dem Ganzen. Mitgefühl als Erfahrung der Arbeits- und Lebensgemeinschaft mit anderen Menschen ist für alle erfüllend und schafft Verbindlichkeit. Mitgefühl als Verständnis und Herzensverbindung spielen eine herausragende Rolle in hochmotivierten Teams. Ebenso in Kundenbeziehungen sind gegenseitiger Respekt und der Spaß am gemeinsamen Arbeiten und Zusammensein essenziell. Gerade diese sogenannten weichen Faktoren spielen bei Kundenbindung, bei der Lösung von Problemen durch Teamarbeit oder dem gemeinsamen Bewältigen schwieriger Stresssituationen in Projekten eine große Rolle. Teamarbeit ohne echtes Mitgefühl ist zum Scheitern oder zum Versagen verurteilt.

Es geht im Alltag oft um die richtige emotionale Einstellung in der Kommunikation. Hier kann der spirituelle Weg des Mitgefühls und der liebevollen Arbeit im Dienst am anderen eine Übung zur Öffnung des Herzens sein.

Gerade bei einer Begegnung und Verbindung mit Menschen, mit der Natur oder dem Absoluten werden die Energiezentren – Chakren – angeregt, deren Beschreibung heutzutage Allgemeingut ist und die im Kapitel »Metaphysische und physische Kräfte« besprochen wurden. So wird das Herzchakra (Anahata) bei einer echten zwischenmenschlichen Begegnung spürbar warm. Die berühmten »Schmetterlinge im Bauch« bei der Begegnung mit einem anziehenden Partner aktivieren eher das Chakra unterhalb des Nabels (Hara). Jede Form von authentischem Kontakt ist mit einem Erkennen und einem Erkanntwerden auf der seelisch-spirituellen Energieebene in uns verbunden. Das mag dem einen oder anderen nicht bewusst sein und seltsam erscheinen. Solche Erfahrungen werden selten kommuniziert, weil sie scheinbar den Erwartungsrahmen sprengen. Dennoch sind sie real und zeigen bei etwas Übung auch eine eindeutige Form der Kommunikation an. Solche Kommunikation findet auch schon schweigend statt, zum Beispiel, wenn man sich auf der Straße begegnet und sich ansieht.

Gemeinsamkeit kann verschiedene Verbindungsbereiche betreffen, die in den entsprechenden Energiezentren subtil wahrnehmbar sind. Wenn der Schwerpunkt geistig ist, nehmen wir dies eher im Halsbereich (Vishuddha-Chakra) oder im Stirnbereich (Ajna-Chakra) als miteinander geteilte Anregung wahr. Harmonische Verbindungen können auch als Aktivierung auf den entsprechenden Chakrenebenen fühlbar werden. Die körperliche Nähe bei einer Tanzhaltung, zum Beispiel beim Standardtanz, ermöglicht einen direkten Kontakt gleich mehrerer Energiezentren. Ebenso schaffen Umarmungen unmittelbare Nähe und die Wahrnehmung der Aktivierungen im subtilen Körper.

Komplementäre Wahrnehmungen

Ganzheitlichkeit integriert verschiedene komplementäre Wahrnehmungen zu einem Gesamtbild. Das Gesamtbild einer perfekt geformten duftenden roten Rose entsteht in uns durch Sehen, Riechen und Betasten. Wir würden vom Duft allein nicht auf die Farbe der Rose schließen, so wie auch das Sehen allein den Tastsinn nicht ersetzen kann, wenn wir die samtene Weichheit der Blütenblätter wirklich erfahren wollen.

Die verschiedenen Wahrnehmungen sind komplementäre Aspekte des All-Einen.

Die verschiedenen Zyklen der Bewusstseinsentwicklung haben über die Jahrtausende an der Ausbildung der einzelnen Wahrnehmungsebenen mitgearbeitet. Es ist daher nicht überraschend, dass heute immer wieder Rückgriffe auf früher entwickelte Wahrnehmungskanäle und Bewusstseinszustände stattfinden, beispielsweise, wenn ekstatische Rhythmen in der Musik »wieder modern« werden, obwohl das archaisch-magische Aufgehen im Tanz zu rhythmischem Trommeln schon Teil ganz alter schamanischer Rituale gewesen ist. Ohnehin ist der Schamanismus als Ausdruck eines magischen Bewusstseins in unserer kulturellen Gegenwart besonders en vogue, beispielsweise ist das Experimentieren mit unbekannten Bewusstseinserfahrungen durch Pilze und Drogen weit verbreitet. Bei genauerem Hinsehen fällt auf, dass mythische Heilsgeschichten in Form von Storys von Idolen und Stars in den Medien als wesentlich wichtiger gelten als die persönliche Geschichte des eigenen Nachbarn. Vor allem die mythische Überhöhungen von Sporthelden zeigen diese ins Mythische verschobene Aufmerksamkeit. Demgegenüber sinkt beispielsweise das allgemeine Interesse am Gottesdienst, der als altbacken fallengelassen wird. Komplexe und tiefsinnige mentale Reflexionen, die in früheren Jahrzehnten noch als noble Beschäftigung des Geistes galten, erscheinen heute oft als ermüdend und werden nicht zuletzt von den magischen Wirkungen der Handys, Notebooks oder Fernseher überrollt.

Die mentale Verengung auf lediglich Faktenwissen ohne Zusammenhang zeigt sich überall. In beliebten Quizsendungen wird extremes Erinnerungsvermögen hoch gefeiert. In der akademischen Ausbildung wird ein extremes Faktenwissen trainiert und abgefragt. Doch weder die Unterhaltungsindustrie noch die akademische Welt interessieren sich für den kreativen und verantwortungsvollen Umgang mit diesem Wissen.

Andererseits werden in jeder Stadt und im Internet fortgeschrittene Meditationspraktiken aus Ost wie West angeboten. Für viele Menschen bietet heute ein bunter Mix gesellschaftlich tolerierter Möglichkeiten – oftmals jedoch unbewusst – eine Intensivierung der verschiedensten Wahrnehmungen an. Andere streben bewusst nach Erweiterung ihrer Wahrnehmungsfähigkeiten.

In der individuellen Vielfalt der Aktivitäten spiegelt sich gegenwärtig das ganze Spektrum der Bewusstseinsentwicklung in der Welt.

Teamspirit

Das Netzwerk unserer intensiven – oft auch nonverbalen – Kommunikation kann im Alltag, besonders im beruflichen Umfeld, mit einfachen Mitteln positiv gestimmt werden, zum Beispiel mit einer netten Bemerkung, einem freundlichen Lächeln, echter Anerkennung oder einem gemeinsamen Scherz. Dieser feine Spirit gehört zu den wichtigsten Qualitäten eines erfolgreichen Teams. Auf neue Kollegen oder gerade auch potenzielle Kunden wirkt diese Aura eines Teams anziehend. Für die Mitglieder des Teams wirkt sie wie eine subtile Schutzhülle der Geborgenheit und Gemeinsamkeit. Konstruktive Kritik und Wertschätzung für die Besonderheiten jedes einzelnen verstärken diese Verbindung.

Werden solche feinen positiven Qualitäten in einem Team vernachlässigt, zerstört oder gar nicht erst ausgebildet, führt dies früher oder später zu einem gravierenden Absturz der gemeinsamen Leistung. Jede erfolgreiche und nachhaltige Produkt- oder Leistungsentwicklung hängt stark vom positiven Einfluss des jeweiligen Teamspirits ab, ebenso wirkt dieser auf die Kreativität des Teams und die Loyalität zum Unternehmen. Gerade bei schwierigen Projekten oder internationalen, anspruchsvollen Kunden sind erfahrene und im Team positiv vernetzte Expertinnen und Experten für den Erfolg maßgeblich.

Es gibt im High-Tech-Bereich, unabhängig von den Technologien, eine signifikante Quote von Projekten, die scheitern, weil die Projektarbeit nicht erfolgreich als Teamarbeit angegangen wird oder der Teamprozess Mängel aufweist. Wenn beispielsweise vertrauensvolle Zusammenarbeit oder konstruktive Kritik nicht möglich sind, werden Probleme nicht aktiv gelöst, sondern verschoben. Aus einer Studie der Beratungsfirma Steria Mummert Consulting in der Fachzeitung *Information Week* aus dem Jahre 2009 geht hervor, dass 24 Prozent der untersuchten IT-Projekte ergebnislos abgebrochen wurden. In einer Studie der Bad Harzburger Akademie für Führungskräfte mit 400 Führungskräften wird das Scheitern von Projekten darauf zurückgeführt, dass die Art der Kommunikation und die Kultur zwei der entscheidenden Faktoren darstellen.

Nachhaltige Verhaltensänderung

Ein integrales Bewusstsein erfordert die Bewusstmachung dessen, was wir sind. Das zu erkennen, ist ein Weg und eine Lebensaufgabe. Unsere gesellschaftliche Bewusstseinsentwicklung drängt heute als unsichtbare Strömung nach integraler Verwirklichung durch Gesamtschau im Bewusstsein. Es gibt dabei auch Übertreibungen und Rückfälle. Integration bedeutet nicht, einen Teil der Wahrnehmung über alles und alle anderen zu setzen, denn sie lebt von der Zusammenschau der komplementären Facetten des Gesamtbildes. Komplementär bedeutet dabei (analog zur Physik), dass das Bewusstsein einzelne Facetten der Wahrnehmung der Welt über verschiedene Kanäle und Zugänge entfaltet. Die Gesamtheit der verschiedenen Facetten – beispielsweise ein offener Geist, Intuition, Mitgefühl und Liebe, mentale Analyse, Imagination (innere Bilder), archaische

Instinkte, magische Einheit, mythisches Empfinden, körperliche Sinne und spirituelles Erkennen – ergeben ein integrales Gesamtbild unserer Welt.

Die integrale Ganzheit wird als Wahrnehmung der zeitlosen Gegenwart im inneren Anklang erfasst. Insbesondere unsere tiefe Resonanz auf diesen inneren Anklang führt uns in eine Richtung, in der wir auf der Suche nach uns selbst direkte und unzweifelhafte eigene Erfahrung einer spirituellen Wirklichkeit machen können.

All-Einheit ist eine praktische spirituelle Erfahrung und danach ein Wissen, das wir aus eigener Erfahrung schöpfen müssen.

Pim van Lommel konnte im Ergebnis seiner durchgeführten Befragungen im Abstand von mehreren Jahren die nachhaltige positive Verhaltensänderung der Menschen mit spiritueller Erfahrung (der NTE) statistisch nachweisen. Wertschätzung für die täglichen Dinge des Lebens nahm zu. Geld, Besitz und Macht wurden weniger wichtig. Tabelle 7.7[118] zeigt die signifikanten Unterschiede als prozentuale Veränderungen. Positive soziale Haltungen, Spiritualität, weniger Angst vor dem Tod und höheres Interesse am Leben nahmen nach zwei Jahren und nochmals deutlicher nach acht Jahren zu. Eine langfristige Verhaltensänderung war eindeutig nachweisbar. In Tabelle 4.4[119] zeigt van Lommel die Ergebnisse amerikanischer Studien, wonach Intuition und spirituelle Wahrnehmung nach einer NTE ebenfalls signifikant zunahmen. Von der spirituellen Realität waren die Menschen auch noch 19 Jahre nach ihrer NTE-Erfahrung überzeugt. Sie waren weniger an organisierten Religionen interessiert, aber dafür selbst auf der Suche nach einem spirituellen Sinn im Leben. Sie hatten keine Angst vor dem Sterben und glaubten aus eigener Erfahrung an ein Weiterleben nach dem Tod. »Für wahr halten ist jetzt durch Wissen über die spirituelle Realität ersetzt«, wie es van Lommel in einem Interview beschrieb. Verstärkte Intuition erlebten 92 Prozent der Befragten. Der Wunsch, anderen zu helfen, nahm bei den meisten stark zu, ebenso Liebe und Mitgefühl. Die Bedeutung von Natur und Umwelt wurde wichtiger, wohingegen die Bedeutung von Besitz, Geld und Lebensstandard deutlich abnahm. Dieser erstaunliche Befund war übrigens deutlich abweichend von der Kontrollgruppe der Patienten mit Herzstillstand, aber ohne NTE.

Menschen mit einer Nahtoderfahrung oder tiefen Einheitswahrnehmungen (beispielsweise in der Meditation) durchlaufen offensichtlich eine spirituelle Wandlung, die auch praktische Konsequenzen für ihr Leben und ihre Einstellungen hat. Diese Feststellung ist insofern wichtig, weil sich eine tiefe spirituelle Erkenntnis der Wirklichkeit vor allem im Leben nachhaltig auswirkt, und zwar mit einer konkreten positiven Tendenz zu mehr Sinnhaftigkeit, Mitmenschlichkeit, Respekt vor der Umwelt (Natur) und einer allgemein zugewandteren Haltung. Der zu Anfang des Buches genannte Orientierungsverlust im heutigen fragmentierten Bewusstsein wird durch eine tiefe Einsicht in die All-Einheit der spirituellen Wirklichkeit korrigiert. Sinn wird erkennbar.

Spirituelle Motivation und berufliche Orientierung

Eine solche nachhaltige Verhaltensänderung, Intelligenz mit Weisheit kombiniert, würde die heutigen globalen Krisen effektiv angehen. Die rücksichtslose Ausbeutung aller Ressourcen könnte in eine ressourcenschonende Kreislaufwirtschaft münden. Diese von Dennis L. Meadows geforderte Weisheit könnte zu einer sinnvollen und gesellschaftlich gewollten Neuorientierung in Richtung inneres Wachstum führen, das als höchste Motivation erlebt wird. Eine wirksame Verhaltensänderung nur durch Verbote ist in demokratischen Systemen schwer umsetzbar. Eine spirituell motivierte freiwillige Verhaltensänderung führt hingegen durch geänderte Wertmaßstäbe in die ökologisch nachhaltige Richtung. Es wird weniger der Verzicht auf Konsum als Problem empfunden, sondern die Erfüllung von Glück und Lebenssinn wird zum Motor der Handlungen. Auch dafür gibt es gesellschaftliche Beispiele:

In Bhutan werden messbare politische und ökologische Ergebnisse als Folge eines anderen gesellschaftlichen Bewusstseins erzielt. (Padmasambhava hat auch in Bhutan, wie in Tibet, tiefe spirituelle Spuren hinterlassen.) Schon seit über 200 Jahren wird auf der politischen Ebene ein Vorrang des sogenannten »Bruttonationalglücks« vor dem Bruttosozialprodukt umgesetzt. Bhutan hat heute als eines von drei Ländern weltweit keine CO_2-Emissionen mehr, unter dem Strich wird sogar mehr CO_2 gebunden als abgegeben (negative CO_2-Emissionen).

Für Industrieländer wäre eine nachhaltige Änderung des »spirituellen Klimas« wohl eine Voraussetzung, um aus der Spaltung in der heutigen Gesellschaft zu gemeinschaftlicher Nachhaltigkeit in der Entwicklung zu kommen. Der Quantensprung des gesellschaftlichen Bewusstseins vom defizient mentalen hin zum integralen Bewusstsein wird damit auch politisch höchst bedeutsam, um die sich verschärfenden Krisen zu meistern, ohne auf totalitäre Scheinlösungen zu verfallen.

Die naturwissenschaftlich-technische Ausbildung der Ingenieure und Schöpfer unserer modernen wissenschaftlichen Welt konzentriert sich heutzutage auf Analyse, Daten, Fakten und Konzepte. Mathematik, Denken in grafischen Zusammenhängen und konstruktive Methodik bilden die Basis. Jede kreative Idee und jedes innovative Konzept ist jedoch immer ein Ergebnis der Zusammenarbeit von Intelligenz und Intuition. Dabei ist die persönliche Motivation jedes einzelnen ganz entscheidend. Das Bedürfnis nach einem ganzheitlichen sinnvollen Leben sollte materielle Wünsche überwiegen, wenn wir mit unseren schöpferischen Fähigkeiten die offenen Fragen unserer Zeit nachhaltig beantworten wollen. Eine solche wieder aufkommende Suche nach Sinn nennt man derzeit »Purpose«-Bewegung in der Wirtschaft. Sinn motiviert Teams in Firmen zum Gemeinwohl und weniger zur maximalen Rendite. Sinnorientierung und Motivation dient auch bei Bankinstituten zur Qualifizierung ihrer Anlagen als nachhaltig. Eine authentische Suche nach innerer (Selbst-)Erkenntnis ist heute notwendig. Sinn kann nicht einfach aufgesetzt oder als Schmuck hinzugefügt werden. Die Sinnwahrnehmung ist ein Ergebnis eines längeren Weges, der nach innen führt und dann nach außen in eine sinnvolle Umsetzung mündet.

Leitlinie der sinnvollen Schöpfung

Als Ingenieur habe ich 1993 als eigene Richtschnur meiner beruflichen Tätigkeit eine »Charta für Schöpfer sinnvoller Entwicklungen« geschrieben, um eine praktische Orientierungshilfe anzubieten. Diese Charta ist ein Motivationstext:

- Nur sinnvolle Handlungen und Mittel führen zu nachhaltigen Ergebnissen. Ich fühle mich vor allem meinem Gewissen und meiner eigenen Verantwortung für meine Arbeit verpflichtet, mit der ich meinen Mitmenschen dienen und die Harmonie in der Welt fördern will.
- Ich habe den Mut, feste Meinungen loszulassen, um mich der Intuition und der ganzheitlichen Eingebung zu öffnen. Ich vertraue in meinem Handeln meiner inneren Stimme – sie ist meinem wahren Wesen am nächsten.
- Ich schöpfe das Neue aus dieser inneren Quelle. Dann bewerte ich meine Ideen und Entwürfe sorgfältig und vorurteilsfrei mit meiner inneren Wahrnehmung, meinem Verstand und meinem Gewissen.
- Ich vertraue auf das göttliche Grundgesetz im Ineinanderwirken der Kräfte und Rhythmen im geistigen Kosmos. Nur wenn meine Idee sinnvoll, schön, gut und richtig ist, materialisiere ich sie – sonst verwerfe ich sie ohne Beachtung von nur-rationalen Argumenten.
- Ich bin demütig vor der Größe und Weisheit der Schöpfung. Ich versuche, als Helfer das große Schöpfungswerk der Natur voranzubringen. Ich entwickle alle meine latenten Wahrnehmungsfähigkeiten, um diesem Ziel bestmöglich dienen zu können.
- Ich will treu sein dem, was ich wesentlich bin, in dem, was ich täglich tue.

- Dies führt mich von meinem Beruf zu meiner wahren Berufung in meiner Arbeit, die dann zur Kunst und zum Weg der inneren Reifung für mich werden wird.

Auch der Verein Deutscher Ingenieure (VDI) hatte schon im Jahre 2002 »Ethische Grundsätze des Ingenieurberufs« veröffentlicht. Der VDI als größte Organisation der Ingenieure in Europa bezieht darin sinnvolles Handeln als generelle ethische Forderung an Ingenieure mit ein. Der VDI unterstreicht in seiner Zusammenfassung Ethischer Grundsätze von 2002, dass Ingenieurinnen und Ingenieure allein oder mitverantwortlich sind für die Folgen ihrer beruflichen Arbeit sowie die sorgfältige Wahrnehmung ihrer spezifischen Pflichten. Sie bekennen sich zu ihrer Bringpflicht für sinnvolle technische Erfindungen und nachhaltige Lösungen, sind sich der Zusammenhänge technischer, gesellschaftlicher, ökonomischer und ökologischer Systeme und deren Wirkung in der Zukunft bewusst, vermeiden Handlungsfolgen, die zu Sachzwängen und zur Einschränkung selbstverantwortlichen Handelns führen.[120]

Eine 2021 überarbeitete und jetzt mit vielen Details formulierte Version ist ebenfalls als Download verfügbar.[121] Dabei dominieren entsprechend der heutigen Vorstellungen im Jahre 2021 Detailaussagen zu ethischen Grundsätzen zur KI und Digitalisierung vor sinnvollen Zusammenhängen des schöpferischen Handelns. Diesem Selbstverständnis der Ingenieure entspricht heute eine dominierende Rollenerwartung als leitende Handelnde im Interesse der Firmen und der Kapitalmärkte. Dennoch zeigt sich, dass in unserer Industriegesellschaft durch internationalen Wettbewerb und eine feststellbare mentale Orientierungslosigkeit bei uns der Druck und der Wunsch in Richtung Sinn und Kreativität gerade bei der jungen Generation der Ingenieurinnen und Ingenieure wächst. Bei absehbarer Ressourcenverknappung zeigt sich das Versagen der spekulativen Märkte für Planung und Bereitstellung der wichtigen Rohstoffe. Verantwortung, strategischer Weitblick und ganzheitlich sinnvolle Kreativität der Ingenieure für die gesellschaftliche

Entwicklung sind durch den Glauben an neoliberale Märkte nicht mehr zu ersetzen.

Sinn als Motivation

Schon seit vielen Jahren bildet in der Personalführung die sogenannte »Bedürfnispyramide« nach Abraham H. Maslow die Basis der Motivationstheorie von Arbeitspsychologen. Dabei wird in einer Stufenpyramide die aufsteigende Bedeutung von Motivationsthemen dargestellt. Als oberste Stufe erkannte Maslow, US-amerikanischer Psychologe und Gründervater der Humanistischen Psychologie, die Sinnstiftung und Transparenz als höchste Motivation der Beschäftigten, wenn deren Grundbedürfnisse nach Auskommen und Arbeitsplatzsicherheit erfüllt sind. Verkürzt kann man sagen, dass »noch mehr Geld« ab einem gewissen Punkt nur noch kurzfristig motivierend wirkt. Sinnerfahrung in der Arbeit wirkt hingegen dauerhaft motivierend. So wichtig wie technologische Fähigkeiten ist demnach auch die Motivation: Sinnvolle Ergebnisse der Arbeit sind wichtige Basis vor jeder finanziellen Optimierung des Geschäfts. Zuerst die Orientierung, dann die Optimierung. In der Purpose-Bewegung wird dabei das Thema Teamwork beispielsweise auch auf den Besitz der Firma und der Produktionsmittel ausgedehnt. Die Anteile werden von den schöpferisch tätigen Mitarbeitern oder von einer Purpose-Stiftung gehalten. Unternehmer geben dabei ihre Gewinnabschöpfung und ihre Macht großenteils zugunsten dieser sich selbst stabilisierenden Eignerstruktur ab. (Es wird zur Zeit versucht, dieses Geschäftsmodell auch im GmbH-Recht zu verankern.)

Gemeinwohlorientierung der Wirtschaft

Die Sinnorientierung einer Gesellschaft baut auf gesteigertem Gemeinwohl auf. Das war und ist das Ziel der politischen Theorie in West und Ost seit Aristoteles und Konfuzius. Im Grundgesetz der Bundesrepublik Deutschland, Artikel 14, Absatz 2 wird die Nutzung von Eigentum dem Gemeinwohl verpflichtet: »Eigentum verpflichtet. Sein Gebrauch soll zugleich dem Wohle der Allgemeinheit dienen.«[122] Im heutigen Zeitgeist bestreitet jedoch die moderne Soziologie die praktische Orientierung am Gemeinwohl und führt stattdessen eine an Gruppeninteressen orientierte Motivation ein: »In einer pluralistischen Gesellschaft bestimmen über das Gemeinwohl meist die Gruppen, die sich darauf berufen und einen unmittelbaren Nutzen davon haben.«[123] Damit wird der Fragmentierung und kommerziellen Zersplitterung der Gesellschaft das Wort geredet. Die Zerstörung des Gemeinsinns und des Gemeinwohls ist ein weiterer Baustein des materialistischen Werteverlusts in der heutigen defizient mentalen Phase des gesellschaftlichen Bewusstseins. Der Glaube an das Gemeinwohl basiert auf der über Jahrhunderte tradierten Überzeugung, dass Gemeinschaftsbildung und Zusammengehörigkeit zu gemeinsamer Kultur und vertrauensvollen Beziehungen führen. Gruppeninteressen werden heute im Sinne der Diversität vor Gemeinwohl gesetzt: »Gemeinsinn und Solidarität mit Verantwortung für das Gemeinwesen waren zu dieser Zeit [nach dem Zweiten Weltkrieg] in großen Teilen der Gesellschaft anerkannte Werte, gegen die sich zu wenden als unmoralisch galt […] Aber eine Gesellschaft, die ihre Traditionen, ihre Werte und ihre Gemeinsamkeiten zerstört, zerstört den Kitt, der sie zusammenhält.«[124] Heute ist die Zerstörung des Gemeinsinns in der politischen Diskussion ein Alarmsignal, das ebenfalls deutlich auf die überall sichtbare Fragmentierung im Denken verweist.

Christian Felber, österreichischer Universitätslektor und internationaler Referent, erläutert seit Jahren die visionären und wertvollen Dimensionen der Gemeinwohlökonomie. Felber zeigt, dass nach einer Gallup-Umfrage ohne ein Gefühl für den Sinn ihrer Arbeit 66 Prozent der Mitarbeiter ohne Herzblut bei der Arbeit sind. Es ist naheliegend, dass dabei keine ganzheitlichen oder überzeugenden Innovationen entstehen können. Felber plädiert in seiner sehr genauen Darstellung für eine Wiedereinbettung der Ökonomie in das Gesamtsystem der Ökosphäre und der menschlichen Gesellschaften, denen es dienen sollte.[125] Die Verletzung dieser

Gemeinwohlorientierung der Wirtschaft wird auch in Deutschland in der Verarmung großer Bevölkerungsgruppen deutlich. Weltweit zeigt die Betrachtung der wieder anwachsenden Hungerwelle auf 811 Millionen Menschen im Jahr 2020 die Konsequenz egoistischen wirtschaftlichen Handelns sehr deutlich. Die Bewegung der Gemeinwohlökonomie hat starken Zulauf, auch im Rahmen der *Sustainable Development Goals* (SDGs) der UNO, und wird von Tausenden Unternehmen und Einzelpersonen unterstützt. Als Graswurzelbewegung packt sie das Thema einer sinnvollen Ökonomie und Finanzwirtschaft von der praktischen Seite an und ist sicherlich ein Zeichen für einen Bewusstseinswandel zur Sinnorientierung mit praktischem Umsetzungswillen.

Kreativität und ganzheitliche Schöpfung

Gelungene menschliche Kreativität und erfolgreiche ganzheitliche Schöpfungsprozesse finden heute oft unbewusst statt. Dieser Rückgang der Kreativität und Innovationsfähigkeit wird auch in Deutschland im September 2021 durch ein Ranking der UN-Organisation für geistiges Eigentum (Patentanmeldungen) bestätigt. Darin rutscht Deutschland im Verlauf eines Jahres von Platz 23 auf Platz 57 ab (bei 132 betrachteten Volkswirtschaften). China steigert sich von Platz 14 auf Platz 12. Die ersten Plätze werden unter anderen von der Schweiz, Schweden, der USA, Großbritannien, Südkorea und den Niederlanden belegt. Die Alarmsignale für die zukünftige Entwicklung Deutschlands sind sehr deutlich. Sie werden in der öffentlichen Diskussion jedoch von vordergründigen Themen überlagert und nicht wahrgenommen.

Kreativität ist gerade in unserem Hochlohnland mit wenigen Rohstoffen die einzige echte Ressource im internationalen Wettbewerb! Nur die Entdeckung und Ausbildung unserer kreativen Potenziale generiert neue nachhaltige Chancen. Es kann für uns und Europa nicht darum gehen, die amerikanischen IT-Konzerne zu kopieren oder die chinesische zentralistische Parteidoktrin und Planungskompetenz zu übertreffen. Es geht um Projekte mit ganzheitlichen Lösungen, bei denen alle Aspekte von Umwelt, technischen Anlagen, intelligenter Software und ökologisch langfristiger Effektivität integriert werden müssen. Auf Seiten der Konsumenten hat das Bewusstsein, dass auch Veränderungen im Konsumverhalten notwendig sind, schon weite Kreise erreicht. Es ist sinnvoll, den Menschen, die nach Verbesserung des Zustandes streben, dafür Lösungen anzubieten. Dabei sollte Kreislaufwirtschaft Bestandteil solcher Lösungen sein.

Wenn echte Kreativität stattfindet, ist sie immer mit dem intuitiven Erkennen von Zusammenhängen und der Umsetzung zu einer sinnvollen Lösung verbunden. Idealerweise wird von einer ganzheitlichen Wahrnehmung des Sinnes ausgehend die Richtung und der Schwerpunkt einer Entwicklung erkannt. Gerade in Krisensituationen ist Kreativität – unter Druck – schwierig, aber unerlässlich. Die analytische Seite in uns wird durch unser Schulungssystem und die Universitäten trainiert. Eine ausschließliche Anwendung solchen Faktenwissens führt jedoch zu dem beklagten fragmentierten Weltbild und vielen aufwendigen und oft sinnlosen Lösungsversuchen. Kein Wunder also, wie wenig Weisheit in der modernen Click&Collect-Gesellschaft vorhanden ist. Selbst die sogenannten »Alternativen« oder »Umweltaktivisten« verfolgen oft eine strikt rational-materialistische Agenda, die Verdrängung unerwünschter Fakten und rigorose Forderungskultur beinhaltet. Die einfache Tatsache, dass jede Veränderung bei uns selbst beginnt, klingt vielen zu anstrengend!

Der kreative Stufenprozess

Um die kreativen Potenziale in uns zu aktivieren, ist erfahrungsgemäß zusätzlich zu innerer Wachheit auch ein methodischer Ansatz hilfreich. Morgendliche Meditationsübungen (innere Stille) als Start in den Tag beispielsweise machen innere Wachsamkeit und Achtsamkeit leichter. Bei wichtigen Entscheidungen ist die schweigende innere Nachfrage nach der sinnvollen Orientierung notwendig. Die richtige Richtung wird in der inneren Wahrnehmung spürbar. Die Sammlung von Fakten und die rationale Analyse gehören zur Basis, füllen das Cluster mit Fakten. Sinn wird ganzheitlich erkannt. Kreativität unter Berücksichtigung von Ressourcen, Knowhow und Fähigkeiten im Team sind nur in einem ganzheitlichen Teamprozess fruchtbar. Die mentale Vorwärtsrichtung hilft nicht, wenn man auf dem falsch fixierten Weg ist oder die Orientierung verloren hat.

Die folgende Methodik kann die intuitive Erkenntnis der Zusammenhänge unterstützen. Der Managementprofessor Michael LeBoeuf beschreibt den kreativen Prozess der integrierten Nutzung beider Hemisphären über folgende fünf Stufen:

1. Die erste Einsicht: Die Saat der Schöpfung neuer Ideen wird in dieser ersten Phase des kreativen Zyklus ausgebracht.
2. Vorbereitung: Wenn Sie eine Idee im Keim verstanden haben, ist der nächste Schritt die sorgfältige Erforschung aller Möglichkeiten und Wege zur Weiterentwicklung und Ausarbeitung dieser Idee.
3. Die Inkubationszeit: Wenn Sie sich ausreichend mit Informationen versorgt haben, ist der nächste Schritt, das Problem Ihrer rechten Gehirnhälfte zu überlassen. Die Inkubationszeit mag kurz oder lang sein, aber eines steht fest: Sie ist notwendig. Gehen Sie spazieren, machen Sie ein Nickerchen, nehmen Sie ein Bad. Die nächste Stufe im kreativen Prozess kann nicht beginnen, bevor das Unbewusste seine Arbeit getan hat.
4. Die Erleuchtung: Der Höhepunkt des kreativen Prozesses ist der Moment der Erleuchtung. Ich hab´s gefunden! Plötzlich ist alles an seinem Ort, wenn uns eine neue Ansicht wie ein Blitz durch den Kopf schießt. [Der Blitz einer inneren Erkenntnis gibt allen bisher erkannten Teilen Sinn und Zusammenhang. Prioritäten und wesentliche Zusammenhänge werden klar von nebensächlichen Details unterschieden. Die intuitive Sinn- und Orientie-

rungs-Suche erfolgt mit Blick auf zeitliche Entwicklungen und ihre Folgen. Anm.d.Verf.]

5. Ausarbeitung: Sowohl Newton und Einstein als auch Darwin haben Jahre damit verbracht, ihre Theorien, die ihnen im magischen Augenblick der Erleuchtung erschienen, auszuarbeiten, zu verfeinern, praktisch zu erproben und zu bestätigen. [Erst jetzt wird die Pflichtenhefterstellung und das Lösungskonzept des Entwicklungsprojektes erarbeitet. Als Umsetzungsmethode des Vorhabens ist auch eine agile Methode möglich. Ohne sinnvolle Zielrichtung ist es allerdings ein blindes Stochern im Nebel. Anm. d. Verf.][126]

Dieser von LeBoeuf aufgezeigte Zyklus wird prinzipiell bei heutigen Kreativitätsworkshops in einer verkürzten Version angewendet. Die Intuition selbst spielt in solchen Workshops regelmäßig keine Rolle oder nur eine Nebenrolle. Die Betonung liegt auf (mentalen) Denkweisen zur Generierung von Ideen. Der Fünf-Stufen-Prozess basiert aber auf der Notwendigkeit, beide Seiten – Verstand und Vernunft, Intelligenz und Weisheit – einzubringen und zu üben. Nur so kann echte Kreativität entstehen. Hierbei sind die erste Einsicht, die Inkubation und Erleuchtung eher Funktionen der dominierenden rechten Hemisphäre, während die Vorbereitung und Überprüfung von der linken Hemisphäre dominiert sind.

LeBoeuf betont: »Der wahre Kern der Kreativität liegt in einer synergetischen Beziehung zwischen der linken der rechten Hemisphäre.«[127] Eine große Anzahl von Beispielen belegt die Wirksamkeit dieses Vorgehens, so etwa der von LeBoeuf angedeutete Vorfall, bei dem Isaac Newton das Gravitationsgesetz entdeckte. Nach langem Kartieren der Landkarte des damals physikalisch Bekannten ergriff ihn plötzlich die tiefe Einsicht über die Anziehungskräfte, als er einen Apfel zu Boden fallen sah. Ähnlich Albert Einstein, welcher die Grundidee für seine Relativitätstheorie in Zürich beim Gang zu seiner Arbeitsstelle spontan erkannt haben soll, als er eine große Turmuhr betrachtete. In beiden Fällen hatten die Forscher vorher schon sehr viele theoretische Überlegungen angestellt, was die Einsichten letztlich vorbereitete. Auf vergleichbare Art sammelte im LeBoeuf-Beispiel Charles Darwin Informationen für seine Evolutionstheorie. Dabei entzogen sich ihm die zugrundeliegenden Prinzipien so lange, bis er eines Tages eine Art Blitzerkenntnis hatte. Darwin schrieb: »Ich kann mich sogar an die Stelle auf der Straße erinnern, wo mir zu meiner Freude plötzlich die Lösung erschien, während ich in meiner Kutsche saß.«[128]

In seinem Buch über die Bedeutung von Vorahnungen erforschte der US-amerikanische Physiologe und Psychologe Walter Cannon die kreativen Methoden von 232 Chemikern. Die Ergebnisse zeigen, dass über ein Drittel von ihnen den eigenen inneren Ahnungen vertraut hatte, bevor sie zu kreativen Einsichten gelangten. Der kreative Mensch ist sich seiner intuitiven Einsichten sicher und erkennt darüber auch den Sinn, den Roten Faden hinter dem Wust der Einzelheiten. Allerdings dauert es meist sehr lange, bis eine intuitive Einsicht in der Sprache der jeweiligen Wissenschaft dargestellt, also bewiesen und damit integriert wird, wie auch C.G. Jung betonte. Thomas Edison wird der Satz zugeschrieben, Kreativität bestehe zu 10 Prozent aus Inspiration und zu 90 Prozent aus Transpiration. Beide Hemisphären kommen im richtig durchgeführten kreativen Prozess zu einem schönen, manchmal überraschenden und oft eleganten Gesamtergebnis als Lösung des jeweiligen Problems. Die Lösung scheint sinnvoll, muss aber auch logisch sein und bewiesen werden.

Die Lösung ist scheinbar einfach, wenn sie wirklich gut ist.

Hohe Komplexität ist oft ein Zeichen von zu viel Faktenwissen und zu wenig Intuition.

Die Umsetzungsplanung kann danach anspruchsvoll sein. Im Ergebnis führen überkomplexe Lösungen zu wenig Robustheit, lassen logische Brillanz vermissen und sind nicht einfach zu verstehen oder weiterzuentwickeln. Akzeptanz, Effizienz, Resilienz und Anpassungsfähigkeit als Qualitätsmerkmale guter Lösungen sind bei überkomplexen Lösungen gering. Die Kosten sind aber viel höher im Vergleich zu wirklich guten und einfachen Lösungen. Das wird regelmäßig in massiven Budgetüberschreitungen vieler heutiger Projekte augenfällig.

In der beruflichen Erfahrung spielen kreative Teamprozesse für neue Produkte und Leistungsmerkmale eine ausschlaggebende Rolle. Eine günstige Voraussetzung dafür sind kleine überschaubare Teams (etwas weniger als 10 Personen) als kreative Kerne des Neuen. Sind Männer und Frauen in das Team eingebunden, befruchtet das ebenfalls kreative Gesamtlösungen. Eine sehr freie, schnelle und enorm kreative Arbeitsweise ergibt sich meist, wenn einzelne Teammitglieder auch schon an anderen, ähnlichen Produktentwicklungen (vor allem auch in unterschiedlichen Firmen) beteiligt waren. Es ist für alle beglückend und sinnstiftend, wenn ein kreatives Team von Experten wie eine professionelle Fußballmannschaft oder eine eingespielte Theatertruppe gemeinsam Ideen erzeugt, verfeinert und umsetzt. Diese Prozesse schaffen einen magischen Teamgeist, der kostbar ist. Eine bewusste Verstärkung dieses Teamspirit findet auch und gerade bei solchen ganzheitlich kreativen Arbeitsprozessen statt.

Die verschiedensten Kreativitätsmethoden schlagen einen Prozess ähnlich dem von LeBoeuf genannten vor, bei dem mit Bildern, Assoziationen und Brainstorming Ideen erzeugt werden, um diese anschließend zu integrieren, auszuformen und zu bewerten. (Manchmal wird der sogenannte Kreativitätsprozess allerdings auch zu einem mentalen Spektakel ohne jede ganzheitliche Qualität.)

Durchbrüche zur Ganzheit

Jean Gebser in seiner weitsichtigen Wahrnehmung beschrieb die gegenwärtige Umbruchsphase zum integralen Bewusstsein 1964 wie folgt: »Das neue Bewusstsein, das, sich selber vorausnehmend, in den schöpferischen Gestaltungen der Künstler, Denker und Wissenschaftler zuerst Kontur gewonnen hat, wird nicht vollgültig, solange es nicht im Alltag gelebt wird […] Aber die Wirrnis der heutigen

Situation erfordert eine gewisse Bereitschaft, Aufgeschlossenheit und Mitarbeit von jedem einzelnen […] Und jene, die sie [die neue Bewusstseinsstruktur] nicht annehmen, die in der alten verharren wollen, werden durch die neue Kraft im Verlauf der nächsten Generationen weitgehend ausgeschaltet werden […] Das defizient mentale, das (nur) rationale Bewusstsein, wird sich in zunehmender Technisierung und in zeitfalscher Anwendung der Technik selber das Grab schaufeln. Dies ist keine Prophetie, sondern Darlegung einer naturnotwendigen Entfaltung. Es [dieses neue Bewusstsein] wird auch die Technik in dem gleichen Maße umstrukturieren wie es unsere gesamte Wirklichkeit umzustrukturieren im Begriffe steht […] Große Umwandlungs-Prozesse wie der heutige, derart weit- und tiefreichende Mutationen wie die sich seit Generationen vollziehende, sind keine Zufälligkeiten, die sich etwa nur ontologisch, existenziell, soziologisch allein erklären ließen. Sie sind vom Ursprung her veranlagt, sind ein Nach-Sprung in die stets schon vorhandene Zukunft. Der im Irdischen und Alltäglichen sich in Raum und Zeit aufblätternde und entfaltende Ursprung erfüllt sich hier, auf unserer Erde, auf diese Art. Die göttliche, geistige Herkunft und Zukunft dessen, was uns als Geschehen erscheint, sollte über den bloßen Erklärungsversuchen nie vergessen werden. Und der Ursprung, aus dem heraus jeder Augenblick unseres Lebens lebt, ist göttlich geistiger Art. Wer das verneint, verneint sich selber.«[129]

Es war auch Gebser bewusst, dass diese Einsichten in unserer materialistisch dominierten Gegenwart noch nicht mehrheitsfähig sind. Er meinte allerdings, dass es mehr auf die Intensität des ganzheitlichen Erlebens einzelner als auf deren Anzahl ankomme, um diesem Neuen zum Durchbruch im Alltag zu verhelfen.

Ein allgemeines Gefühl von Frustration und Ungenügen sowie eine negative Grundeinstellung führen in die falsche Richtung. Wenn wir uns als einzelne – auch als Gruppen, Teams und Unternehmen – auf diesen Weg machen, ist der Alltag eine wesentliche Übungstrecke für die Ausbildung von meditativer Erfahrung, Gelassenheit und Ausdauer.

Wir können nur bei uns selbst anfangen, etwas zu ändern, dann ändert sich auch etwas in der Welt.

Ganzheitliches Bewusstsein im Alltag verbindet Denken mit einem zunächst offenen Gefühl für übergreifende Zusammenhänge, das geschult werden muss. Wenn wir beim Arzt oder in einem Geschäft sind und spüren plötzlich, etwas fehlt oder etwas stimmt nicht, sollten wir uns auf diese Wahrnehmung einlassen und damit üben. Oft erkennen wir gerade in einfachen Situationen eine verblüffende Wahrnehmung für Zusammenhänge, die nicht aus dem rationalen Denken oder emotionalen Fühlen abgeleitet sind, sondern über einen (noch) unbewussten Wahrnehmungskanal aufgenommen werden. Für eine solche Wahrnehmung ist ruhige Achtsamkeit statt emotionaler Aufregung wesentlich. Eine gefühlte klare Transparenzwahrnehmung für ein Netz von uns unbekannten Zusammenhängen kann uns besser leiten als Erinnerungslisten. So erkennen wir zum Beispiel ohne Anlass, dass bei der ärztlichen Untersuchung gerade eben etwas vergessen wird. Im Supermarkt spüren wir, dass wir etwas anderes (eventuell zusätzlich) einkaufen sollten.

Die Sicherheit im Umgang mit der inneren Wahrnehmung lässt sich täglich einüben.

Genauso kann die innere Frage nach der Eignung eines Medikamentes für unsere Genesung mit einem Gefühl der Zustimmung oder Ablehnung enden. Im Rahmen kinesiologischer Testungen wird beispielsweise genau damit gearbeitet, indem über eine äußere Reaktion, zum Beispiel Muskelkraft, bestimmte Tendenzen angezeigt werden. Ein ähnliches Prinzip wird in der Radiästhesie und Geomantie genutzt. Die Anzeige von energetischen Qualitäten der Erde, die wir bewusst wahrnehmen oder auch verdrängen, erfolgt dabei über geeignete Einhand- oder Zweihandruten. Diese sogenannte »Mutung« hat zum Beispiel bei der Suche nach Wasseradern eine hohe Trefferquote und wird deshalb aus Kostengründen einer physikalischen Ortung durch Schallwellen (speziell in Afrika) häufig vorgezogen.

Die Frage, was wir wahrnehmen können, ist nur durch die experimentellen Erfahrungen jedes einzelnen zu beantworten.

Hier kann eine überschaubare Versuchsanordnung sehr gut helfen, Zutrauen zu den eigenen Wahrnehmungsfähigkeiten durch Übung am einfachen Beispiel zu erlangen. Ein Kursleiter für das Arbeiten mit Wünschelruten (ein ehemaliger Lehrer) bestätigte aus seiner Erfahrung, dass ungefähr 30 Prozent der Teilnehmer seiner Kurse spontane Wahrnehmungen von sogenannten Gitterlinien oder Wasseradern hätten. Daran geknüpft seien für den Anwender erkennbare Richtungsausschläge mit einer Einhandrute. Durch Ausprobieren könnten viele Kursteilnehmer die von ihm vorher gezeigten Mutungen mit bereitgelegten Einhandruten aus Messing selbst vollziehen. Es sei also keineswegs eine völlig ungewöhnliche Begabung notwendig, um solche Erfahrungen zu machen.

Es gehören allerdings auch der Spaß am Experimentieren mit dem eigenen Bewusstsein und Freude an der eigenen Wahrnehmung dazu. (Meditationspraxis kann dabei sicher zu einer Öffnung der Wahrnehmungsmöglichkeiten beitragen.) Aus einer offenen Grundperspektive betrachtet, können durchaus verblüffende spirituelle Effekte und Fähigkeiten in uns auftauchen, die uns vorher gar nicht bewusst waren.

Wir sind eingebunden im Netz der Existenz, weil wir dessen Teil sind. Im Hinduismus wird die All-Einheit der Schöpfung als Netzwerk des Schöpfergottes Indra verdeutlicht. Jedes bewusste Wesen ist dabei eine »Perle in Indras Netz« und somit mit allen anderen Perlen verbunden. In jeder der Perlen spiegelt sich das Ganze. Das Netz ist ein wunderschönes und sehr aktuelles Bild des Gesamtbewusstseins als Reflexion des Alles-mit-Allem-in-Einem – als enge bewusste Verbindung aller zusammenhängender Teile des Ganzen.

Bewusstsein ist nicht das Ergebnis, sondern die Grundlage der körperlichen Existenz.

Vier Schritte zur Intuition

Zur verstärkten Aktivierung unserer Wahrnehmung der rechten Hemisphäre sind die ersten Schritte vielleicht die schwierigsten, weil unsere materialistische Denkgewohnheit uns blockiert. Versuchen wir, Intuition beispielsweise einmal bei der Parkplatzsuche anzuwenden. Wenn wir üblicherweise Probleme haben, einen Parkplatz zu finden, spüren wir in der Übungssituation bei der Anfahrt in Ruhe in uns hinein. Sollen wir links oder rechts, in diese oder jene Straße einbiegen? Es könnte gut sein, dass gerade dann jemand dort wegfährt oder an einer sonst voll belegten Straßenseite noch ein Platz ist.

Der Prozess zur Übung der Intuition stellt sich so dar:

- Die Entscheidung, sich auf diesen Vorgang überhaupt einzulassen.
- Vorstellungen, da oder da wäre es im allgemeinen (logisch) günstig und so weiter fallenlassen.
- Das Wagnis eingehen, vollkommen frei der inneren Stimme zu folgen.
- Gelassenheit, innere Ruhe (nach viel Übung auch inneren Frieden) in sich etablieren.
- Der inneren Stimme »lauschen«.
- Die innere Stimme (Gefühl, Ahnung oder Sinn) wahrnehmen und danach handeln, ohne darüber nachzudenken.

Die Überraschungen bei ersten Erfolgen machen neugierig auf weitere. Eine intuitive Öffnung verbindet die beiden Hemisphären in einem konzertierten Prozess, bei dem die rechten Hemisphäre wie ein Dirigent die Musik der Einzelinstrumente der linken Hemisphäre dirigiert und koordiniert.

Sinnvolle Entwicklungen

Mitten im mental-defizienten gesellschaftlichen Bewusstseinswandel hat die erneute Suche nach einem tieferen Sinn in unseren schöpferischen Handlungen weite Teile in Kunst, Wissenschaft, Technik und Wirtschaft erfasst. Sinn und Verantwortung wird auch gerade von der Jugend heute vehement eingefordert. In diesem Umfeld können sinnvolle Entwicklungen eine Belebung, Wiederentdeckung und Erschließung vorhandener ganzheitlich-kreativer Potenziale in unseren Projekten ermöglichen. Jede sinnvolle Entwicklung lebt von einer Befreiung der kreativen Kräfte und einem Weniger an bürokratischen Fixierungen. Dazu gehören relevante intuitive Erkenntnisse im Prozess der Richtungsbestimmung, konkrete Gefühle für Risiken, vertriebliche Spontanität und spontane Sympathie. »Zufälle«, beispielsweise die plötzliche Wahrnehmung von Chancen und Risiken, führen oft zu unmittelbaren Erkenntnissen, teilweise schon lange vor einem ermittelten detaillierten Faktenwissen. Zusammenarbeit und Vertrauen schaffen die Basis einer Gemeinschaft auf der Suche nach den besten Möglichkeiten, die auf Augenhöhe diskutiert und gemeinsam gefunden werden.

Sinnorientierung in der Anfangsphase

Es gibt bei der Entwicklung von Lösungen zu Beginn immer eine große Entscheidungsfreiheit – mit Konsequenzen, die erst viel später sichtbar werden. Deshalb sind Entwicklungsprojekte auch sehr schwer zu steuern. Die große Freiheit zu Beginn ist gepaart mit wenig »anfassbaren« Anfangsresultaten. Demnach sind Anfangsfehler bei Entwicklungen immer die teuersten und folgenreichsten. Besonders gravierend sind falsche Entscheidungen der Entwicklungsrichtung. Mit einer sinnorientierten Einstellung ist die Suche nach Orientierung bei einer Entwicklung gerade zu Beginn, aber auch im Entwicklungsprozess die beste Vorsorge für ein qualitativ gutes Ergebnis. Sinnvolle Konzeption ist Teamarbeit auf Augenhöhe. Ein gemeinsames Verständnis der richtigen Richtung der Entwicklung wird im Teamprozess erarbeitet, aber dann in Lösungskonzepten der Spezialisten durchentwickelt.

Eine innere Haltung der positiven Zugewandtheit und Achtsamkeit ist die Basis des schöpferischen Teamprozesses, besonders in der Anfangsphase eines Projekts. Nur so kann Kreativität stattfinden. Ganzheitliche Entwicklung ist ein Fluss (Flow), der in der Gegenwart Sinn hat. Sinn bedeutet jeweils eine Richtungsentscheidung der nächsten Entwicklungsschritte.

Die Gegenwart enthält den Keim der Zukunft, der sich bei Sinnfragen ausdrückt als das, was qualitativ gut und richtig ist.

Jede Entscheidung heute hat morgen Konsequenzen – wir bereiten unsere Zukunft in der Gegenwart vor.

Das Ergebnis einer Entwicklung hängt von einer langen Kette hoffentlich sinnvoller Gegenwartsentscheidungen ab, die unter den jeweiligen Umständen des Augenblickes bestmöglich angepasst sind und getroffen werden. Diese Erkenntnis hat sowohl Bedeutung für unser Leben als persönlicher Entwicklungsweg wie für jedes berufliche Entwicklungsprojekt. Man kann diesen Zusammenhang auch so formulieren: Die Produktqualität ist nur so gut wie die Qualität des (persönlichen und teambasierten) Entwicklungsprozesses. Sinnvolle Produktqualität ist also die direkte Folge der sinnvollen (individuellen) Entwicklungsprozesse der Beteiligten.

Damit einher geht eine wachsende Wahrnehmung des Lebenssinns und daraus folgend ein Weg sinnvoller Entscheidungen. Das bedeutet, die Umstände möglichst vollständig, also ganzheitlich wahrzunehmen und sich nicht von einer überholten Theorie blockieren zu lassen. Diese fließende, im Augenblick gegründete Haltung nennt man in der Weisheitstradition des Abendlandes »den zielfreien Weg gehen«.

Der zielfreie Weg erfordert Achtsamkeit in jedem Augenblick und vorurteilsfreie Wahrnehmung dessen, was richtig und sinnvoll ist in dem Moment.

Es gehört zur sinnvollen Entwicklung wesentlich eine innere Ruhe, aus der die Handlung oder die Gedanken frei (intuitiv und kreativ) fließen können. Weiterhin gehört dazu die Bereitschaft, feste Denkgewohnheiten aufzugeben. Sinn und Entwicklung verbinden sich immer auf diese Art, nämlich in der bewusst gelebten Gegenwart.

Jeder von uns kann nur an seiner Stelle im Leben und im Beruf zu diesem Bewusstseinswandel in der Gesellschaft beitragen. Aber gerade, wenn die Komplexität größer wird und die Gesamtheit der Möglichkeiten steil anwächst, ist eine Sinnorientierung die vernünftige Richtung einer Projektentwicklung.

Ganzheitliches Design mit Systemdenken

Wir denken bei vielen Entscheidungen zu wenig an den »Tod« unserer Produkte, denn unser Müll ist oft unverdaulich für die natürlichen und auch für die selbst geschaffenen Kreisläufe. Das gilt leider auch für den Hoffnungsträger Windenergie, wo eine Wiederverwendung der Kohlefaserverbundwerkstoffe der Windräder bisher scheitert. Und wieso sind nach Bauordnung massenhaft verbaute Wärmedämmstoffe Sondermüll? Kreislauffähigkeit muss zunehmend von Beginn an ein Teil der Produktentwicklung sein. Die Einbettung jedes Produktes muss demnach in die natürlichen oder künstlichen geschlossenen Zyklen so sein, dass das Ende direkt beim Design mitbedacht wird. Für alle Komponenten sollten die Schnittstellen zu den natürlichen Systemen und deren Aufnahmefähigkeit mitbilanziert und ausgewiesen werden. Die Versteigerung von Jahreskontingenten der erlaubten Umweltbelastungen bringt eine sehr erwünschte Rückkopplung der verknappenden Aufnahmekapazität der Umwelt mit sich.

Ganzheitliches Konstruieren neuer technischer Lösungen ist eine Frage der Kreativität und führt zu Schönheit und Effizienz einer Lösung. So wird beispielsweise im Schiffsbau statt der Summe der Einzeldisziplinen derzeit versucht, ein ganzheitliches Design zu bauen – der gesamte Lebenszyklus des Schiffes wird bewertet vom Bau über Betrieb bis zur Entsorgung oder Recycling. »›Angesichts zunehmender Anforderungen, zum Beispiel zum Umweltschutz, und einer wachsenden Anzahl von Vorschriften und Standards benötigen wir einen ganz anderen Ansatz‹, ist Jochen Marti, Direktor der Hamburgischen Schiffbauversuchsanstalt, überzeugt. Gemeinsam mit 40 Partnern aus der maritimen Industrie und Forschung Europas hat das Institut mit Holiship ein erstes ganzheitliches Entwicklungskonzept vorgelegt«, schreiben die *VDI nachrichten* vom 26. Februar 2021. Da ein großes Überseeschiff mit einem kompletten Stadtökosystem verglichen werden könnte, ist das ein weitgreifendes Beispiel. Die Holiship-Entwickler gehen davon aus, den jährlichen Kraftstoffbedarf mit ganzheitlicher Planung um 8,45 Prozent zu reduzieren und insgesamt ein Verbesserungspotenzial von 12–15 Prozent jährlich zu erreichen. Optimierungsalgorithmen können dabei die mathematisch beste Kombination aller Einsatzweisen für jede Stunde, jeden Tag und jede Woche vom Jahreshorizont bis zum 15-Minuten-Raster mit wechselnden Randbedingungen vollautomatisch bestimmen und dem Ingenieur anzeigen oder direkt umsetzen.

Es wird von kreativen Ingenieuren heute zunehmend das Denken in komplexen Systemen erwartet. Dazu können mathematische Simulations- und Optimierungsmodelle eindeutig Unterstützung bieten. Mit der Planungsunterstützung durch Varianten und Szenarien von mathematischen Modellrechnungen kann die ganzheitliche Erfassung der vernetzten Parameter des Systemverhaltens mit verschiedensten Umweltbedingungen erfolgen. Alle Komponenten und Einflüsse können in den Variantenrechnungen des Gesamtsystems bezogen auf eine spezielle Eigenschaft, zum Beispiel Durchsatz, Emissionen oder Kosten, transparent untersucht und übersichtlich bewertet werden. Technische Detaillösungen lenken manchmal vom großen Zusammenhang ab. Optimierungsmodelle können das Durchsuchen von möglichen Varianten für eine beste Lösung noch vereinfachen. Durch solche grafisch benutzbaren Gedankenverstärker werden den Fachteams die großen Zusammenhänge in einer hohen Transparenz sichtbar. Mathematik als Sprache der Naturwissenschaft zeigt sich hier effizient und unbeeindruckt von der mentalen Defizienz. Sinn erschließt sich aus der kontemplativen Betrachtung der Szenarienergebnisse. Dabei ist der ökologische Fußabdruck des

Produkts oder Systems als Gesamtlebenszyklus entscheidende und berechenbare Orientierungshilfe. Auch die genaue Spezifikation der essenziellen Aufgaben und Anforderungen wird auf dieser Basis für neue Systeme möglich. Ihre Funktion und Proportion sowie ihre Umweltschnittstellen können festgelegt werden. Es entsteht ein detailliertes Gesamtbild, zu dem sich die Teile harmonisch oder disharmonisch zusammenfügen. Mit diesem Gesamtbild entscheiden sich Umweltverträglichkeit, Schönheit, Nutzbarkeit und Wohlbefinden für die menschlichen Nutzer und für das Ökosystem.

Ästhetik der vollendeten Form

Ästhetik und die vollendete Form für eine bestimmte Nutzung haben oft direkt miteinander zu tun. Der einflussreiche deutsche Bauingenieur Fritz Leonhardt schrieb schon 1993: »Der Sinn für Schönheit verkümmert in unserer materialistisch eingestellten Zeit [...] Menschliches Wohlbefinden, Freude am Leben und seelische Gesundheit hängen entscheidend von schönheitlichen Qualitäten unserer Umwelt ab.« Er bemängelte Monotonie, Kälte, Unruhe und mangelnde Komposition und vermisste vor allem Heiterkeit, Beschwingtheit, Anmut und Gelöstheit beim Bauen. Der Entwerfende brauche Formgefühl, Fantasie, Intuition und ein Gefühl für Schönheit. Gerade Letzteres müsse zusätzlich zum Fachwissen geschult und ausgebildet werden.

Eine solche Ästhetik der vollendeten Form ist auch bei Software-Systemen für den erfahrenen »Schöpfer« spürbar. Hier geht es neben effizienter funktionaler Gliederung und Softwarearchitektur um die Ästhetik der Benutzerführung, die wiederum an Einfachheit und Effizienz in der Funktion geknüpft ist. Ein gut gegliedertes System ist leichter zu pflegen und erweiterbar. Es ist leichter verständlich und besser anzupassen. Leider erleben wir heutzutage allzu oft hochkomplizierte Architekturen und Bedienerführungen, die viele Entwickler und Anwender schlicht überfordern. Auch hierin zeigt sich die mentale Defizienz als verwirrte Überkomplexität.

Cluster als Methodik

Zur praktischen Umsetzung des Sinnes in der kreativen Arbeit sind Methoden dann eine gute Hilfe, wenn sie nicht als Schema, sondern als spielerische Plattformen genutzt werden. Als eine solche Methode haben wir bereits das kreative Schreiben auf Basis von Clustern bei Gabriele L. Rico betrachtet. Dabei wird ein Tor zum kreativen Erkennen geöffnet. Die Cluster – einfache Kreise mit Verbindungslinien – regen als grafische Zusammenhänge mit zugehörigen Attributen die Erkenntnis des Roten Fadens, die Sinnerkenntnis, direkt an. Ingenieure können in ihrer Arbeit mit Clustern ein visuelles Netzwerk von Zusammenhängen darstellen und daraus intuitiv wichtige Gesamtaussagen erkennen.

Solche visuellen Netzwerke wirken als Orientierungshilfe in unserem Bewusstsein im direkten Zusammenspiel der rechten und linken Hemisphäre. Der Sinn kann auf Basis einer solchen Darstellung innerlich intuitiv erkannt werden, wenn der Cluster entspannt betrachtet wird. Die Sinnorientierung in komplexen Beziehungsfeldern wird mit dieser einfachen Vorgehensweise erleichtert und mit der Kreativität verschmolzen. Die Methodik ist aber stets nur eine Krücke, eine Hilfe, und sollte auch als solche verstanden werden. Gerade die vollständige Offenheit für die intuitive Einsicht ist wesentlich dabei.

Der kreative Prozess entzündet sich dabei an einer grafischen Darstellung der Beziehungen, die sehr einfach in einem Netzwerk ähnlich der Mindmap dargestellt werden. Dabei können auch klassische grafische Methoden zum Beispiel der Strukturierten Analyse einfließen, wie sie zum Beispiel von Jörg Raasch, Professor für Informatik, beschrieben wurden.[130] Dadurch wird ein möglichst vollständiges Bild des zu entwickelnden Systems und der Umfeldbedingungen erhalten. Die Einflüsse auf ein Thema im Zentrum der Grafik (des Clusters) werden als Verbindungslinien zu anderen Themen dargestellt. Die Sinnerkenntnis geschieht in der entspannten Betrachtung des möglichst spontan erstellten Bildes des Netzwerkes der Beziehungen.

Als Einstieg zu einer freien Assoziation um ein zentrales Thema ist ein einfacher Cluster geeignet. Das zentrale Thema wird in einen Kreis geschrieben und die assoziierten Begriffe werden direkt über Verbindungspfeile an diesen Kreis angefügt. Der fundamentale Lösungsgedanke sowie der Sinn dahinter werden mit etwas Übung intuitiv erkennbar. Dieses Vorgehen empfiehlt sich besonders in Gruppen oder Seminaren, da dort die Komplexität der Interaktion bei zu vielen Details unübersichtlich werden kann.

Der Cluster kann aber auch über mehrere Ebenen aufgelöst werden, um neben den zentralen Beziehungen noch andere Themen des Netzes und deren Zusammenhänge mit einzubringen. Dazu werden im Vorfeld zum Bildaufbau alle relevanten Aspekte besprochen, um im Netz die Entscheidungsfindung möglichst vollständig zu erreichen. Im praktischen Vorgehen werden dann Verbindungen gezogen, die vorher intuitiv erarbeitete Aspekte in Zusammenhänge bringen. Dabei gilt: »Ein Bild sagt mehr als tausend Worte.«

Maßstäbe für sinnvolle Projektarbeit

Die Erfahrung zeigt, dass sinnvolle Entwicklungen Kreativität und Motivation bei Entwicklern und Projektteams fördern. Dabei wird das Rationale und das Intuitive gleichermaßen aktiviert, um zu ganzheitlichen nachhaltigen Produkten, Leistungen und Ergebnissen zu kommen.

Der direktere Zugang zum Wesentlichen führt zu einer moralischen Verantwortung des Schöpfers für seine Schöpfung.

Zusammengefasst können folgende Maßstäbe für sinnvolle Entwicklungen gelten:

- Eigenschaften und Vernetzung im Ganzen werden gleichermaßen ausgeformt, besonders am Beginn, bei der Ideenfindung und in der Konzeption.
- Produktmerkmale spiegeln die Verbindung von Intelligenz und Weisheit wider.
- Veredlung und Verbesserung des Gesamten werden angestrebt.

- Ausbeutung und Verelendung eines Teiles zugunsten eines anderen widerspricht dem Sinn und führt unweigerlich zu heftigen Gegenreaktionen.
- Auf der Ebene der Motive und Ziele gilt das Prinzip von Ursache und Wirkung. Motivation und Zielsetzung entscheiden über Erfolg und Misserfolg einer Entwicklung mit.
- Kreislauffähigkeit (harmonische Einbettung in die Naturkreisläufe) bedeutet Gesundheit des Systems. Abfälle, die in diesem Sinne nicht kreislauffähige Produktbestandteile sind, sind zu vermeiden oder zu minimieren.
- Materialströme müssen definierte und im Design vorgesehene Ökosystemschnittstellen haben, an denen sie vom Ökosystem kommen oder in das Ökosystem zurückgehen, ohne es zu destabilisieren.
- Produkte und Innovationsprojekte müssen reifen. (Ein ständiger kurzlebiger Veränderungszwang und rascher modischer Generationenwechsel bringt einen erheblichen Ressourcen- und Energieverbrauch mit sich. Die Missachtung dieser Regel führt ökologisch und ökonomisch weiter in die Krise hinein.)
- Nachhaltige Produkte sind langlebig und gut reparierbar.
- Der Mensch ist Verantwortungsträger aller Entwicklungen, demnach muss die Entwicklung auch »menschengerecht« sein. Das menschliche Maß muss die Grundlage des Designs bilden.
- Der Mensch erkennt sich als Teil vom Ganzen. Diese Verbindung spiegelt sich erkennbar in der sinnvollen Entwicklung oder die sinnvolle Entwicklung dient dazu, diese Verbindung wiederzufinden.
- Sinnvolle Entwicklung bewegt sich im Einklang mit der Entwicklungslinie des Gesamtbewusstseins und verstärkt sie.
- Sinnvolle Entwicklung fördert die Wahrnehmungsfähigkeit (nicht verdummend), fördert Kreativität (nicht ideologisierend) und Lebensdynamik (nicht statische Besitzstände zementierend).
- Entwicklungsfortschritt geht vor Wohlstand und qualitatives Wachstum vor quantitativem Ergebnis.

- Die Sinnfrage führt zwangsläufig sowohl nach innen wie nach außen – beide Entwicklungswege werden harmonisiert (Ora et Labora), um ganzheitlich zu wirken und damit nicht nur davon geredet wird.

Sinnvolle Entwicklung verbessert und integriert die bisherige Technik in den menschlichen Entwicklungsprozess. Sie kann eine Tür öffnen zu einem heute nötigen Quantensprung unseres Bewusstseins im Umgang mit der Natur in unseren technischen Entwicklungsprozessen. Es geht heute aber um mehr als eine Intensivierung der ganzheitlichen Wahrnehmung der Welt. Es geht darum, die Anforderungen der heutigen Welt an uns zu erfüllen, die zunehmend ganzheitlicher werden.

Ganzheitliche Anforderungen lassen sich mit fragmentiertem Denken nicht mehr lösen.

Besonders in Deutschland gibt es einen zunehmenden Selektionsdruck hin zu ganzheitlichem Bewusstsein und zu ganzheitlich sinnvollen Lösungen. Die Zusammenarbeit der Ingenieure und Designer mit der Kunst der Handwerksmeister schafft beispielsweise auch heute noch in komplexen Produktionsprozessen die internationale Wertschöpfung als Basis des Deutschen Exportmotors im Maschinenbau, Anlagenbau und Fahrzeugbau. Wenn die sinnvolle ökologische und systemische Betrachtung der Welt aus neuer, ganzheitlicher Sicht zusätzlich dort einfließt, kann die Kreativität als so oft gerühmte wichtigste Ressource unserer Gesellschaft mit sinnvollen Entwicklungen zum Wohle aller nachhaltig erblühen.

Existenzielle Erfahrung der Einheit

Der Sprung von der bekannten Denkfabrik ins Unbekannte der ganzheitlichen Wahrnehmung erfordert Mut. Es ist schwer, wenn nicht unmöglich, mystische Erfahrungen einfach verständlich zu beschreiben, nichtsdestotrotz sind es auf jedem Lebensweg im Prozess des Bewusstseinswandels die persönlichen individuellen Meilensteine. Authentische innere Erfahrungen sind durch nichts zu ersetzen, denn sie zeigen uns, dass sich unter der trainierten Schicht unserer rational-mentalen (insbesondere auch akademischen) Ausbildung ein viel größeres Wesen verbirgt, das sich entwickeln will. Im Individuationsprozess spielt der sogenannte Zufall eine wichtige Rolle, denn viele der wichtigen Begegnungen und Erkenntnisse entstehen spontan, werden für das Denken überraschend und scheinbar zufällig angestoßen.

Wo finden wir heute eine glaubwürdige Autorität in Bezug auf mystische Erkenntnis? Wer kann uns zeitgemäß anleiten? Die im Westen etablierten christlichen Kirchen stehen unter erheblichem Druck, sie verlieren das Vertrauen der Gläubigen, nicht zuletzt wegen Fehltritten ihrer Repräsentanten. Bei aller berechtigten Kritik wird allerdings leicht vergessen, welchen wesentlichen Einfluss die christliche Tradition einmal auf die Entwicklung unseres Bewusstseins ausgeübt hat. Moderne Themen wie Menschenrechte, Sozialstaat, Solidargemeinschaft und vieles mehr sind ohne die christlichen Wurzeln Europas undenkbar. Wenn heute weltweit über Frauenrechte, Sozialstaat und Kinderrechte debattiert wird, so sind das Begriffe aus dem christlichen Kulturraum, die scheinbar selbstverständlich geworden sind. Sie sind aber nicht selbstverständlich, wie zum Beispiel der wachsende Einfluss fundamentaler Islamisten oder chinesischer Parteiideologien zeigt.

Lebendige mystische Wurzeln

Mystiker geben sich nicht mit dem Glauben an etwas zufrieden. Sie suchen nach (Selbst-)Erkenntnis und bewusster Erfahrung des Göttlichen oder All-Einen. Im Urchristentum der ersten vier Jahrhunderte nach Christi Tod war diese Suche nach Erkenntnis und Vereinigung mit dem Göttlichen ausgeprägt. Christliche Gnosis stellt eine sehr bedeutende oder sogar dominierende Form frühchristlichen spirituellen Lebens dar. Auch meditative Versenkung wurde speziell in der Syrisch-Orthodoxen Kirche geübt, besonders in der

Ägyptischen Wüste durch Wüstenväter und Wüstenmütter. Aus dieser Zeit stammt das Thomas Evangelium, was erst 1945 zufällig von Hirten in Nag Hammadi in Ägypten wiedergefunden wurde.

(Th. 5) Jesus sagte: Erkenne das, was dir vor Augen liegt, und das, was vor dir verborgen ist, wird sich dir enthüllen; denn es gibt nichts Verborgenes, was sich nicht offenbaren wird.

(Th. 10) Jesus sagte: Ich habe ein Feuer auf die Welt geworfen, und seht, ich hüte es, bis es lodert.

(Th. 77) Jesus sagte: Ich bin das Licht, das über ihnen allen ist. Ich bin das All. Aus mir ist das All hervorgegangen, und zu mir ist das All gelangt. Spaltet das Holz, ich bin dort. Hebt einen Stein hoch, und ihr werdet mich dort finden.

(Th. 89) Jesus sagte: Weshalb wascht ihr den Becher außen? Versteht ihr nicht, dass der, der das Innere hergestellt hat, auch das Äußere hergestellt hat?

(Th. 94) Jesus sagte: Wer sucht, der wird finden; dem, der (an das Innere) anklopft, dem wird geöffnet werden.[131]

Die christliche Gnosis hat also eine lange Tradition und spielte insbesondere im spirituellen Leben der christlichen Mystiker und Mönche eine zentrale Rolle.

Dieses von Jesus erzeugte Feuer ist mehr als eine symbolische Metapher, es wird auch in der Tradition der Orthodoxen Kirche im Christusgebet zu einer inneren Erfahrung. Wenn wir die christliche Botschaft betrachten, tritt uns auch an zentraler Stelle die Aufforderung zum sinnvollen Lebensweg entgegen. »Ich bin der Weg, die Wahrheit und das Leben«, sagte Jesus (Johannes 14:6).

Leben ist nicht statisch, sondern dynamischer Lebens- und Erkenntnisweg.

Wahrheit und Sinn finden sich auf diesem Weg vereint. Die Wüstenväter und Wüstenmütter werden heute als Gründer und Vorbilder des christlichen Mönchstums im Abendland angesehen. Auch wenn im Laufe der Jahrhunderte die mystischen Traditionen im Europa dominierenden katholischen Christentum eher in den Hintergrund traten, waren sie ein prominenter Teil des Urchristentums und damit Quelle unserer Kultur. In der Neuzeit gibt es viele sehr aktuelle Beispiele für ein lebendiges mystisches Christentum im Rahmen der christlichen Kirchen. Nach der Prognose eines des bedeutendsten Theologen des 20. Jahrhunderts, Karl Rahner, kommt die Mystik zurück in den Hauptstrom des Christentums oder der Strom versiegt: »Der Fromme von morgen wird ein Mystiker sein, einer, der etwas erfahren hat, oder er wird nicht mehr sein, weil die Frömmigkeit von morgen nicht mehr durch die im Voraus zu einer personalen Erfahrung und Entscheidung einstimmige, selbstverständliche öffentliche Überzeugung und religiöse Sitte aller mitgetragen wird. Die bisher übliche religiöse Erziehung (kann) also nur noch eine sehr sekundäre Dressur für das religiöse Institutionelle sein.«[132] Rahner war der Überzeugung, dass Christsein keine äußerlich vermittelte Lehre ist, sondern eine individuelle mystische Erfahrung im Innern des Menschen.

Demgegenüber werden Kirchen (als Institutionen) oft nicht als Teil der Lösung, sondern als Teil des Problems wahrgenommen. Nicht nur in der Wissenschaft und Technik, auch in der Theologie ist mentales Verständnis heute die Basis der Ausbildung. Echte Gesellschaftsprobleme, wie das Wegsperren der Alten in Heimen, das Ausbleiben des sonntäglichen Kirchgangs oder die damit eng verknüpfte akute Krise der theologischen Botschaften werden verdrängt. Spiritueller Beistand oder Trost gelten kaum noch als Hoffnungsaspekt der christlichen Seelsorge.

Erfreulicherweise ist seit den 1980ern ein Wiedererwachen der mystisch-christlichen Tradition außerhalb und innerhalb der katholischen und evangelischen Amtskirche erkennbar. In den anglikanischen Gemeinden und Seminaren in den USA wird zum Beispiel von Cynthia Bourgeault, einer anglikanischen Theologin und Mystikerin, über Workshops und Konferenzen in der christlichen mystischen Tradition das Zentrierte Gebet erneut praktiziert. Es geht dabei um Leerwerden, Loslassen von Gedanken und um innere Erkenntnis des All-Einen als transformativen Wandlungsweg. Inneres »Leerwerden« (Versenken) und das Loslassen von

Gedanken und Gefühlen erfordert Übung. Die Meditation aus dem Osten hat sich – als kultureller Import in den Westen – in den letzten Jahrzehnten als äußerst kompatibel erwiesen. Der indische Yoga und der tibetische Buddhismus haben eine Kultur der inneren Klarheit und Tiefe in den Westen gebracht, die auf viele Menschen hier sehr anziehend wirkt. Die Erfahrung der Einheit mit dem All-Einen (Buddhabewusstsein) wird darin zentral geübt. Das Singen von Mantren, Atemarbeit, Körperhaltungen oder das gegenstandslose offene Meditieren – all diese Praktiken werden heute in Zentren in jeder größeren westlichen Stadt unterrichtet.

Der Weg in der Stille

Der Weg in der Stille erfordert in der östlichen wie westlichen spirituellen Praxis Ausdauer und ab einem gewissen Punkt auch Klärung von Fragen, die auf diesem Übungsweg auftreten. Es kommt sehr auf eine authentische Erfahrung der Lehrer an. Die Verantwortung der Suchenden wiederum ist die richtige Wahl des Lehrers, dem sie sich auf diesem Weg anvertrauen. Eine authentische Verbindung von Mystik, Wissenschaft und Nächstenliebe bietet beispielsweise in München die Ärztin und buddhistische Meisterin Pyar (Dr. Franziska Rauch) regelmäßig in ihren Satsangs und Schweigeseminaren an. Sie schreibt über die Aufgabe ihrer Wegbegleitung: »Jeder Mensch, der die Augen nicht völlig vor der Welt verschließt, wird sich des Gefühls nicht erwehren können, dass es viel zu tun gibt. Da sind politische Missstände, Umweltzerstörung, Krankheiten und, und, und. Warum sollte also jemand seine wertvolle Zeit nichtstuend im Satsang unter ebenso viel nichtstuenden schlichtweg absitzen? Zunächst meint man, man sollte viel im Außen ändern. Aber eine viel tiefere Heilung tut zunächst not. Für jeden einzelnen Menschen, für Gemeinschaften, für die Gesellschaft, für Umwelt und Menschheit, für die Erde. Wichtig ist, zwischen oberflächlicher und tiefer Heilung zu unterscheiden [...] Was dir möglich ist, ist Integration. Nur dann kann überhaupt erst von Heilung gesprochen werden. Vorher ist es Symptombekämpfung. Was nötig ist, ist zunächst die tiefe liebevolle Akzeptanz deines eigenen Wesens mit allen Makken und allen Begabungen. Das kann ein langer oder kurzer Weg sein, ein schmerzhafter oder friedvoller oder alles zugleich.«[133]

Die Verbindung von Weisheit und Mitgefühl sowie das Erlangen und die Festigung des inneren (Selbst)Erfahrens vermittelt sie ihren zahlreichen Schülerinnen und Schülern. Noch unreife Gedanken und Gefühle sollen auf diesem Weg nicht unterdrückt, sondern in ihrer Relativität erkannt werden. Erkenntnis des All-Einen soll im Alltag zur dauerhaften Orientierung werden. Diese Verwandlung in eine lebendige liebevolle und atmende Beziehung mit dem All-Einen hinein ist der Übungsweg der Stille und Hingabe. Auf diesem Weg innerer Bewusstwerdung liegt die große Chance, zu dem zu werden, was wir wesentlich sind, ohne es jetzt schon zu erkennen. Weisheit, Liebe, Selbsterkenntnis und lebendiges Verständnis der großen spirituellen Traditionen der Menschheit sind der Nährboden, auf dem unsere Ganzheit wachsen kann. Jenseits der Gedanken und jenseits der Gefühle in den Fluss der Stille einzutauchen führt in die tägliche Praxis der Wahrnehmung.

Der Übungsweg des Dienens und der Nächstenliebe gilt als Königsweg zum Göttlichen oder dem großen Ganzen der Schöpfung. Das christliche Mitgefühl hat seine tiefen Wurzeln im Satz Jesu: »Du sollst deinen Nächsten lieben wie dich selbst.« (Matthäus 19:19) Nächstenliebe in diesem Sinne ist sicherlich der tiefste Ausdruck des Verständnisses, dass wir alle Schöpfungen des All-Einen sind. Es bedeutet aber auch, sich selbst zu lieben, was für viele Menschen eine hohe Hürde darstellt. Ohne Selbstliebe ist eine Liebe zu anderen und zur Welt stets in Gefahr, die innere Balance zu verlieren. Die Würdigung des mysteriösen, wunderbaren Geschöpfes, das wir selbst sind, ohne es wirklich ganz zu verstehen, ist eine sichere Grundlage unserer inneren Stabilität.

6
Nachhaltige Zukunftskonzeption

»Ein neues Zeitalter bricht an, das Zeitalter einer friedlichen und nachhaltigen Kultur nach dem Logos.«

Ervin Laszlo

Neues Verständnis der Lebensprozesse

Unsere Vorstellungen eines substanziell beständigen materiellen Körpers sind nach Stand der modernen Medizin durch die wissenschaftliche Erkenntnis einer permanenten Schöpfung überholt. Unsere Zellsubstanz ändert sich permanent, auch wenn wir eine Kontinuität spüren. Unsere Zellen sind die physischen Bausteine unseres Körpers. Jeden Tag werden ungefähr 50 Milliarden Zellen komplett erneuert. Das heißt, wir sind innerhalb von 14 Tagen physisch-materiell völlig »neue« Menschen. Wo gibt es in unserem Körper da noch materielle Kontinuität? Wo sollte da unser materielles Gedächtnis und unser behäbiges Ich »fest lokalisiert« sein bei diesem rasanten Umbau? Insofern ist gerade in lebendigen Organismen der Materialismus die denkbar schlechteste Theorie für die Erklärung der Lebensprozesse.

Makrokosmos und Mikrokosmos sind ständige Neuschöpfungen aus der geistigen Form. Das hat der Physiker, Systemtheoretiker und Philosoph Fritjof Capra in seinem Buch »Das Tao der Physik« dargestellt: »Die Erscheinungsformen der mystischen Leere sind wie die subatomaren Partikel nicht statisch und permanent, sondern dynamisch und wandelbar. Sie entstehen und vergehen in einem unaufhörlichen Tanz von Bewegung und Energie. Als vergängliche Erscheinungsformen der Leere haben die Dinge in dieser Welt keinerlei fundamentale Identität.«[134] (Hierbei bedeutet der im Buddhismus oft gebrauchte Begriff »Leere« das reine, leere Bewusstsein als Basis aller Erfahrungen und Erkenntnisse.) Dieser ständige kreative Schöpfungsvorgang aus dem Bewusstsein des All-Einen ist die Basis von allem.

Meister Eckhart formulierte dies aus seiner Erfahrung schon im Mittelalter: »Gott erschuf diese ganze Welt voll und ganz in diesem Nun. Alles, was Gott [...] je erschuf, als er die Welt machte, das erschafft Gott jetzt allzumal. Gott ist in allen Dingen [...] wenn Du willst: im Innersten der Seele und im Höchsten der Seele. Alles, was Gott erschuf [...] und alles, was Gott [...] noch erschaffen wird [...] das erschafft Gott im Innersten und Höchsten der Seele. Alles, was vergangen ist und alles, was gegenwärtig ist, alles, was zukünftig ist, das erschafft Gott im Innersten der Seele.«[135] Eckehart beschreibt hier die zeitfreie Gegenwart, die nach Gebser dem integralen Bewusstsein angehört. Er beschreibt auch die ständige Neuschöpfung der Welt, die wir heute aus der Quantenphysik ebenfalls erkennen, eine geistige Schöpfung aus dem ewigen Jetzt.

Diese Wahrnehmung des All-Einen erforderte Demut, eine regelmäßige Übung der Stille und der subtileren Wahrnehmungsfähigkeiten. Die gesamte Schöpfung verkörpert sich jeden Augenblick neu, das heißt, der Kosmos ist im ständigen Prozess der Neuschöpfung begriffen. Wer dieses reale Geschehen in der Tiefe wirklich erkennt, wird sich seiner selbst im All-Einen-Kosmos bewusst. Darin liegt eine bemerkenswerte Übereinstimmung mit der Auffassung der modernen Naturwissenschaft, die von einem Übergang der Energie des Urgrundes in die Manifestation der Quanten, Quarks, Atome und damit der Körper des Universums spricht.

Die geistige Struktur hinter den Formen ist die echte Konstante in der Schöpfung.

Es ist erstaunlich, wie sehr die Wissenschaften und mystischen Erkenntnisse über 2.500 Jahre des mentalen Zeitalters zum gleichen Ergebnis kommen.

Die abendländische Gnosis ist von einem spirituellen Körper, einer Seele oder einem Energiekörper als Träger unseres individuellen Bewusstseins überzeugt. Dabei hat dieser Energiekörper mehrere Ebenen oder Überlagerungen von Individuellem im göttlichen All-Einen, das alles umfasst. Das Individuelle ist so im All-Einen integriert. Das entspricht auch ungefähr der christlichen Tradition von Seele und Geist als ewigen Aspekten des Menschen, die zeitlich mit dem sterblichen materiellen Körper verbunden sind. Unsere Individualität ist dabei immer noch mysteriös. Wieso erinnern die meisten Menschen sich nicht an die Zeit vor ihrer Geburt? Oder geht die seelische Welt nach dem Tod völlig im All-Einen auf, wie das Bild vom »Tropfen im Meer« symbolisch ausdrückt? Was ist, wenn sich jeder Tropfen im Meer bewusstwird, dass er ja auch Meer ist? Wie kann diese geistige Struktur mit dem individuellen Körper zusammenwirken?

Nach Pim van Lommel ist unsere unverwechselbare DNA ein personenspezifischer Koordinator aller Informationen, die für das optimale Funktionieren unseres Körpers aus der geistigen Struktur fließen. Unsere individuelle DNA empfängt dazu Informationen aus dem spirituellen Raum, die genau für dieses Individuum codiert sind. Das gilt auch für die lebenslang verfügbare immunologische Information: »Die Differenzierung der Zellfunktion der embryonalen Phase lässt sich nicht allein aus dem in der DNA-Struktur festgelegten genetischen Code erklären. Sie beruht ebenso auf nicht lokalen Informationen.« Van Lommel folgert, »dass die DNA nicht selbst Träger des Erbmaterials ist, dass sie jedoch die Fähigkeit besitzt, morphogenetische, also formgestaltende, Informationen nicht lokal zu empfangen. Alle Informationen zur Entwicklung und Ausformung des Körpers mit seinen verschiedenen Zellsystemen und spezifischen Funktionen sind nicht lokal gespeichert.«[136] Dieses geistig-seelische Feld der nichtlokalen Speicherung ist nach van Lommel also der eigentliche Träger von Bewusstsein und von individueller und kollektiver Information. Demnach wären alle Informationen zur Entwicklung und Struktur des Körpers im spirituellen Bewusstseinsstrom (Energiekörper) gespeichert. Damit wäre trotz fortwährendem Auf- und Abbau von Molekülen und Zellen die Kontinuität aller Körperfunktionen gewahrt. Jede Zelle muss also über ihre DNA im Zellkern mit diesem spirituellen Bewusstsein in Verbindung sein. Unser Bewusstsein umfasst eben alle Erfahrungen der fernen Vergangenheit, wenn auch für uns häufig unbewusst.

Die Individualität unserer DNA ermöglicht die Verbindung zum individuellen Strom eines Bewusstseins im Meer des Lebens, der sich zum Wohle des Ganzen mit individuellen Erfahrungen anreichert. Diese zeitfreie Bewusstseinsebene ist integriert im zeitfreien All-Einen. So können beispielsweise Mystikern noch vorhandene karmische Spuren bewusstwerden als Erfahrungen kollektiver Art oder als frühere Lebenserfahrungen in diesem Strom. Schwingungsmäßige Überlagerung von Individualität mit Archetypen des kollektiven Unbewussten findet in unserem Bewusstsein und im Unbewussten statt. Diese Vorstellung erklärt auch das gleichzeitige Finden von innovativen Lösungen von physisch und räumlich weit getrennten Forschern in verschiedenen Teilen der Welt als Resonanzphänomen im spirituellen Bewusstsein von ähnlich schwingenden Individuen. Das erklärt auch, warum der Kosmos sich weiterentwickelt, warum diese hochkomplexe Entwicklung als Anreicherung des All-Einen durch die Erfahrung der vielen Bewusstseinsbeiträge stattfindet – für das Eine, durch das Eine, zu dem Einen.

Der gesamtheitliche Sinn der Schöpfung ist in der Gnosis die Gesamtentwicklung des Bewusstseins des All-Einen. Den Sinn des Lebens eines Individuums sieht die Gnosis als Lebensaufgabe im Körper und in den biologischen und soziokulturellen Gegebenheiten des Lebensweges zu jeder Zeit ausgedrückt. Die Entdeckung und Umsetzung unseres Lebenssinnes in unserer Entwicklung ist dabei unsere Aufgabe. Das entspricht dem ganzheitlichen Prozess der Individuation, den C.G. Jung als Ergebnis seiner Erfahrung mit dem Unbewussten gefunden hat. Im Prozess der Individuation führt die Umsetzung des aus dem Unbewussten wahrgenommenen Sinnes zum permanenten Wachstumsprozess des Individuums hin zum All-Eins-Bewusstsein.

Integration von Intelligenz und Weisheit

Wie könnte eine nachhaltige Zukunft aussehen? – Wir werden einen neuen Weg der »Intelligenz mit Weisheit« finden müssen, um den erwartbaren Umbruch des bisherigen auf Wachstum und Ausbeutung basierten Wirtschaftssystems nicht zu einer Katastrophe der Menschheit werden zu lassen. Ervin Laszlo und Dennis L. Meadows haben deutlich darauf hingewiesen, dass wir uns als Weltgesellschaft auf einen massiven gesellschaftlichen Umbruch hinbewegen.

Jean Gebser hat diesen Umbruch als kulturelles und spirituelles Phänomen unserer Zeit erkannt und beschrieben. Alle drei betonen die entscheidende Rolle unserer spirituellen Entwicklung, um den kommenden Umbruch nicht zu einem Zusammenbruch oder Absturz der Menschheit werden zu lassen. Laszlo stellte dabei zudem die Rolle der Technologie besonders in den Mittelpunkt, die zwar gesellschaftlicher Motor der Entwicklung sei, allerdings ohne sinnvolle und spirituelle Orientierung die Zivilisation ins Chaos führen werde. Im Falle der positiven Entwicklung zu einer spirituellen Durchbruchsphase sagte er voraus, dass Menschen und Institutionen lernen würden, den »weltweiten Makroshift zu navigieren«.

Das neue – post-mentale – Zeitalter wird nach Laszlo von einem ganzheitlichen, holistischen Bewusstsein bestimmt, welches erhöhte Wertschätzung der menschlichen Existenz und Achtung vor der Natur auszeichnet. Jean Gebser sprach vom integralen Zeitalter. Meadows hatte in den wenigen durch Simulationsergebnisse als nachhaltig erkannten Szenarien für die Kernkompetenz dieser schöpferischen Zukunft den Begriff »Intelligenz und Weisheit« eingeführt. Nur wenn wir Intelligenz mit Weisheit integrieren, können wir die Richtung unserer Entwicklungen zur Nachhaltigkeit umsteuern. Nur durch diese Integration können wir die richtige Richtung dahin überhaupt erkennen! Nur durch diese Integration werden wir die Intuition und die Kreativität entwickeln, mit den uns verfügbaren Mitteln sinnvolle und nachhaltige Lösungen zu erzeugen.

Wir erkennen gerade jetzt, am Beginn dieses Jahrtausends, den gesellschaftlichen Zeitgeist als Motor dieser Integration. Dieser Wandel findet gesellschaftlich und in vielen Individuen bereits statt, trotz der noch dominierenden mental-defizienten Grundhaltung der Mehrheit der Menschen.

Bewusstseinswandel ist naturgemäß ein Wandel in der Gesellschaft von unten nach oben.

Wer an sich selbst arbeitet, wer dem Zug seiner eigenen Persönlichkeitsentwicklung folgt und sowohl seiner Intelligenz als auch seiner Weisheit wie seinem Mitgefühl im Leben einen wirkungsvollen Platz gibt, ist Teil der Wandlung. So kann jeder einzelne das materialistische Dogma von »Nur-Materie« und »Immer-Mehr« überwinden. Im eigenen Leben wird der Sinn der Bewusstwerdung für das Wohl des Ganzen erkannt und verfolgt. Mitgefühl und Gemeinsinn werden gestärkt. Weniger ist mehr: Weniger bedeutet erkennen, dass bereits genug Besitz, Macht, Nachwuchs da ist. Die sinnvolle Beschränkung auf die nachhaltigen Grenzen des Ökosystems bedeutet die intelligente wie mitfühlende und weise Einsicht, dass es die Grenzen unserer eigenen Existenz sind!

Wir spielen alle unsere verschiedenen Rollen in dieser Transformation:

- Ingenieure sind kreative, spirituelle und verantwortungsvolle Gestalter der Technologie.
- Weibliche Weisheit und weiche Faktoren werden entscheidend sein für den positiven Wandel.
- Politiker stützen sich auf ausgewogene, übergreifende und gemeinschaftsfördernde Expertisen bei ihren Entscheidungen.
- Unternehmer verfolgen das Gemeinwohl und den größeren sinnvollen Zusammenhang mit ihren Teams.
- Forscher verstehen ihr Fachgebiet in übergreifenden Systemzusammenhängen.
- Studenten oder Azubis streben zum Wissen und zum Sinn ihrer Fachgebiete.
- Bauern oder Händler produzieren oder vertreiben nachhaltige und gesunde Lebensmittel.
- Wirtschaftsformen sind an Kreisläufen orientiert und betrachten die nachhaltige Nutzung und das Wohlergehen des Ökosystems insgesamt mit.
- Finanzspekulation und ungedeckte Geldvermehrung werden beschränkt.
- Gemeinsames Vermögen und gemeinsame Ressourcen werden gerecht verteilt.

Die lautlose Revolution

Die enormen Herausforderungen der Klima- und Ressourcenkrise sind ohne einen grundlegenden Bewusstseinswandel und dessen Umsetzung in der Gesellschaft nicht zu lösen. Die letzten Jahrzehnte haben schon sehr deutlich zu einem solchen Wandel in der Gesellschaft geführt, der viele Menschen zu Klimaprotesten auf die Straße treibt. Ihre Zahl wächst und hat zum Beispiel auch in Europa deutlich an Einfluss gewonnen. Das hat Ervin Laszlo durch Analysen der »Kulturell Kreativen« in den USA ebenfalls festgestellt. Viele Graswurzelinitiativen gründen Läden, Unternehmen und Betriebe mit einem auf Gemeinwohl und ökologische Nachhaltigkeit orientierten Geschäftsmodell. Spirituelle Erkenntnisse und Übungswege sind in einer nie gekannten Vielzahl und Qualität im öffentlichen Raum und im Alltag vieler Menschen angekommen. Traditionelle Werte und Modelle haben ihre Orientierungskraft deutlich verloren. Ein Bewusstsein der Dringlichkeit und Endlichkeit des Zeitfensters für eine Umsteuerung ist spürbar.

Trotzdem findet dieser Bewusstseinswandel für die meisten Menschen immer noch weitgehend unbemerkt statt, sozusagen unter der Decke. Vielen ist jedoch inzwischen bewusstgeworden, dass wir im ersten Schritt aktuell wegkommen müssen von der rein materialistischen Sicht. Das materialistische Credo des immer gesteigerten Konsumierens wird als begrenzt erkannt, ebenso die zunehmende Bedrohung der Lebensgrundlagen. Mit großer Besorgnis werden häufiger auftretende Stürme, Überflutungen und Dürren registriert. Damit geht einher, dass die Konflikte um Ressourcen sich verschärfen und immer rücksichtloser ausgetragen werden.

Es liegt jetzt an uns, auf die fatalen Warnungen (beispielsweise von Meadows und Laszlo) mit sinnvollem ganzheitlichem Handeln zu antworten.

Dafür fehlt vielen Menschen der fragmentiert denkenden Gesellschaft aber ein neues positives Narrativ – eine neue Geschichte, ein neuer Leitstern. Wir müssen einen neuen Leitstern anpeilen, der unserem Handeln Sinn und Orientierung gibt. Diese neue Erzählung, dieser neue Orientierungspunkt ist heute die Bewusstwerdung als Weg zu unserem gesellschaftlichen Wachstum. Das ist der neue Leitstern unserer Evolution auf einer Entwicklungsspirale des Bewusstseins, die die enge materialistische Konsumhaltung ablösen kann.

Das »Immer-Mehr« kann zu einem »Immer-Besser« werden.

Qualität im wahren menschlichen Sinn als Entwicklung all unserer Fähigkeiten kann Quantität in der Rangordnung ablösen und zu einer neuen Entfesselung unserer schöpferischen Kräfte führen! Eine solche innere Wandlung führt nachweislich zu einem nachhaltigeren Umgang mit der Schöpfung. Dabei löst das Streben nach menschlicher Erfüllung die Wahnvorstellung nach immer mehr Konsum ab. Sinnvolles ganzheitliches Handeln kann das sinnlose Herumirren im Labyrinth unserer gedachten fragmentierten Welt ablösen. Eine neue Ökonomie, aufgebaut auf Qualität und Gemeinsinn, muss die überholte neoliberale Marktideologie der Mengenzuwächse ablösen. Politische Vorgaben, wie zulässige Rücklaufmengen in das Ökosystem oder globale Preise müssen die überkomplexe und detailverliebte Bestimmungsorgie heutiger Regelwerke ersetzen. Ganzheitliche Kreativität im Rahmen solcher sinnvollen Vorgaben ermöglicht völlig neue, sinnvolle Lösungen ohne intellektuelle Scheuklappen.

Dabei kommt uns die spirituelle Dimension der Wirklichkeit in der heutigen Physik genauso entgegen wie in den Erfahrungen und Erkenntnissen der Mystiker. Das Geistige bricht sich erneut Bahn, durchbricht die maroden Schranken unserer Denkgewohnheiten. Das wird besonders von Jean Gebser als Durchbruch zum Integralen Bewusstsein beschrieben. Es wird immer deutlicher, dass die westlich geprägte technisch dominierte Zivilisation heute am Übergang zur Ganzheit eines integralen Bewusstseins steht. Wir sollten erkennen, dass wir mit materialistischen Denkschemata weder uns noch den Kosmos zu mehr als 5 Prozent verstehen. Demut und die Suche nach echter Erkenntnis werden zu attraktiven Kernaufgaben.

Fantasie und Kreativität können uns mit Intelligenz und Weisheit zu neuen Ufern bringen und sich als die neuen Rohstoffe des Überlebens erweisen. Wir bekommen eine Vorstellung von unseren ungenutzten Potenzialen jenseits von Zeit, Raum und Materie.

Diese lautlose Revolution wird schon seit Jahrzehnten von genauen Beobachtern festgestellt, ist aber noch nicht in einer kritischen Anzahl von Individuen verwirklicht.

Eine solche kritische (relevante) Anzahl von Individuen ist notwendig, um eine individuelle Bewusstseinsveränderung vieler im gesellschaftlichen Bewusstsein zu verankern. Das integrale Bewusstsein muss nicht die Mehrheit der Menschen in einem Kulturraum erfassen, aber eine ausschlaggebende Minderheit.

Es kommt also auf jeden von uns an!

Besonders die Rolle der Ingenieure als Architekten und Schöpfer der zukünftigen gesellschaftlichen Lösungen und Möglichkeiten wird heute noch massiv unterbewertet. Wir Ingenieure haben die größte Verantwortung bei dieser Transformation weg von sinnlosen Teillösungen hin zu ganzheitlichen und sinnvollen Gesamtsystemen. Laszlo sieht harte und moderne Technologie als Treiber des Makroshift, aber Ingenieure haben in seiner Vision keine besondere Rolle. Für Gebser ist die neue Rolle der Technologie zwar entscheidend, aber seltsam unbesetzt im kulturellen Raum. Meadows interessieren globale Zusammenhänge als autonome wirtschaftliche Prozesse mit benötigten Ressourcenströmen. Technologie ist ihm Mittel zum wirtschaftlichen Zweck.

Das hat damit zu tun, dass gerade Ingenieure ihre Verantwortung traditionell an andere delegieren. Politik und Wirtschaft sollen die Ziele und Randbedingungen setzen, Ingenieure bahnen dann den Weg, oftmals zu den mental defizienten Zielen.

In einer Zeit, in der es auf Bewusstsein ankommt, ist dieses Wegducken nicht genug. Ingenieure sind vor allen anderen verantwortlich für den Zustand, in den sie die Welt durch ihre Systeme bringen! Ingenieure wissen besser als Politiker, welche Zusammenhänge und welche nachhaltigen Lösungen technologisch für welche

Ziele relevant sind. Und Ingenieure wissen besser als Ökonomen, wie sinnvolle und nachhaltige Lösungen umzusetzen sind.

Wenn Intelligenz mit Weisheit den weiteren Weg der globalen gesellschaftlichen Entwicklung bestimmt, müssen gerade Ingenieure aus ihrer engen Selbstbeschränkung als Erfüllungsgehilfen politisch-wirtschaftlicher Vorgaben zu verantwortlichen Gestaltern werden. Das ist vielleicht die größte Herausforderung unserer Zeit – Ingenieure zur direkten Verantwortung für den Fortgang der menschlichen Zivilisation zu erziehen. Mir ist wohl bewusst, dass an dieser Stelle heute noch viele Ingenieure die Verantwortung für die Folgen ihrer Entwicklungen ablehnen und sich als Befehlsempfänger wohlerfühlen. Manche sehen sich sogar als Zuarbeiter der künftigen KI. Der innere Bewusstseinswandel im privaten Bereich reicht nicht. Ora et Labora bedeutet heute kreative Intelligenz und eine intelligente Umsetzung der sinnvollen Lösungen mit Verantwortungsübernahme für deren gesamtheitliche Folgen.

Dadurch entstehen sinnvolle Lösungen und neue Möglichkeiten auf diesem Weg in die Zukunft. Im Unterschied zu den materialistischen Vorstellungen mit oft negativen Zukunftsprognosen sehen wir eine Kette von Quantensprüngen der Entwicklung und der Bewusstwerdung, die nur darauf warten, von uns im Alltag im schöpferischen Tun entdeckt zu werden. Es ist naheliegend, dass ein Kulturraum, der das Potenzial spiritueller Kräfte noch einmal ganz neu entfaltet, eine neue Blüte erleben und eine gesellschaftliche Führungsrolle im 21. Jahrhundert übernehmen wird. Eine künftige ganzheitliche Kultur, die die Sinnfrage auf ihre Art besser beantwortet, gibt dann zeitgemäße Antworten auf die ungelösten Herausforderungen, vor denen wir heute stehen.

In Politik, Wissenschaft, Technologie, Wirtschaft und Kultur sind neue Bewusstseinsebenen zu entdecken. In jedem von uns wird der spirituelle Lebensaspekt und die Sinnfrage unserer Existenz als Menschen integriert werden müssen, um aus der Falle falscher Vorstellungen in die ganzheitliche Wirklichkeit durchzubrechen. Die verschiedenen Kulturzentren, die um die beste Antwort ringen, ob in China, Indien, Russland, Europa, Nord- und Südamerika, Australien, Afrika, Arabien oder Asien, werden verschiedene Antworten suchen. Diese Zentren werden geografisch und kulturhistorisch, sozial und spirituell eigene Wege finden, weil sich das vermeintlich gemeinsame Narrativ erschöpft hat. Der Wettstreit der geopolitischen Kulturzentren, der schon im Gange ist, wird entsprechend Antworten generieren, welches gesellschaftliche System die integrale Blüte der Menschheit am besten ausbildet.

Spirituelles Wachstum und wirtschaftliche Kraft im Verbund wirkt anziehend und überzeugt auch andere Kulturzentren. Eine inspirierte Nachfolge steht aber im Gegensatz zu Manipulation und hegemonialer Machtpolitik. Der Prüfstein dieser neuen integralen Kultur – gute, erfolgreiche, mitfühlende und kreative Antworten und Lösungen für unsere Krisen – wird diesen Selektionsprozess entscheiden. Umbrüche und Durchbrüche des Neuen werden bisher sicher geglaubte Fundamente umformen. Die von vielen Menschen heute verspürte Sehnsucht nach dem sinnvollen, höherwertigen Leben, wird in dieser neuen Sicht auf die Welt in konkretes Handeln münden. Dadurch wandeln sich individuelle Zukunftsangst in Hoffnung und Pessimismus in Schöpfungsfreude. Sinnvolle Lösungen können diese ganzheitliche integrale Bewusstwerdung auf dem Weg der Evolution des gesellschaftlichen Bewusstseins zu einer nächsten Blüte führen.

7
Autobiografisches Nachwort

»Des Menschen Macht ist groß, aber er vergisst die Weisheit, der sie unterstellt sein müsste. Er scheint zu vergessen, dass er an der Schwelle des 3. Jahrtausends eine Entscheidung über die Zukunft in derart grundsätzlicher Form trifft, wie es sie in der von uns überschaubaren Geschichte zuvor nicht gab. Sintflut oder Renaissance – er mag entscheiden.«

Frédéric Lionel

Meine persönlichen Erfahrungen der Schul- und Studienzeit mit Mathematik sind keineswegs geradlinig. Erst in meinem Studium des Maschinenbaus mit Schwerpunkt Energieverfahrenstechnik an der TU Clausthal (1975–1981) wurde Mathematik zum unentbehrlichen Werkzeug. Gerade die theoretischen Fächer und Anwendungen der Mathematik in Mechanik, Strömungsdynamik, Schwingungslehre sowie die Thermodynamik mit Wärmeübertragung waren mir wichtig, wenngleich sie im Maschinenbaustudium nicht von allen Kommilitonen mit gleicher Begeisterung aufgenommen wurden.

Als theoretische Studienarbeiten entstand dann mein erstes Simulationsmodell zur Konzeption und Auslegung eines Dampfkraftprozesses (Organic Rankine Prozesses, ORC) zur Stromerzeugung aus heißen Industrieabgasen. Es war die Zeit der ersten Ölkrise Ende der 1970er, und die Themen Energieeffizienz, alternative Energien und Abwärmenutzung wurden neu und begeistert von uns im Studium vertieft und angenommen. Kommilitonen beschäftigten sich dabei oft mit praktischen Themen, zum Beispiel der Untersuchung von Solarkollektoren oder von Salzwärmespeichern. Mein Weg der Erstellung eines Simulationsmodelles machte mir zum ersten Mal klar, welche erstaunlichen Aussagen mit einem mathematischen Modell möglich sind. Die gesamte Thermodynamik des Dampfprozesses und die Auslegung der Anlage entsprechend der Anforderungen der Abwärmequelle waren Teil des Modells.

Meine Diplomarbeit in Form eines weiteren Simulationsmodells wurde 1981 in Duisburg bei der damaligen Mannesmann-Demag möglich. Duisburg als größter europäischer Stahlstandort war damals beeindruckend, wenn auch an vielen Stellen noch ziemlich schmutzig. Der Demag ging es um Energierückgewinnung der Abwärme aus den heißen Brammen in Form von Dampf, der in die Dampfleitungen des Werks eingespeist werden sollte. (Eine Bramme muss man sich als glühenden etwa 10 Meter langen Stahlquader mit verschiedenen möglichen Abmessungen vorstellen.)

In der Simulation trat die Bramme mit diesen Temperaturdaten und Parametern in den theoretischen Kühlkessel ein. Das gesamte System des Kühlkessels – also die Abkühlung verschiedener Brammen-Geometrien verschiedener Materialien mit allen Temperaturen im Querschnitt der Brammen oder an den Rohren – wurde über das Modell automatisch ausgerechnet.

Als dann das Modell des Brammenkühlkessels zum ersten Mal erfolgreich rechnete, stutzte ich bei den Ergebnissen. Die Oberflächentemperaturen der Brammen kühlten nicht ab, sondern stiegen zunächst an. Ich zeigte meinem Anwendungsbetreuer kleinlaut die Ausdrucke der Rechnungen und versprach, den Fehler zu suchen. Nach einer Weile blickte er auf und sagte ruhig, das Ergebnis sei richtig. Ich war völlig perplex, weil ich eine Abkühlung der Oberflächen erwartet hatte. Ein realer Effekt der zwischenzeitlichen Aufheizung an der Oberfläche durch Nachheizung vom Kern her war die Ursache, was mein Programm richtig simuliert hatte. Mein mathematisches Simulationsmodell war also »intelligenter« als ich, obwohl ich es in allen Einzelheiten selbst programmiert hatte!

Diese Erfahrung hat mich nachhaltig in meinem beruflichen Leben beeinflusst. Ich hatte zwar die Mathematik im Programm richtig umgesetzt, aber das modellierte physikalische Verhalten in seiner Komplexität im Zusammenspiel nicht bis in die Tiefe übersehen können. Ich lernte von meinem Modell den realen physikalischen Prozess in der Tiefe erst kennen. Ein tiefes Gefühl von Verwunderung über die Magie der Zahlen hat mich seitdem begleitet. Wie kann es sein, dass die Mathematik als Formulierung der Naturgesetze so umfassend und präzise ist, dass sie den Naturvorgang genau abbildet, auch wenn ich als Entwickler gar nicht alle Konsequenzen der Formeln überblicke?

Mathematische Modelle, speziell White-Box-Modelle (mit echtem physikalischen Wissen) sind die echte Künstliche Intelligenz, die wir heute erschaffen. Sie sind Abbilder der natürlichen Intelligenz einer langen Kulturgeschichte, die unsere Wissenschaft und

Technologie erst möglich machten. Anders als die so oft an dieser Stelle genannten Künstlich Neuronalen Netze, die als adaptive Black-Box-Modelle von Daten der Vergangenheit ihr Verhalten lernen, können mathematische Simulationsmodelle oder Optimierungsmodelle wirklich Neues, Intelligentes, für den Anwender Überraschendes aus dem passenden Satz von Vorgaben erzeugen. In diesem Sinne war meine Diplom-Arbeit ein Schlüsselerlebnis im Umgang mit der lebendigen Mathematik. Es wurde mir später noch eindringlicher bewusst, welche enorme Erkenntnis 500 v. Chr. Pythagoras dazu bewogen hatte, Zahlen als Ur-Schöpfungsprinzipien des Kosmos zu bezeichnen.

Auch meine Promotion an der RWTH Aachen war wieder ein Simulationsmodell eines komplexen Hochenergieprozesses. Der »Einfluss der Elektrobeheizung auf die Konvektionsströmungen in einer Glasschmelzwanne« war ein numerisches Modell der gekoppelten Strömungen und Temperaturverteilungen in einer Schmelzwanne. Grafisch dargestellt wurden die Ergebnisse für wählbare Wannengeometrien als zweidimensionale Schnitte in Längs- oder Querebenen. Oberhalb der Glasschmelze heizten Gasbrenner mit zehn Meter langen Flammen die Schmelze auf. Die elektrischen Felder und Ströme innerhalb der Schmelze wurden von Elektroden an verschiedenen Stellen der Wanne erzeugt. Da das Glas 1.400° C heiß ist, kann man praktisch innerhalb des Glases weder Temperatur noch Strömungen messen, da die Messgeräte zerstört würden. Die Modellergebnisse wurden durch Anwendungs- und Modellexperten von St. Gobain geprüft. St. Gobain nutzte das Simulationsmodell als Ersatzmodell für Messungen und als Auslegungsmodell für Innovationen. Das Modellverhalten und seine Interpretation zusammen mit den Experten von St. Gobain waren hochspannend und wurden zu einem permanenten Spiel an den Grenzen unserer damaligen Möglichkeiten.

Unabhängig davon bestanden die Höhepunkte meiner Entwicklungsarbeit auch in ausgedehnten Plaudereien und Diskussionen in den Mittagspausen während der Arbeitssitzungen. Damals wurde mir klar, wie sehr die Kommunikation und Prüfung der Ergebnisse gemeinsam mit Experten jenseits der mathematischen Details die Qualität solcher Modelle mitbestimmt. Man kann dem Anwender keinen Formelsalat als Vorspeise servieren. Wenn man echte Erkenntnisse vom Anwender einfließen lassen will, muss man Ergebnisse und Zusammenhänge in einer einfachen und grafischen Sprache präsentieren. Die Diskussion lebt von der Anschaulichkeit der Ergebnisdarstellung.

In den Jahren um 1980 erblühte in einer enormen Aufbruchsstimmung die Szene der Software- und Systemhäuser in Aachen. Die angebotenen Computer waren 1985 große Schränke und die auswechselbaren Laufwerke so groß wie rotierende Tortenbehälter. Die Aufbruchsstimmung, die alle Kollegen, meist Elektrotechniker, Physiker, Mathematiker und Quereinsteiger, damals erfasste, war faszinierend. Jeder Programmierer war überzeugt, jedes Problem lösen zu können. Neben faszinierenden Erfolgsgeschichten wurden auch persönlich schillernde Verlierer dieser Aufbruchsphase gesichtet. Diese gescheiterten Selfmade-Innovatoren waren oft überzeugte Einzelkämpfer, teilweise mit lebenslangen Schulden. Sie waren oft geniale Programmierer und lausige Teamspieler. Aber sie waren auch begnadete »Feuerwehrleute«, wenn ein Projekt inhaltlich brannte.

In dieser beruflichen Aufbruchsstimmung der IT-Szene der 1980er wurden von uns zum Beispiel innovative Logistikprojekte mit unerschütterlicher Selbstüberschätzung (ohne vorherige Erfahrung!) angegangen. Eine komplette teilautomatische Kommissionierungsanlage für einen Kosmetikhersteller sah beispielsweise zunächst einfach aus. Dann mussten wir auf die harte Tour die Irrungen und Wirrungen von Projektmanagement und Qualitätssicherung in komplexen Software- und Systemprojekten lernen.

Auch das Thema Software für die Energiewirtschaft kam in diesen Jahren stärker auf. Ein Simulations- und Optimierungsmodellsystem für die Einsatzoptimierung von Kraftwerken und die optimierte Fernwärmeversorgung war für die damaligen Energieversorger ein sehr interessantes Thema, an dem sie sich finanziell gerne beteiligten. Geschäftsprinzip war bei dem von uns geschaffenen BoFiT-System die Fähigkeit guter Simulations- und Optimierungsmodelle, begründete bessere Lösungen zu finden als selbst der erfahrenste Einsatzplaner und Lastmanager. Das galt besonders dann, wenn sich, wie heute ständig, die Randbedingungen änderten.

Ein solches Einsatzoptimierungsprojekt bei einem größeren Energieversorger ermöglichte durch verbesserte Einsatzweise der Energien deutliche Ersparnisse bezüglich der Brennstoffe und CO_2-Emissionen. Die gesamte Investition amortisierte sich oft innerhalb eines Jahres durch die geringeren Kosten oder erhöhten Gewinne. Diese mathematische Intelligenz mit der damals neuen und bezahlbaren Comuptertechnologie der Workstations und später der Personalcomputer eröffnete den Stadtwerken und Energieversorgern neue Potenziale. Effizienz und Energieeinsparung wurde zum Motivator und zur Geldquelle für unsere Teams. Dabei wurde aber auch die Kompetenz und die Wirtschaftlichkeit der mittelständischen und oft sehr innovative Stadtwerkelandschaft gestärkt. BoFiT war als Forschungsprojekt gestartet und nach 15 Jahren mit 35 Optimierungs- und System-Experten Marktführer in Mitteleuropa auf diesem Gebiet. Dabei war gute Teamarbeit in der Entwicklung und Umsetzung vieler Projekte zentral.

An solchen gelungenen Erfolgsgeschichten kann man erkennen, dass gute Projekte oder hervorragende Produkte nur von kreativen und motivierten Teams erbracht werden können. Dabei ist der Teamspirit, der Zusammenhalt und der gemeinsame Glaube an den Sinn der eigenen Arbeit eine wesentliche Motivation. Wir mussten allerdings auch lernen, dass ein solcher Teamspirit sehr schnell zerstört werden kann. Durch einen Generationenwechsel wurde mit der neuen Geschäftsführung plötzlich alles anders. Die »feindliche Übernahme von innen«, so eine ehemalige Kollegin, vertrieb viele Leistungsträger des Teams. Die kostbare gepflegte Freiheit und Motivation im Team zerbrach in der Folge durch Machtspiele. Auch ein Teil der Führungsgruppe und Teamleitung sah keinen anderen Weg, als selbst zu kündigen. Im Ergebnis wurde nach weiteren 12 Jahren und starker Personalfluktuation von diesem ehemaligen Marktführer Insolvenz angemeldet. Die Firma wurde verkauft.

Der damalige Wechsel führte bei einigen BoFiT-Teammitgliedern zum Neustart bei anderen Systemspezialisten der Energiebranche. Ein kleines hochmotiviertes Kernteam mit all den Erfahrungen und mit alten und neuen Kollegen baute ein neues Energieeinsatzoptimierungssystem (ResOpt) auf. ResOpt hat sich im weltweiten Einsatz seitdem bewährt. Gerade in diesem Neuanfang steckte auch eine unerwartete Erkenntnis, nämlich dass die wesentlichen Erfahrungen der Leistungsträger sich bei der Formung des verbesserten Systems ResOpt stark auswirkten. Eine hohe Geschwindigkeit der Entwicklung, verbesserte Lösungen und höchste Motivation bei allen Beteiligten waren das Ergebnis. Die Geschwindigkeit und Leistungsfähigkeit der ResOpt-Entwicklung hat damals alle Wettbewerber sehr überrascht.

Wie bei allen komplexen High-Tech-Systemprojekten traten auch bei ResOpt-Projekten unerwartete Probleme auf. Dieses »troubleshooting« entpuppte sich meist als zusätzliche Chance zur Verbesserung, weil wir als echt motiviertes Team ohne Murren und gegenseitige Vorwürfe darauf reagiert haben. Mitgefühl und vor allem gegenseitige Wertschätzung – trotz teilweise großer persönlicher Unterschiede – waren die Basis für unsere Innovationen.

Wir waren seinerzeit die ersten, die Mitte 1996 eine vollgrafische Konfigurationsmethode für die Optimierungsmodelle der Energiewirtschaft entwickelten. Wir verlagerten damit bewusst die Modellerstellung von den Mathematikern mit Optimierungs-Fachwissen auf die Fachleute des Energiesystems, um deren Wissen ohne Übersetzungsverluste direkt von der Quelle in die Modellierung einzubringen. Dieses Vorgehen ermöglichte auch die Überprüfung und die fortwährende eigenständige Anpassung der Modelle im Lebenszyklus des gesamten Energiesystems durch die Fachleute des Kunden.

Die wirtschaftliche Wertschöpfung in den westlichen Hochlohnländern basiert zunehmend auf ständiger Innovation und kreativer Umsetzung neuer Aufgabenstellungen. Der Systemansatz und das Denken in ganzheitlichen Lösungen löst heute das frühere Denken in Einzelprodukten und Einzelexpertisen ab. Gerade bei übergreifenden Gesamtlösungen ist Teamarbeit die Schlüsselkompetenz, da Wissen flacher und weiter verteilt ist und zur Gesamtlösung harmonisch zusammengeführt werden muss. Wie schon gezeigt, ist das Bewusstsein, dass »alles mit allem zusammenhängt«, im Laufe der letzten Jahrzehnte immer stärker in allen Bereichen der Gesellschaft angekommen. Optimierungsmodelle dienen als Gedankenbeschleuniger oder -verstärker, indem sie Zusammenhänge aufzeigen, die der einzelne Nutzer bisher noch nicht erkannt hat.

Agile Prozesse sollen die Komplexitätsproblematik (Grenzen mentaler Fähigkeiten bei der Erstellung hochkomplexer Gesamtsysteme) lösen, doch selbst solche agilen Prozesse stoßen bald schon erneut an Grenzen, weil sie das eigentliche Problem der heute mangelnden Gesamtsicht nicht lösen können. Die tatsächliche Lösung liegt nur im geänderten kreativen Bewusstsein der Entwickler.

Der entscheidende Einfluss von Teamspirit auf die Teamleistung kann nicht genug betont werden. Eine spezielle Labor-Erfahrung dazu bot sich mir im Jahr 2000 bei einem Firmenseminar zur GRID-Teamentwicklung. Es ging dabei um Selbsterkenntnis bezüglich des eigenen Verhaltens und um die Zusammenarbeit im Team. Ideales Verhalten wurde hier als Zahlenwert 9,9 definiert – bei einer idealen Aufteilung in fachliche Expertise (x,9) und Teamkompetenz (9,x). Kommunikation und Leistung im Team sollten durch GRID verbessert und sogar messbar gemacht werden. Als Qualitätsmerkmal galten sogenannte Synergien, bei der die Teamleistung besser ist als die Leistung des besten Einzelnen im Team.

Am ersten Seminarabend – im fremden Hotel mit unbekannten Teilnehmern – wurden Teams mit je sechs Personen gebildet. Jeder kannte lediglich den Namen der anderen, insofern konzentrierte sich die gegenseitige Einschätzung auf die Wahrnehmung von Verhaltensstilen im Rahmen der einführenden Arbeitsrunden. Unter Zeitdruck und im Wettbewerb mit den anderen Teams sollten Fragebögen gemeinsam beantwortet werden. Nach jeder Runde folgten Feedbacks und Auswertungen. Die Teamleistung ergab sich messbar über die Anzahl korrekter Antworten, die Kennzahlen machten aber auch das Verhalten und die Erfolge der Teams sichtbar. So zeigte zum Beispiel ein Team mit zwei starken dominierenden Fachleuten anfangs hohe Leistungswerte, auch ohne ideales Teamverhalten, bis die beiden sich stritten und das Team spalteten, was zu einem kompletten Zusammenbruch der gemessenen Teamleistung führte. Synergie kam in diesem Team nie zustande.

Bei dem Team, in dem ich mitwirkte, wurde nach zwei Tagen zum ersten Mal Synergie gemessen, als das Vertrauen der Mitglieder stark genug geworden war. Ein bis dahin zurückhaltender Kollege hatte sich mit seiner Meinung trotz des Widerspruchs anderer stark eingebracht. Die Gesamtleistung wurde danach mehrfach höher als die anderer Teams und auch höher als die unserer Besten in der Vorbereitung. Das öffnete uns letztlich die Augen dafür, dass sich jeder begeistert einbringt und für das Team arbeitet. Es war ein sehr befreiendes Gefühl, die beste Leistung jedes einzelnen mit menschlichem Engagement und Verständnis für die Schwächen und Stärken aller zu erleben. Den unterschiedlichen Fähigkeiten zu vertrauen, ermöglichte hochmotivierten Teams schnell und effizient zu agieren und gleichzeitig als Gemeinschaft mit Freude an den gegebenen Themen zu arbeiten.

Diese Erfahrung von Einheit im Team hat mein weiteres berufliches Leben entscheidend geprägt. Damit machte ich auch meinen Alltag zu einer umfänglicheren spirituellen Übung. Gerade auch Probleme und Konflikte sind seitdem gute Übungsfelder für mich, dieses fundamentale Verständnis weiterzuentwickeln.

Es ist eine Tatsache, dass die Erfahrung von Sinn eine klare Richtschnur des Handelns ist. In vielen Akquisitionen konnte ich staunend feststellen, dass selbst mit wenig anfänglichen Chancen Aufträge generierbar sind, wenn im persönlichen Bewusstsein wie auch im kollektiven Bewusstsein eines Teams oder eines Unternehmens tieferes Vertrauen und Verständnis aufgebaut wird. Diese Sinn-Beziehung zwischen Innen und Außen ist nach meiner Erfahrung sehr wirksam. Insofern gibt es einen Zusammenhang zwischen sinnvoller Arbeit und dem Ergebnis marktführender Produkte.

Literatur

Bahn, Paul G. Bildatlas der Hochkulturen. Chronik 2003.

BDEW – Bundesverband der Energie- und Wasserwirtschaft e.V.: Gas kann grün – Die Potentiale von Biogas/Biomethan – Energie-Info

Blom, Philipp. Die Welt aus den Angeln. dtv 2020.

Bourgeault, Cynthia. Internetblog (wisdomwayofknowing.org). Lesson 5.

BM für Wirtschaft und Klimaschutz: Wie kann das Energiesystem der Zukunft aussehen? 2021.

Cahn, B. Rael, in: Meditation States and Traits Review. American Psychological Association 2006.

Capra, Fritjof. Das Tao der Physik. Scherz 1983.

Ceming, K; Werlitz, J. (Hrsg). Die verbotenen Evangelien. Piper, 2007

Dürr, Hans-Peter (Hrsg.). Physik und Transzendenz. Scherz 1986.

Dürr, Hans-Peter. Auch die Wissenschaft spricht nur in Gleichnissen. Herder 2004.

Eckehart, Meister. Deutsche Predigten und Traktate. Diogenes 1979.

Elsberg, Mark. Blackout. Blanvalet Tb 2013.

Energy Brainpool https://www.energybrainpool.com/

Felber, Christian. Workshop zur Gemeinwohlökonomie in Aachen zu den SDGs

Frankopan, Peter. The Silk Roads. Bloomsbury 2015.

Fromm, Erich. Haben oder Sein – Die seelischen Grundlagen einer neuen Gesellschaft. dtv 1998.

Gebelein, Helmut. Alchemie. Heinrich Hugendubel 2000.

Gebser, Jean. Ursprung und Gegenwart-Band III. Gesamtausgabe. Novalis Verlag 1978.

GRID-Teamentwicklung Management, Deutsches GRID Institut

Habighorst-Sonnek, Birgit. Männliches und weibliches Denken, Aufsatz, 2016

Heisenberg, Werner. Der Teil und das Ganze. Piper 1969.

Herrington, Gaya. Update to Limits to Growth: Comparing the World3 Model with Empirical Data.

Download: https://advisory.kpmg.us/articles/2021/limits-to-growth.html

Integrale Theorie | Entwicklungsspirale. Blog. https://entwicklungsspirale.de/integrale-theorie/

Jung, C.G. Erinnerungen, Träume, Gedanken. Walter 1992.

Krishnamurti, Jiddu. Einbruch in die Freiheit. Ullstein Sachbuch 1982

Kybalion. EDIS GmbH 1997.

Laotse. Tao Te King. Deutsch (Text und PDF) – keybylion.com

Laszlo, Ervin. Macroshift. Insel 2003.

LeBoeuf, Michael. Imagination, Inspiration, Innovation. mvg 1991.

Lessenich, Stephan. Soziologe, Direktor des Frankfurter Instituts für Sozialforschung in der Sendung »Scobel – Gemeinwohl am Ende«
Lionel, Frédéric. Das Vermächtnis des Pythagoras. Aquamarin 1990.
Lionel, Frédéric. Weise denken im Alltag. N. F. Weitz 1991.
Lionel, Frédéric. Die Entscheidung. Aurum 1985.
Lionel, Frédéric. Aufbruch zu neuem Bewußtsein. Ariston 1985.
Linssen, Robert. Vom Ego zum Licht. Silberschnur 1976.
Lommel, Pim van. Endloses Bewusstsein. Knaur Tb 2007.
Meadows, Donella & Dennis. Die neuen Grenzen des Wachstums. Deutsche Verlags-Anstalt 1992.
Meister Eckhart. Deutsche Predigten und Traktate. Diogenes 1979.
Neu, Claudia ; Müller, Fabian. Einsamkeit- Gutachten für den Sozialverband Deutschland Dezember 2020
Raasch, Jörg. Systementwicklung mit Strukturierten Methoden. Hanser 1993.
Rahner, Karl. Frömmigkeit früher und heute, in: Schriften zur Theologie, VII, Einsiedeln, 1971.
Rico, Gabriele L. Garantiert Schreiben lernen, Rowohlt 1984.
Scientific American DE- Gehirn und Bewusstsein: Spektrum der Wissenschaft 1994.
Sedlácek, Tomas. Die Ökonomie von Gut und Böse. Carl Hanser 2012.
Strohman, Richard. The Scientific and Medical Network Review. April 2001, S. 5
Suzuki, Daisetz T. Leben aus Zen. Suhrkamp Tb 1982.
Tiso, Francis. Rainbow Body and Resurrection. North Atlantic Books 2016.
Troll, Pyar. Satsang. Kailash 2006.
Türeci, Sahin, Miller. Projekt Lightspeed – Der Weg zum BionTech-Impfstoff. Rowohlt 2021
Verein Deutscher Ingenieure: *VDI nachrichten* – VDI Verlag – verschiedene Ausgaben
Verein Deutscher Ingenieure (VDI), Ethische Grundsätze des Ingenieurberufs https://www.vdi.de/themen/ethische-grundsaetze.
Wagenknecht, Sarah. Die Selbstgerechten. Campus 2021.
Weisweiler, Hermann. Das Geheimnis Karls des Großen – Der Aachener Dom. C. Bertelsmann 1981.
Wedemeyer, Inge v. (Hrsg.). Pythagoras – Weisheitslehrer des Abendlandes. Param 1988.
Zeyer, René. Bank, Banker, Bankrott. Heyne Taschenbuch 2010.

Endnoten

1 Dürr, Hans-Peter (Hrsg)., *Physik und Transzendenz*, 271
2 Bohm, David, in *Physik und Transzendenz*, 292
3 Meadows, Donella und Dennis L., *Die neuen Grenzen des Wachstums*
4 Wagenknecht, Sarah, *Die Selbstgerechten*, 92
5 ebd., 103
6 Bohm, David, in *Physik und Transzendenz*, 280
7 Dürr, Hans-Peter (Hrsg), *Physik und Transzendenz*, 13
8 ebd., 227
9 Gebser, Jean, *Ursprung und Gegenwart*, Bd. III, 498
10 Meadows, Donella und Dennis L., *Die neuen Grenzen des Wachstums*, 30
11 Herrington, https://advisory.kpmg.us/articles/2021/limits-to-growth.html
12 Meadows, Donella und Dennis L., *Die neuen Grenzen des Wachstums*, 252
13 ebd., 252
14 Fromm, Erich, *Haben oder Sein – Die seelischen Grundlagen einer neuen Gesellschaft*
15 Frankopan, Peter, *The Silk Roads*
16 Weisweiler, Hermann, *Das Geheimnis Karls des Großen – Der Aachener Dom*
17 Lionel, Frédéric, *Das Vermächtnis des Pythagoras*
18 Laszlo, Ervin, *Macroshift – Die Herausforderung*
19 ebd., 38
20 ebd., 39
21 Bohm, David, in *Physik und Transzendenz*, 279
22 Strohman, Richard, *The Scientific and Medical Network Review*, 5
23 ebd., 5
24 ebd., 5
25 ebd., 5
26 ebd., 6
27 ebd., 6
28 Türeci, Sahin, Miller, *Projekt Lightspeed-Der Weg zum BionTech-Impfstoff*, 329
29 VDI nachrichten, 2021
30 Sedlácek, Tomas, *Die Ökonomie von Gut und Böse*, 301
31 Bahn, Paul G., *Bildatlas der Hochkulturen*, 114
32 Blom, Philipp, *Die Welt aus den Angeln*
33 Wagenknecht, Sarah, *Die Selbstgerechten*
34 Zeyer, René, *Bank, Banker, Bankrott*, 185
35 Reuters
36 Blom, Philipp, *Die Welt aus den Angeln*, 249-250
37 VDI nachrichten 2021

38 ebd.
39 Biermann, Dirk (GF 50 Hertz), *VDI nachrichten 02-2022*
40 Bundesverband der Energie- und Wasserwirtschaft e.V., *Gas kann grün: Die Potentiale von Biogas/Biomethan*
41 Busch, Robert, *VDI nachrichten*
42 Energy Brainpool https://www.energybrainpool.com/
43 Stieler, Georg (Technologieberater, Singapur), *VDI nachrichten*
44 Bundesministerium für Wirtschaft und Klimaschutz, *Wie kann das Energiesystem der Zukunft aussehen*
45 Elsberg, Mark, *Blackout*
46 Dürr, Hans-Peter (Hrsg.), *Physik und Transzendenz,* 197
47 Dürr, Hans-Peter (Hrsg.), *Physik und Transzendenz,* 195
48 Lionel, Frédéric, *Das Vermächtnis des Pythagoras,* 20
49 ebd., 41
50 ebd., 97
51 Wedemeyer, Inge v. (Hrsg.), *Pythagoras – Weisheitslehrer des Abendlandes,* 17-19
52 ebd., 123
53 Lionel, Frédéric, *Das Vermächtnis des Pythagoras,* 56
54 *Kybalion,* 27
55 Gebelein, Helmut, *Alchemie,* 113
56 ebd., 114
57 ebd., 382
58 Scientific American DE, *Gehirn und Bewusstsein*
59 Heisenberg, Werner, *Der Teil und das Ganze*
60 Weisweiler, Hermann, *Das Geheimnis Karls des Großen – Der Aachener Dom,* 23
61 Heisenberg, Werner, *Der Teil und das Ganze,* 115
62 Dürr, Hans-Peter, *Auch die Wissenschaft spricht nur in Gleichnissen,* 36
62 Heisenberg, Werner, *Der Teil und das Ganze*
63 Dürr, Hans-Peter (Hrsg)., *Physik und Transzendenz,* 13
64 Dürr, Hans-Peter, *Auch die Wissenschaft spricht nur in Gleichnissen,* 13
65 ebd., 27-29
66 ebd., 30
67 ebd., 32
68 Linssen, Robert, *Vom Ego zum Licht,* 73
69 Bahn, Paul G., *Bildatlas der Hochkulturen,* 60 und 90
70 ebd., 68-75
71 Gebser, Jean, *Ursprung und Gegenwart*
72 ebd., Bd. III, S. 407-411
73 Bourgeault, Cynthia, *Internetblog (wisdomwayofknowing.org),* Lesson 5

74 Neu, Claudia; Müller, Fabian, *Einsamkeit- Gutachten für den Sozialverband Deutschland*
75 Lommel, Pim van, *Endloses Bewusstsein*
76 ebd.,197
77 ebd., 173
78 ebd., 173
79 ebd., 197
80 ebd., 194
81 ebd., 195
82 ebd., 195
83 ebd., 291
84 ebd., 181-183
85 ebd., 181-184
86 Lionel, Frédéric, *Das Vermächtnis des Pythagoras*
87 Entwicklungsspirale, *https://entwicklungsspirale.de/integrale-theorie/*
88 Capra, Fritjof, *Das Tao der Physik*, 186
89 ebd., 187
90 Krishnamurti, Jiddu, *Einbruch in die Freiheit*, 65-66
91 Laotse, *Tao Te King*, Kap. 16
92 Eckehart, Meister, *Deutsche Predigten und Traktate*, 208
93 Suzuki, Daisetz T., *Leben aus Zen*, 121
94 ebd., 42
95 Lionel, Frédéric, *Die Entscheidung*, 73
96 LeBoeuf, Michael, *Imagination, Inspiration, Innovation*, 16
97 Rico, Gabriele L., *Garantiert Schreiben lernen*, 70 und Abb. 14
98 Habighorst-Sonnek, Birgit, *Männliches und Weibliches Denken*
99 Lommel, Pim van, *Endloses Bewusstsein*, 287-293
100 Rico, Gabriele L., *Garantiert Schreiben lernen*, 72
101 Rael Cahn, B., *Meditation States and Traits Review*
102 Tiso, Francis, *Rainbow Body and Resurrection*
103 Jung, C.G., *Erinnerungen, Träume, Gedanken*, 203
104 ebd., 204
105 ebd., 206
106 ebd., 286
107 ebd., 163
108 ebd., 213
109 ebd., 196
110 ebd., 327
111 ebd., 311
112 Lionel, Frédéric, *Aufbruch zu neuem Bewusstsein*, 115
113 Lionel, Frédéric, *Die Entscheidung*, 37

114 ebd., 53
115 ebd., 73
116 Lionel, Frédéric, *Weise denken im Alltag,* 104
117 ebd.
118 Lommel, Pim van, *Endloses Bewusstsein,* 181-192
119 ebd., 101
120 Verein Deutscher Ingenieure (VDI), *Ethische Grundsätze des Ingenieurberufs*
121 VDI Ethische Grundsätze, https://www.vdi.de/themen/ethische-grundsaetze
122 Art 14 GG - Einzelnorm https://www.gesetze-im-internet.de/gg/art_14.html
123 Lessenich, Stephan, *3Sat-Sendung „Scobel – Gemeinwohl am Ende"*
124 Wagenknecht, Sarah. *Die Selbstgerechten,* 215
125 Felber, Christian, *Workshop zur Gemeinwohlökonomie in Aachen zu den SDGs*
126 LeBoeuf, Michael. *Imagination, Inspiration, Innovation,* 66-68
127 ebd., 69
128 ebd., 67
129 Gebser, Jean, *Ursprung und Gegenwart,* Band III. 672
130 Raasch, Jörg, *Systementwicklung mit Strukturierten Methoden.* Hanser Verlag 1993.
131 Ceming und Werlitz (Hrsg), *Die verbotenen Evangelien*
132 Rahner, Karl, *Frömmigkeit früher und heute,* 22
133 Troll, Pyar, *Satsang – die spirituelle Suche nach Wahrheit und Erkenntnis,* 24
134 Fritjof Capra, *Das Tao der Physik,* 210
135 Eckehart, Meister, *Deutsche Predigten und Traktate,* 356
136 Lommel, Pim van, *Endloses Bewusstsein,* 316

WEITERE TITEL BEI NEUE ERDE

Ohne Paradigmenwechsel geht es nicht

Bernard Lietaer hat sein ganzes Berufsleben in der Welt des Geldes verbracht. Seit 1987 hat er im Rahmen vieler Projekte auf der ganzen Welt Komplementärwährungen entwickelt, erprobt und eingeführt. Diese Arbeit und das gesamte Konzept der Geldsysteme haben in den turbulenten Zeiten, in denen wir uns im dritten Jahrzehnt des neuen Jahrhunderts befinden, noch mehr an Bedeutung gewonnen. Heute fühlt er sich gezwungen, seine Gedanken darüber mitzuteilen, wie wir als Menschheit die kritischen Herausforderungen angehen können und müssen, die sich uns stellen – und die in der Tat unser Überleben bedrohen.

Bernard Lietaer
SHIFT
Drei Paradigmenwechsel, die wir vollziehen müssen, um zukunftsfähig zu werden
Klappenbroschur, 128 Seiten
ISBN 978-3-89060-830-3

Zu schön um wahr zu sein: Der grüne Schein trügt

Tatsache ist: Unsere auf fossiler Energie beruhende industrielle Lebensweise ist mit dem Lebenssystem der Erde – von dem wir untrennbar Teil sind – nicht vereinbar. Aber wir belügen uns gerne: »Grüne« Technologie sei der Ausweg, um uns von fossiler Energie unabhängig zu machen und trotzdem unsere Lebensweise beibehalten zu können. Schöner Schein! (Oder soll man sagen schöner Schwindel?) Wind-, Sonnen- und Wasserenergie: Sie alle setzen eine industrielle Infrastruktur voraus, die auf fossiler Energie beruht. Sie stellen einen Riesenumweg dar, der in dieselbe Patsche führt.

Derrick Jensen, Lierre Keith, Max Wilbert
Schöner grüner Schein
Warum »grüne« Technologien derselbe Irrweg in Grün sind
Klappenbroschur, 544 Seiten
ISBN 978-3-89060-838-9

Die Anmut der Einfachheit leben

Es könnte alles so einfach sein, wenn wir einsehen würden, dass genug genug ist. In diesem gehaltvollen Band schreibt Satish Kumar über elegante Lösungen, die auf uns warten und unser Leben gut machen, wenn wir aufhören, alles zu verkomplizieren und immer mehr zu wollen. Elegante Einfachheit richtet sich an alle, die aus der unerbittlichen Tretmühle von Wettbewerb und Konsum aussteigen wollen und stattdessen ein Leben anstreben, in dem die ökologische Unversehrtheit der Erde, soziale Gerechtigkeit sowie persönliche Ausgeglichenheit und Glück im Vordergrund stehen.

Satish Kumar
Elegante Einfachheit
Die Kunst, gut zu leben
Klappenbroschur, 208 Seiten
ISBN 978-3-89060-834-1

Unsere Kinder und Enkel immer mitbedenken!

»Wir Mi'kmaq sehen sieben Generationen voraus. Wir können doch nicht das Wasser der Kinder unserer Kinder vergiften! Es geht uns in unserem Leben und Handeln nicht zuerst ums Geld, sondern um die Welt. Wir wollen sicherstellen, dass der Platz zum Leben auch in Zukunft erhalten bleibt.«

Diese Bemerkung ließ den Autor nicht mehr los, und er nahm die Spur auf, verfolgte sie von den Naturvölkern zu den Naturphilosophen bis zu den heutigen Vordenkern einer Verbindung von Wissenschaft und Spiritualität.

In seinem Streifzug durch die Zivilisations- und Ideengeschichte der Menschheit, eröffnet uns Peter Krause auf jeder Seite neue Facetten und Ausblicke, die uns für eine erweiterte Weltwahrnehmung bereit machen. Erst wenn wir unser eng rationalistisches Weltbild transzendieren, werden wir uns den gewaltigen Gegenwartsproblemen stellen können.

Peter Krause
Sieben Generationen
Eine alte indigene Weisheit für die Welt von heute und morgen
Klappenbroschur, 192 Seiten
ISBN 978-3-89060-817-4

www.neue-erde.de

Agrarökologie versus Agrarindustrie

In dieser Abrechnung der Wissenschaftlerin und Aktivistin Vandana Shiva wird eindrucksvoll dargelegt, wie die Agrargroßindustrie mit Chemie und Gentechnik den Planeten plündert, die Lebenswelt zerstört und unsere Gesundheit untergräbt. Und sie zeigt faktenreich und sachkundig auf, wer wirklich unsere Nahrungsgrundlage sicherstellt und wie wir den Hunger besiegen und unsere Nahrungssicherheit wiederherstellen können.

Vandana Shiva
Wer ernährt die Welt wirklich?
Das Versagen der Agrarindustrie und die
notwendige Wende zur Agrarökologie
Mit einer aktuellen Ergänzung zu Ag One:
Die Rekolonialisierung der Landwirtschaft
Klappenbroschur, 256 Seiten
ISBN 978-3-89060-798-6

Von der Ausplünderung zur Regeneration

In diesem Buch trägt Vandana Shiva ihre Themen mit Nachdruck und im Lichte der aktuellen Ereignisse vor. Und sie macht deutlich, dass es nicht damit getan ist, das derzeitige Wirtschaftssystem zu reformieren. Denn was wir derzeit haben, ist keine Ökonomie im Sinne von Oikos, dem gemeinsamen »Haus« unserer Erde, dem Haushalt der Natur, den die Ökologie beschreibt. Was »Wirtschaft« und »Wachstum« genannt wird, ist Extraktvismus, Plünderung der Lebensgrundlagen, ein Zehren von der Substanz.

Vandana Shiva
Wahre Wirtschaft
Von der Geldgier zu einer Ökonomie der Fürsorge
Hardcover, 304 Seiten
ISBN 978-3-89060-820-4

Einssein versus das 1%

In diesem klug auf Fakten aufgebauten Buch zeigt Vandana Shiva, wie eine kleine Gruppe superreicher Einzelpersonen, Stiftungen und Investmentfirmen die Kontrolle über unsere Lebensmittelversorgung, unser Informationssystem, unser Gesundheitswesen und unsere Demokratien immer weiter ausbaut. Die Autorin macht sehr deutlich, dass unser Überleben von der Vielfalt unseres Saatgutes und dass unsere Demokratien von einer aufgeklärten Öffentlichkeit abhängen. Es ist ein sehr leidenschaftlicher, weiblicher wissenschaftlicher Diskurs, der eine globale Leserschaft verdient.

Vandana Shiva, Kartikey Shiva
Eine Erde für alle! – Einssein versus das 1%
Aufstehen gegen die Monokultur von Wirtschaft und Weltsicht
Klappenbroschur, 192 Seiten
ISBN 978-3-89060-797-9

Philanthropie als Deckmantel für ungezügelten Kapitalismus

»Philanthrokapitalismus und die Aushöhlung der Demokratie« ist eine Sammlung von Aufsätzen, die aus verschiedenen Perspektiven auf die Gefahren der von Konzernen und einzelnen Milliardären betriebenen philanthropischen »Entwicklungen« in den Bereichen Agrartechnologie, Ernährung, Bildung und globale Gesundheitssysteme eingehen. Das Buch wurde von Vandana Shiva zusammengestellt und enthält erhellende Beiträge unabhängiger Denker und Aktivisten.

Vandana Shiva (Hrsg.)
Philanthrokapitalismus und die Aushöhlung der Demokratie
Ein globaler Bürgerbericht über die Kontrolle von Technologie, Gesundheit und Landwirtschaft durch Konzerne
Klappenbroschur, 352 Seiten
ISBN 978-3-89060-835-8

www.neue-erde.de

Erinnerungen einer der großen Aktivistinnen unserer Zeit
Ihr gesamtes Lebenswerk ist von einer tiefen Liebe zum Leben und zur Freiheit durchdrungen. Es ist diese Liebe, die sie anspornt, all das zu verteidigen, was von Unfreiheit bedroht ist – Wälder, Flüsse, Saatgut, Boden, Biodiversität und auch die Menschen, die davon leben. Zusammen mit der quantenphysikalischen Erkenntnis, dass alles miteinander verbunden, alles eins ist, weiß sie Herz und Intellekt zu einer unschlagbaren Waffe im Kampf für das Leben zu vereinen.

Vandana Shiva
TERRA VIVA
Mein Leben für eine lebendige Erde
Hardcover, 240 Seiten
ISBN 978-3-89060-829-7

Unsere Zukunft ist lokal – oder sie ist nicht
Vor uns liegen zwei diametral entgegengesetzte Wege: Der eine führt uns unerbittlich in Richtung einer rasanten, groß angelegten monokulturellen technologischen Entwicklung. Es ist ein Weg, der uns voneinander und von der natürlichen Welt trennt und unseren sozialen und ökologischen Niedergang beschleunigt. Auf dem anderen Weg geht es darum, langsamer zu werden, sich zurückzunehmen und eine tiefe Verbundenheit zu fördern, um die sozialen und wirtschaftlichen Strukturen wiederherzustellen, die für die Befriedigung unserer materiellen sowie tieferen menschlichen Bedürfnisse nötig sind – und dies auf eine Weise, die den einzigen Planeten, den wir haben, hegt und pflegt.

Helena Norberg-Hodge
Lokal ist unsere Zukunft
Schritte zu einer Ökonomie des Glücks
Klappenbroschur, 184 Seiten
ISBN 978-3-89060-819-8

Die Neue Erde manifestieren

Angesichts der Notlagen in der Welt – Krieg, Artensterben, Klimazerrüttung und mehr – ist heute nichts notwendiger, als das Bild einer glücklichen, lebenswerten und erfüllenden Zukunft erstehen und aus dieser Vorstellung heraus Wirklichkeit werden zu lassen: zu manifestieren. Dieses Buch entwirft eine Vision mit riesigem Wachstumspotential, und wir alle sind aufgerufen, unsere Welt von morgen bereits heute zu erträumen – und zu erschaffen.

Catharina Roland, Coco Tache
Das Manifest der Neuen Erde
Hardcover, 208 Seiten, durchgehend mit farbigen Fotos
ISBN 978-3-89060-824-2

Die Lebensprozesse eines gesunden Planeten

»Nur die eine Erde« erklärt die planetarischen Lebenserhaltungssysteme in ihrer Ganzheit und zeigt, dass auch die menschliche Gesundheit auf dem Gleichgewicht des Planeten beruht. Das Buch bietet eine umfassende Gesamtdarstellung der globalen ökologischen Krise und zeigt die uns verbleibenden Optionen auf, um ein zuträgliches Klima und die noch vorhandene Artenvielfalt zu retten, die Verseuchung zu beenden und die Ökosphäre dieses Planeten zu heilen.

Fred Hageneder
Nur die eine Erde
Globaler Zusammenbruch oder globale Heilung – unsere Wahl
Klappenbroschur, 376 Seiten
ISBN 978-3-89060-796-2

Hier kann man sich zum **Neue Erde-Newsletter** anmelden:
newsletter.neueerde.de/anmeldung

NEUE ERDE im Buchhandel

Neue Erde ist ein kleiner unabhängiger Verlag, und der unabhängige Buchhandel ist unser natürlicher Partner. Wir unterstützen die Initiative »buy local«.

Sollte es Lieferschwierigkeiten bei den Büchern von NEUE ERDE geben, lassen Sie immer im VLB (Verzeichnis lieferbarer Bücher) nachsehen, im Internet unter **www.buchhandel.de**

Alle lieferbaren Titel des Verlags sind für den Buchhandel verfügbar.

Sie finden unsere Bücher auch auf unserer Homepage **www.neue-erde.de.**
Kontakt:

NEUE ERDE GmbH
Cecilienstr. 29 · 66111 Saarbrücken
info@neue-erde.de

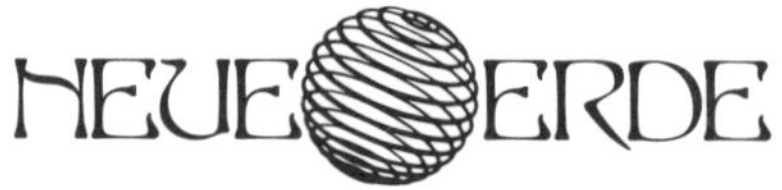